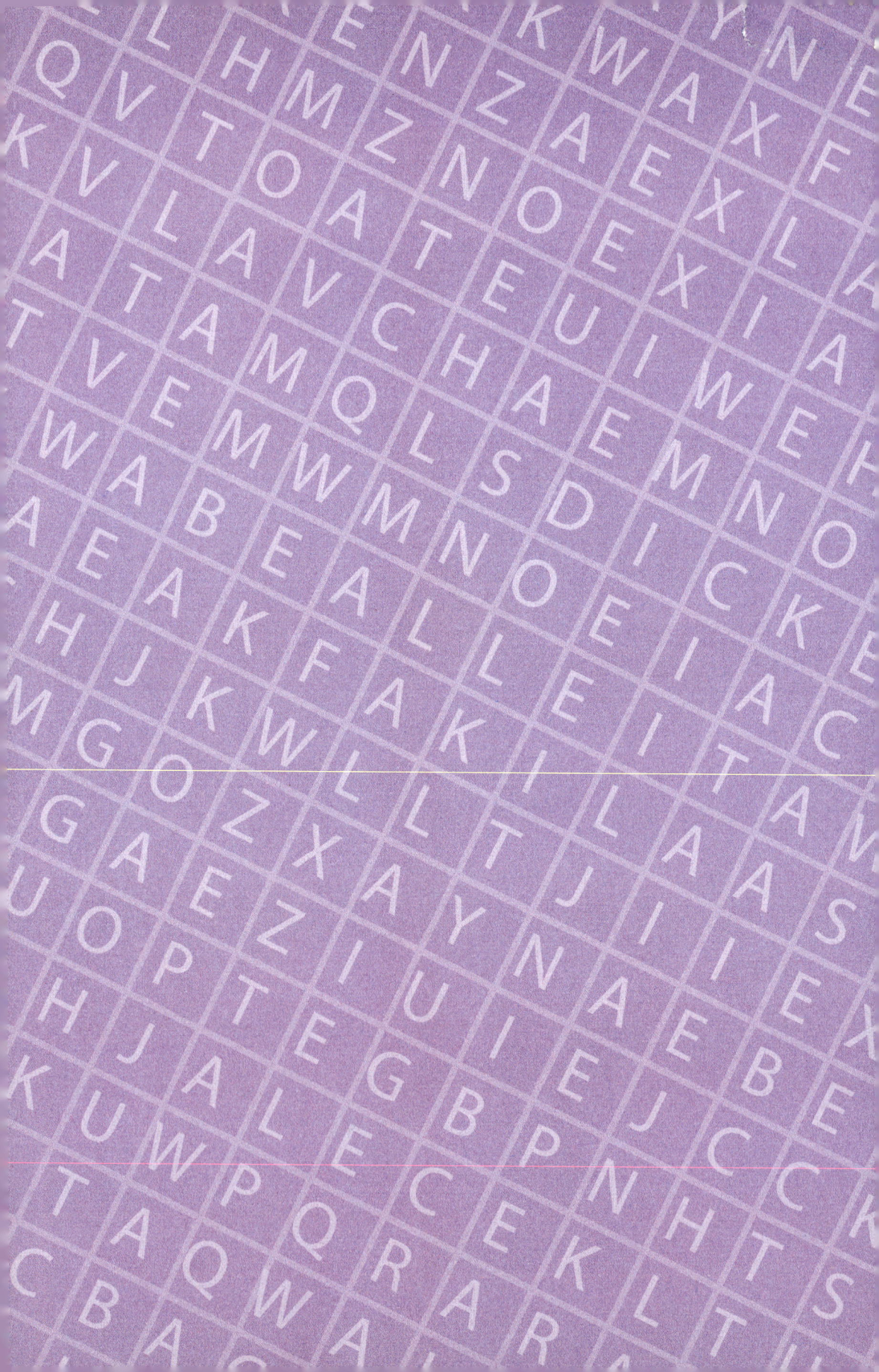

哈佛
给学生做的
300个
思维游戏

叶凡　主编

天津出版传媒集团

天津科学技术出版社

图书在版编目（CIP）数据

哈佛给学生做的 300 个思维游戏 / 叶凡主编 . —天津：天津科学技术出版社，2015.5（2022.5 重印）

ISBN 978-7-5308-9652-5

Ⅰ . ①哈… Ⅱ . ①叶… Ⅲ . ①智力游戏 – 青少年读物 Ⅳ . ① G898.2

中国版本图书馆 CIP 数据核字（2015）第 058394 号

哈佛给学生做的 300 个思维游戏

HAFO GEI XUESHENG ZUO DE 300 GE SIWEIYOUXI

策划编辑：刘丽燕　张　萍

责任编辑：杨　譞

责任印制：兰　毅

出　　版：天津出版传媒集团
　　　　　天津科学技术出版社

地　　址：天津市西康路 35 号

邮　　编：300051

电　　话：（022）23332490

网　　址：www.tjkjcbs.com.cn

发　　行：新华书店经销

印　　刷：北京德富泰印务有限公司

开本 720×1 020　1/16　印张 20　字数 287 000

2022 年 5 月第 1 版第 5 次印刷

定价：68.00 元

前言

PREFACE

创立于 1636 年的美国哈佛大学，被誉为高等学府王冠上的宝石，是世界各国学子神往的学术圣殿。300 多年间，哈佛大学先后培养出数位总统、诺贝尔奖获得者，以及数以百计的财富精英，为商界、政界、学术界及科学界贡献了无数成功人士和时代巨子。

正如哈佛大学第 21 任校长艾略特所言："人类的希望取决于那些先驱者的思维，他们所思考的事情可能超过一般人几年、几代甚至几个世纪。"具有超常思维能力的人，到哪里都是卓尔不群的，他们办事更高效，行动更果敢，更容易获得成功。对于哈佛大学这样的百年世界名校来说，培养青年学子的超常思维能力，其重要性永远排在教授具体的知识技能之前。让思维能力最大限度地得以发挥，是哈佛优等生制胜的关键。

本书将向你展示哈佛大学是通过何种途径挖掘学生的大脑潜能，培养各种思维能力的。人的一生可以通过学习来获取知识，但思维训练从来都不是一件简单容易的事，作为一种能"使思维流动的活动"，思维游戏无疑是训练思维的绝佳方式，它不但能够帮助发掘个人潜能，而且能使人感到愉快。本书精选的 300 个思维游戏，从缜密思维、发散思维、创新思维、逻辑思维、综合思维等方面出发，锻炼游戏者综合运用逻辑学、运筹学、心理学和概率论等多种知识的能力，兼具挑战性、趣味性与科学性。游戏内容丰富，形式活泼，难易有度，有看似复杂但却非常简单的推理问题，有让人迷惑不解的图形难题，还有运用算术技巧以及常识解决的纵横谜题等。本书虽是一本游戏书，但却不是一本简单的娱乐书，书中的游戏富有思维训练的张力，孩子都能在此找到适合自己的题目。

本书将为大家营造一个坐在哈佛大学的课堂里训练思维的意境，在游戏的过程中，你需要大胆的设想、判断与推测，需要尽量发挥想象力，突破固有的思维模式，多角度、多层次地审视问题。这些浓缩思维训练精华的游戏，将使你在享受乐趣的同时，全面提升观察力、分析力、推理力、判断力、想象力、创造力、变通力、行动力、记忆力、反应力、转换力、整合力、思考力等各方面的能力，发掘你的大脑潜能，让你不断超越自我，迅速迈向成功。

CONTENTS

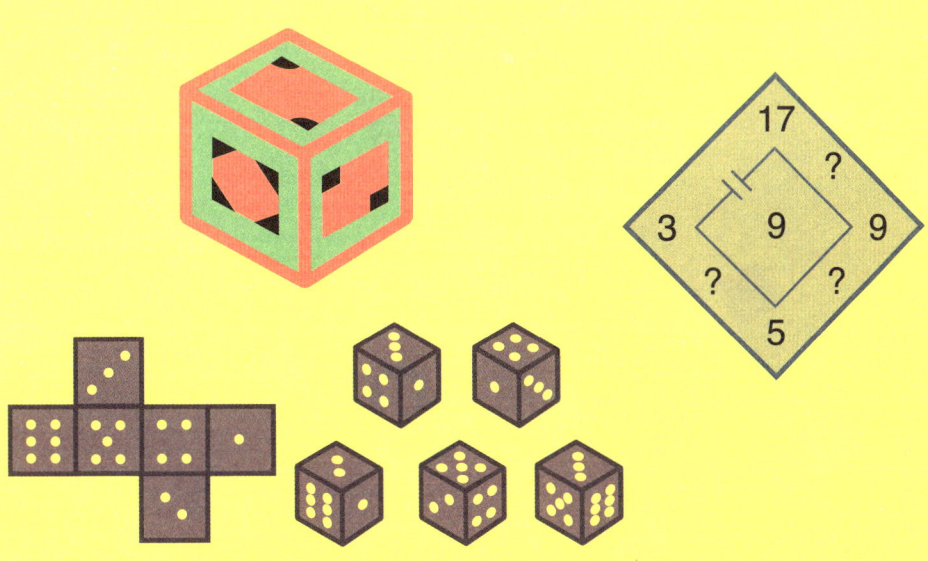

走进哈佛

哈佛大学（Harvard University）创建于 1636 年，坐落于美国马萨诸塞州剑桥市。1636 年 10 月 28 日马萨诸塞海湾殖民地议会通过决议，决定筹建一所像英国剑桥大学那样的高等学府。学校最初命名为"新学院"或"新市民学院"。1637 年冬天，英国剑桥大学的一名毕业生移民到了新大陆。他叫约翰·哈佛，来自伦敦，时年 29 岁，刚结婚不久，他住在查理斯镇，与这

▲ 哈佛大学的校徽

所新成立的学院隔着查理斯河。约翰·哈佛当时的梦想是成为查理斯镇教堂的助理牧师。不幸的是，1638 年 9 月 14 日，约翰·哈佛就因患肺病而逝世。临死前，他立嘱将自己一部分财产和 400 本图书捐赠给了河对面那所新成立的学院。这是该学院成立以来所接受的最大一笔捐款，校方用这笔钱开发了不少的"硬件"和"软件"。也就是从那时候开始，美国非常重视对文化教育的投资和捐献，这种习惯和氛围一直被一代又一代的美国人和外来移民者所接受和继承。为纪念给予学院慷慨支持的约翰·哈佛牧师，马萨诸塞州议会一致决议，学院于 1639 年 3 月更名为哈佛学院；1780 年，哈佛学院正式改称哈佛大学。

哈佛大学的办校方针是求是崇真。哈佛大学的校训是："与柏拉图为友，与亚里士多德为友，更要与真理为友。"这句话自哈佛建校以来，一直是哈佛学生所信奉的做学问和做人的准则。

哈佛大学的校徽是"Veritas"，它是拉丁文"真理"的意思。1643 年 12 月 27 日，哈佛学院第二任院长邓斯特主持了一次会议，会议记录是这样的：校徽以三本书为背景（两上一下），在上面的两本书上分别印刻有"VE"和"RI"两组字母，而在下面的一本书上则印刻有"TAS"这组字母。三本书的背景则是一个盾牌图案。毫不夸张地说，这个校徽的设计是很有创意的。然而，这个图案在 200 年之后才被启用的。其原因是，邓斯特院长在主持了那次会议后，就随便将会议记录丢置在一堆文件中，一直无人问津。直至 200 年后，时任哈佛院长的昆西在主持 200 年校庆过程中，无意中发现了这份

◀ 哈佛大学校园内的约翰·哈佛铜像

重要的历史文件。他把这份失而复得的校徽图案作为本次校庆的一个重要项目来推介给师生，大家在欢呼之余，无不感慨万分。

到 20 世纪，哈佛的地位及声誉随着所获捐助及教授人数的上升而逐渐提升，申请入学的学生人数也因课程数目的增大及校园的扩建而增加。截至 2014 年，哈佛大学下设 13 个学院，分别为哈佛大学文理学院、哈佛商学院、哈佛大学设计学院、哈佛大学神学院、牙科医学、哈佛法学院、哈佛医学院、教育学院、哈佛大学公共卫生学院、哈佛大学肯尼迪政治学院、工程与应用科学院、哈佛大学研究生院、哈佛学院，另设有拉德克利夫高等研究学院，总共在 46 个本科专业、134 个研究生专业招生。

20 世纪初，中国政府开始向哈佛大学选派留学生。首批留学哈佛的中国学生于 1909 年毕业，他们当中有罗邦辉、金岱、李嘉同、马岱君和刘瑞恒等人。中国近代也有许多科学家、学者、作家曾就读于哈佛大学，如赵元任、吴宓、林语堂、梁实秋、梁思成、竺可桢、陈寅恪、陈振汉等。1936 年，时值哈佛大学 300 年校庆之际，中国哈佛大学校友会给母校捐赠了一座大石碑，这是中国留学生在哈佛校园留下的一片集体足迹。到 1945 年，哈佛大学的外国留学生中，以中国学生人数为最多。

使许多美国大学羡慕不已的是，哈佛大学还有 7 座规模较大的专业博物馆，它们分别为植物学博物馆、矿物学和地质学博物馆、比较动物学博物馆、考古学和人种学博物馆、沃伦解剖学博物馆、福格艺术博物馆和布希—瑞森格博物馆。这些博物馆在全世界学术界都享有美名。

哈佛大学对于教师和学生的质量要求亦是高水准的，教师要严选，学生要精挑。优秀的学生和优秀的教师相得益彰，相辅相成，共同成就了哈佛的成功。担任哈佛大学校长长达 20 年之久的美国著名教育家科南特曾经说过："大学的荣誉，不在于她的校舍和人数，而在于她一代一代人的质量。"正是因为在择师和育人上坚持高标准、高质量的要求，哈佛大学才得以成为群英荟萃、人才辈出的第一流著名学府，对美国社会的经济、政治、文化、科学和高等教育都产生了重大影响，在世界各国求知者心中具有极大的吸引力，在众多大学排行榜上一直名列前茅，被公认为当今世界最顶尖的高等教育机构之一。

哈佛大学被誉为高等学府王冠上的宝石，300多年间，哈佛大学培养出数以百计的世界级财富精

▲ 哈佛大学外景

英，为商界、政界、学术界及科学界贡献了无数成功人士和时代巨子。在美国历史上，哈佛大学毕业的学生中共有 8 位成为美国总统。他们分别是：约翰·昆西·亚当斯、约翰·亚当斯、拉瑟福德·海斯、西奥多·罗斯福、富兰克林·罗斯福、约翰·肯尼迪、乔治·沃克·布什、贝拉克·侯赛因·奥巴马。此外，还培养出一大批知名的学术创始人、世界级的学术带头人、文学家、思想家，如诺伯特·德纳、拉尔夫·爱默生、亨利·梭罗、亨利·詹姆斯、查尔斯·皮尔士、罗伯特·弗罗斯特、威廉·詹姆斯、杰罗姆·布鲁纳、乔治·梅奥等。另外，美国前国务卿亨利·基辛格、微软公司创始人比尔·盖茨也出自哈佛大学。

影响哈佛学子一生的箴言

① 阅读：无论走到哪儿，随身携带一本书。

② 思考：睡前五分钟向自己提出问题。

③ 选择：比汗水更重要的是选择的智慧。

④ 财商：智商可以让你聪明，情商可以帮助你寻找财富，赚取人生第一桶金，只有财商才能为你保存这第一桶金，并且让它增值。

⑤ 借力：永远都不要独自用餐。

⑥ 锻炼：选择一项自己最喜欢的运动。

⑦ 创新：创造他人需要却表达不出来的需求。

⑧ 感恩：在任何地方，对任何人任何事说声"谢谢"。

哈佛大学图书馆训言

① 此刻打盹，你将做梦；而此刻学习，你将圆梦。

② 我荒废的今日，正是昨日殒身之人祈求的明日。

③ 觉得为时已晚的时候，恰恰是最早的时候。

④ 勿将今日之事拖到明日。

⑤ 学习时的苦痛是暂时的，未学到的痛苦是终生的。

⑥ 学习这件事，不是缺乏时间，而是缺乏努力。

⑦ 幸福或许不排名次，但成功必排名次。

⑧ 学习并不是人生的全部。但既然连人生的一部分——学习也无法征服，还能做什么呢?

⑨ 请享受无法回避的痛苦。

⑩ 只有比别人更早、更勤奋地努力，才能尝到成功的滋味。

⑪ 谁也不能随随便便成功，它来自彻底的自我管理和毅力。

⑫ 时间在流逝。

⑬ 今天流的口水，将成为明天的眼泪。

⑭ 狗一样地学，绅士一样地玩。

⑮ 今天不走，明天要跑。

⑯ 投资未来的人是忠于现实的人。

⑰ 受教育程度代表收入。

⑱ 一天过完，不会再来。

⑲ 即使现在，对手也在不停地翻动书页。

⑳ 没有艰辛，便无所获。

哈佛大学名人一览

拉尔夫·爱默生
（1803—1882）
美国思想家、诗人

海伦·凯勒
（1880—1968）
美国作家、教育家

埃里奇·西格尔
（1937—2010）
美国著名作家、编剧、
教育家

富兰克林·罗斯福
（1882—1945）
美国第 32 任总统

约翰·肯尼迪
（1917—1963）
美国第 35 任总统

乔治·沃克·布什
（1946— ）
美国第 43 任总统

贝拉克·侯赛因·奥巴马
（1961— ）
美国第 44 任总统

亨利·基辛格
（1923— ）
美国前国务卿

比尔·盖茨
（1955— ）
"微软"创始人之一

马克·扎克伯格
（1984—）
美国社交网站 Facebook
创办人

珀西·布里奇曼
（1882—1961）
1946 年诺贝尔物理学
奖获得者

约瑟夫·默里
（1919—2012）
1990 年诺贝尔生理学
或医学奖获得者

托马斯·萨金特
（1942—）
2011 年诺贝尔经济学
奖获得者

竺可桢
（1890—1974）
中国著名地理学家、气
象学家

陈寅恪
（1890—1969）
中国著名历史学家、语言
学家

林语堂
（1895—1976）
中国著名作家、学者、
翻译家

梁思成
（1901—1972）
中国著名建筑史学家、
建筑教育家

梁实秋
(1902—1987)
中国著名文学家、翻译家

哈佛给学生做的
300个思维游戏

001

以下各组三角形中，哪一组比较特殊？

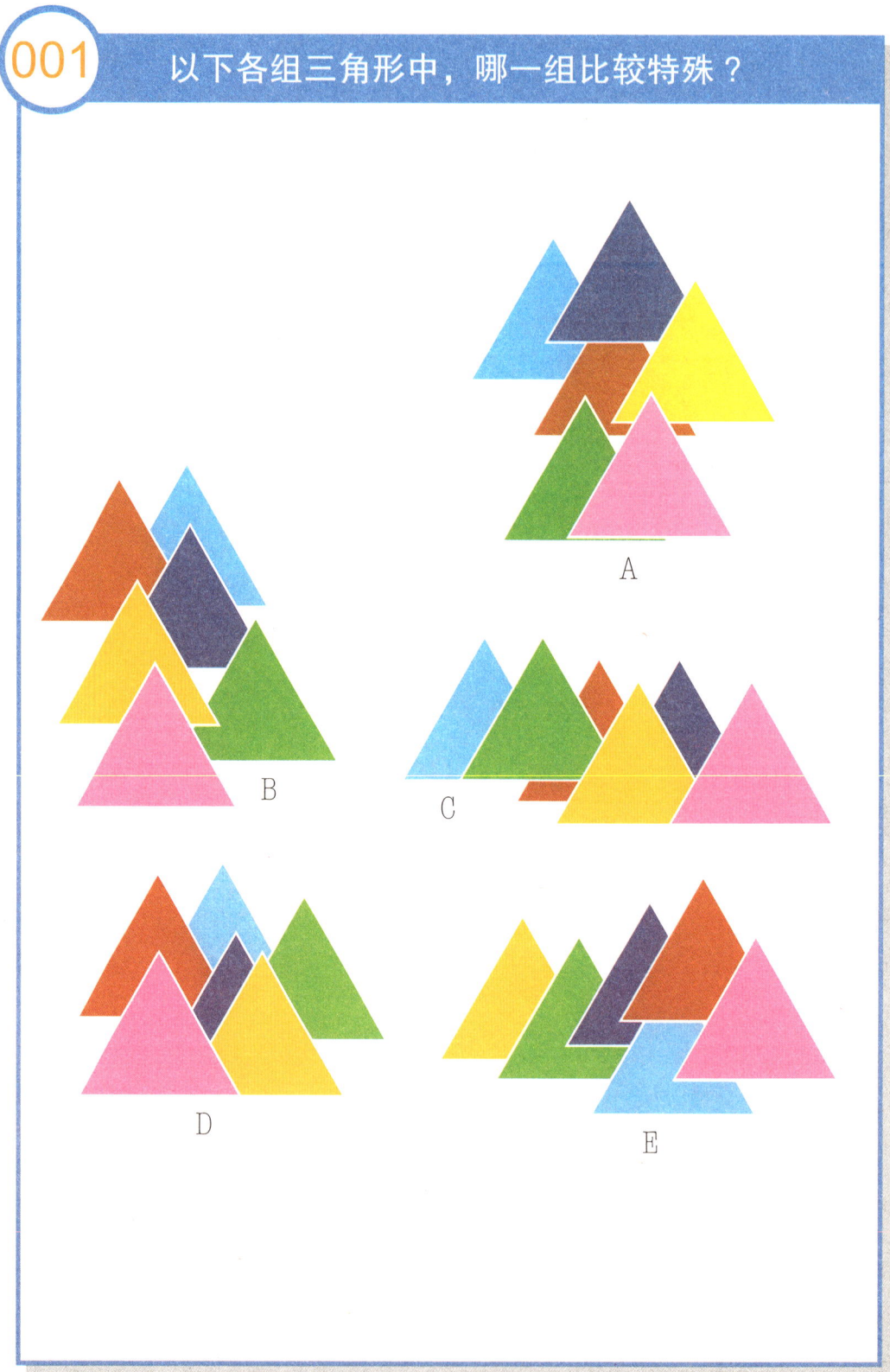

A

B

C

D

E

002　以下哪个立方体不能由本图折成？

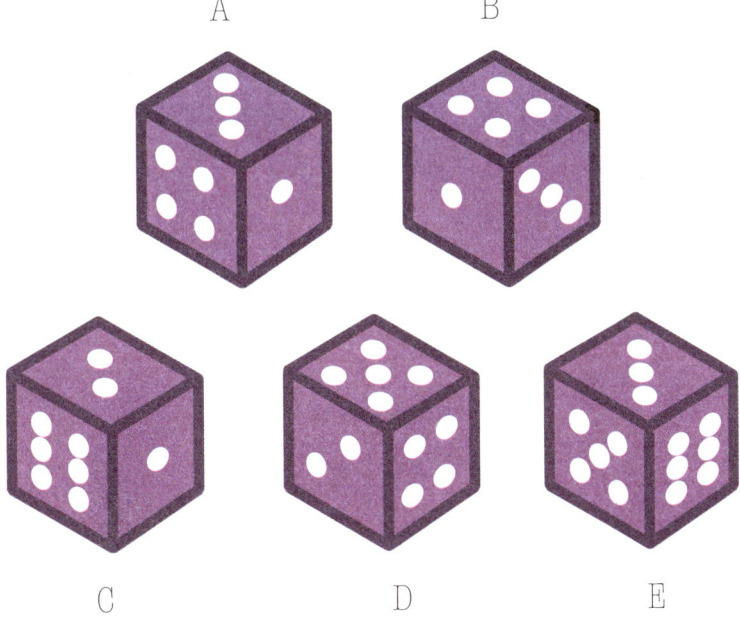

003 　　以下图框是按照一定的逻辑排列的，你能找出问号部分应该使用的数字吗？

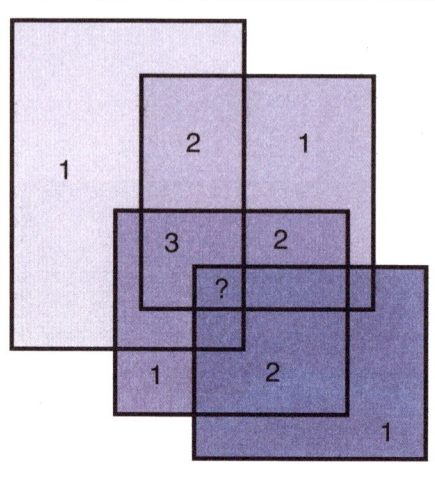

004 如果按照正确顺序排列，右边瓷砖可以组成一个方形，横向第 1 排的数字等同于纵向第 1 列的数字，以此类推。你能成功地组合吗？

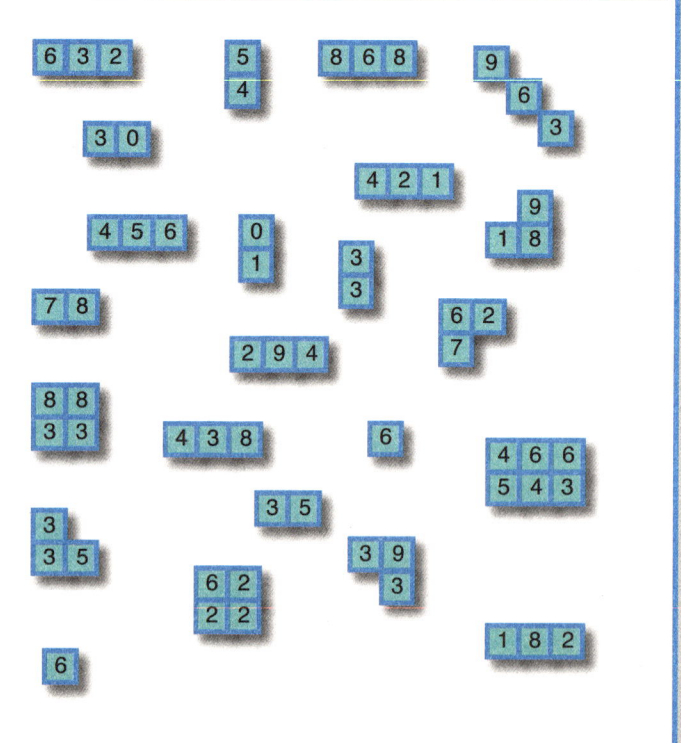

005

如果 A 对应于 B，那么 C 应对应于 D，E，F，G 哪个选项？

A

B

C

D

E

F

G

006

根据 A~F 这几个火柴人的排列规律，接下来应该排列的是 G，H，I 中的哪一个？

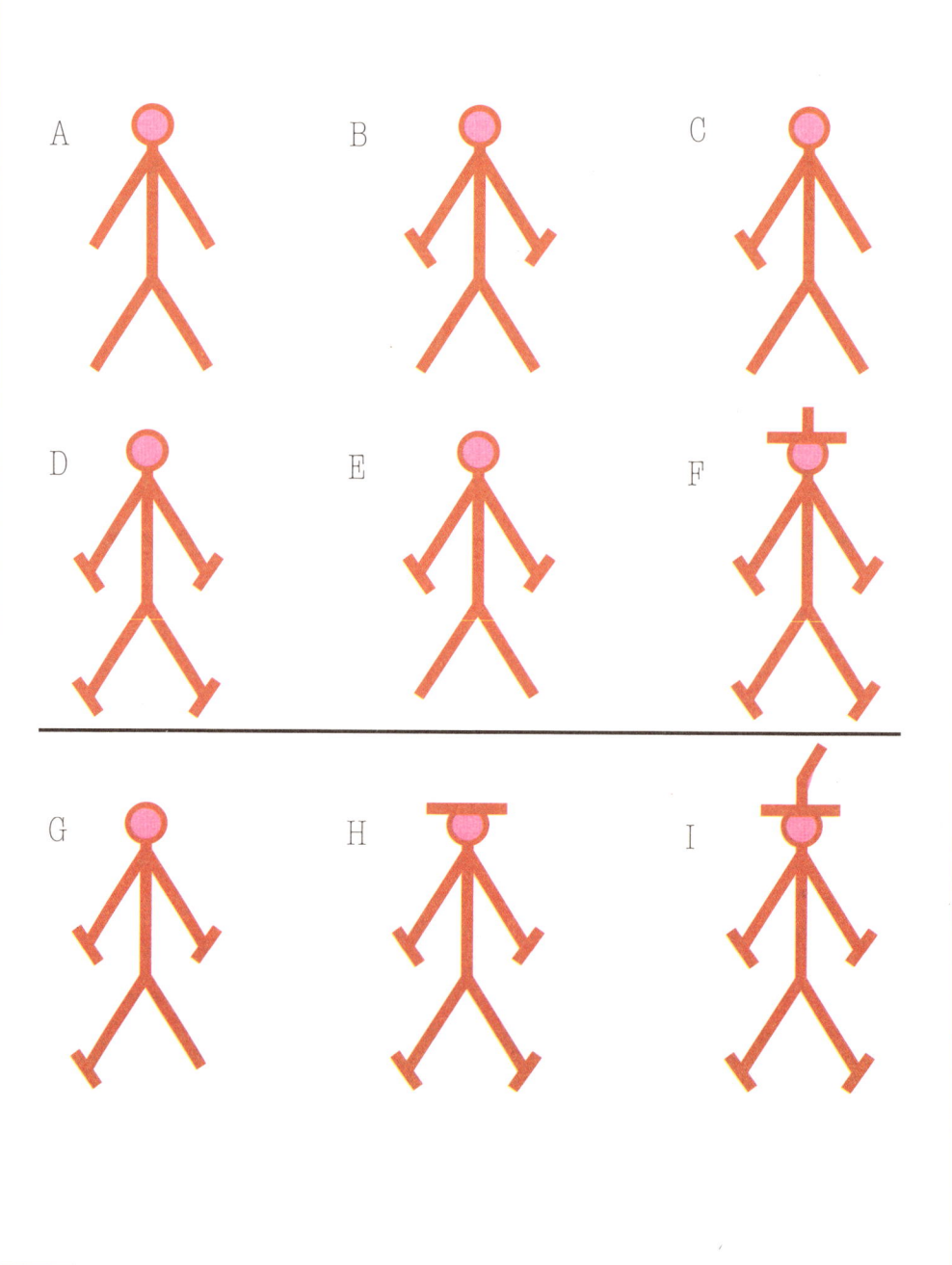

007

以下格子中的标志是按照一定规律排列的。你能找出其规律，并指出缺失部分应当填入的标志吗？

008

在以下格子中隐藏着 18 位著名作家的名字。你能找出这些名字吗？你可以横向、纵向或者斜向地往前、往后排列寻找。

C	W	C	O	A	L	M	K	W	O	E	A	C	K	L	G	O	Z	A	N
L	H	E	M	I	N	G	W	A	Y	N	E	I	Y	L	M	O	X	A	E
L	E	E	C	M	O	X	K	W	A	X	F	E	X	A	N	B	K	O	S
C	F	A	K	K	E	N	Z	A	E	X	L	A	E	B	L	P	E	F	B
A	Y	E	L	H	M	Z	N	O	E	X	I	A	I	F	H	R	K	L	I
M	O	Q	V	T	O	A	T	E	U	I	W	E	H	T	E	O	G	M	O
A	T	K	V	L	A	V	C	H	A	E	M	N	O	L	E	U	A	B	C
F	S	I	A	T	A	M	Q	L	S	D	I	C	K	E	N	S	S	T	A
A	L	S	T	V	E	M	W	M	N	O	E	I	A	C	H	T	A	C	T
F	O	O	X	W	A	B	E	A	L	L	E	I	T	A	W	W	A	C	G
G	T	O	X	A	E	A	K	F	A	K	I	L	A	A	S	T	A	W	N
O	N	F	B	C	H	J	K	W	L	L	T	J	I	I	E	X	G	H	I
E	N	O	L	F	M	G	O	Z	X	A	Y	N	A	E	B	E	C	W	L
R	V	O	L	F	I	G	A	E	Z	I	U	I	E	J	C	C	K	T	P
E	W	U	V	E	C	U	O	P	T	E	G	B	P	N	H	T	S	E	I
C	S	E	W	X	H	L	H	J	A	L	E	C	E	K	L	T	U	Z	K
U	A	T	A	E	E	C	K	U	W	P	Q	R	A	R	A	E	P	A	Z
A	U	S	T	E	N	X	A	T	A	Q	W	A	L	E	T	A	W	V	E
H	A	P	E	X	E	A	B	C	B	A	C	A	E	W	W	E	X	L	E
C	C	W	A	O	R	W	E	L	L	K	M	N	O	P	P	E	L	T	U

Austen	Chaucer	Chekhov
Dickens	Flaubert	Goethe
Hemingway	Huxley	Ibsen
Kafka	Kipling	Lawrence
Michener	Orwell	Proust
Tolstoy	Twain	Zola

009

除了一幅图以外，其余图片都是按照一定的逻辑排列的。你能找出哪幅图是例外吗？

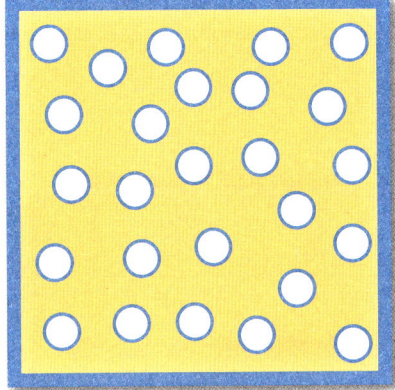

A

B

C

D

010

打开你的绘画盒，拿出 35 支彩色铅笔，按图中所示摆成回形。现在，移动其中的 4 支铅笔，组成 3 个正方形。如果手边没有足够的彩色铅笔，你也可以用牙签或者其他一些合适的物体代替。

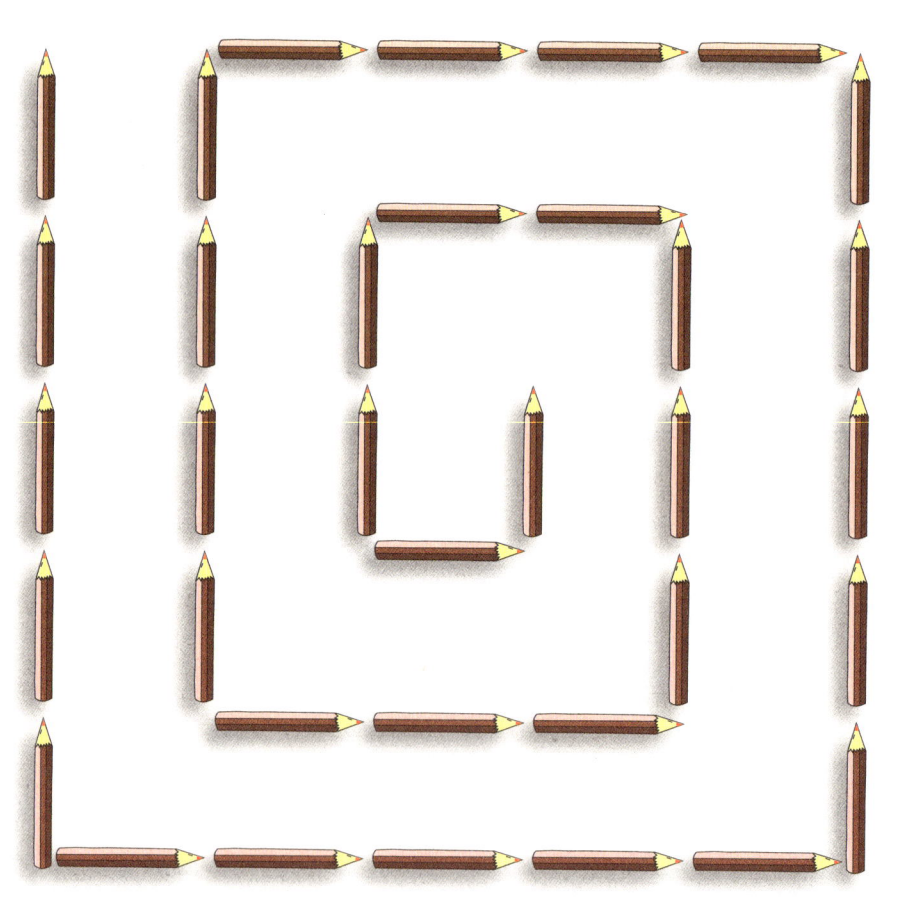

011　图 B~F 中哪个立方体不能由 A 图折成？

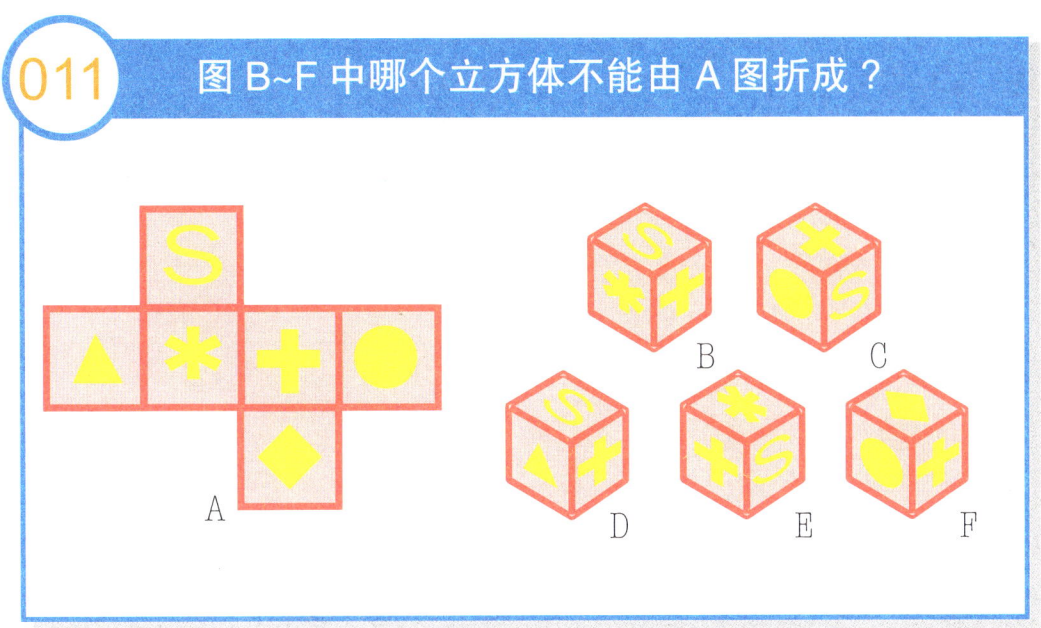

012　前两组天平是平衡的。为了使第 3 个天平也平衡，应当再加上一个什么图案呢？

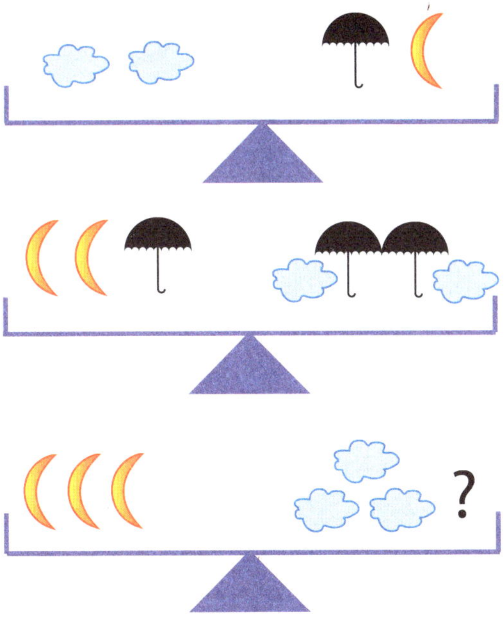

013

以下格子中的标志是按照一定的规律排列的。你能找出其规律，并指出缺失部分应当填入的标志吗？

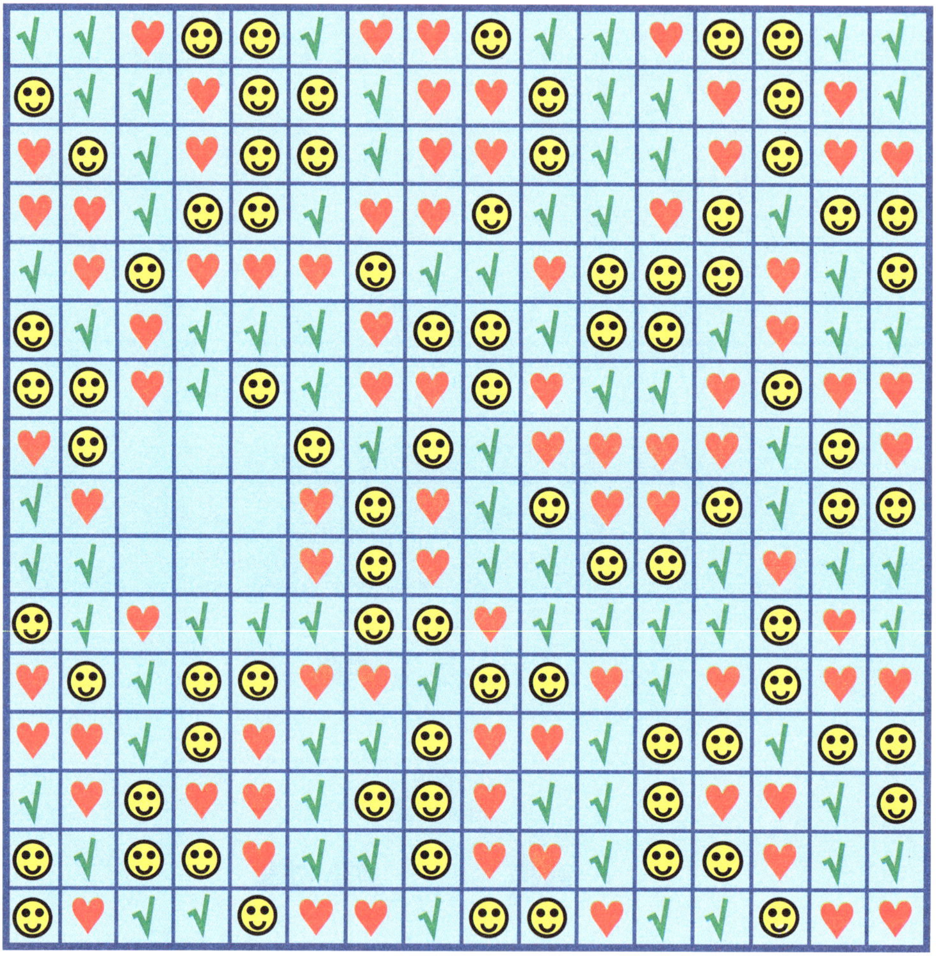

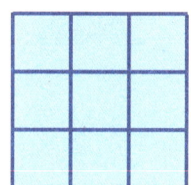

014

找出规律,从A,B,C表情中找出符合规律的一个。

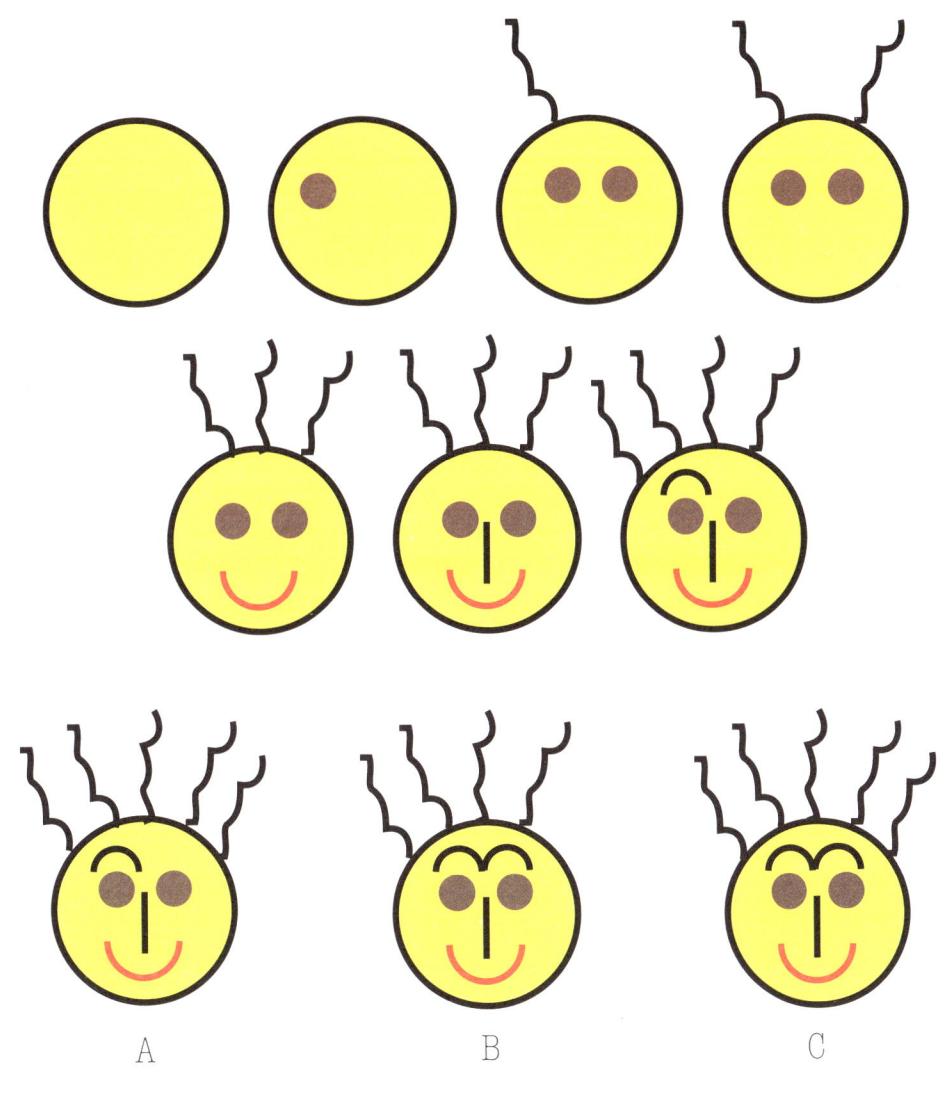

A   B   C

015

如果按照正确顺序排列，以下瓷砖可以组成一个方形，横向第 1 排的数字等同于纵向第 1 列的数字，以此类推。你能成功地组合吗？

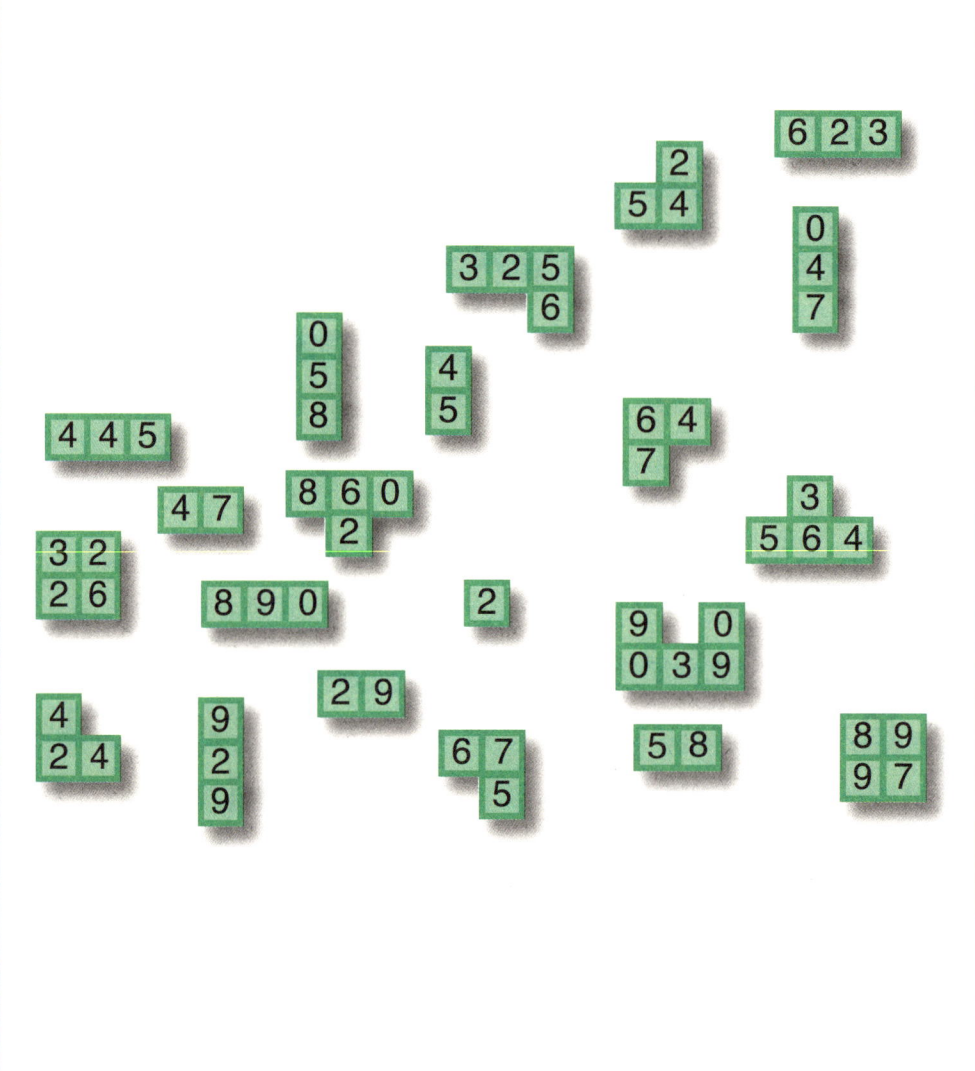

016

如果 A 对应于 B，那么 C 应对应于 D，E，F，G 中的哪一个图？

A

B

C

D

E

F

G

017 以下格子中的表情是按照一定的规律排列的。你能找出其规律，并指出缺失部分应当填入的表情组合吗？

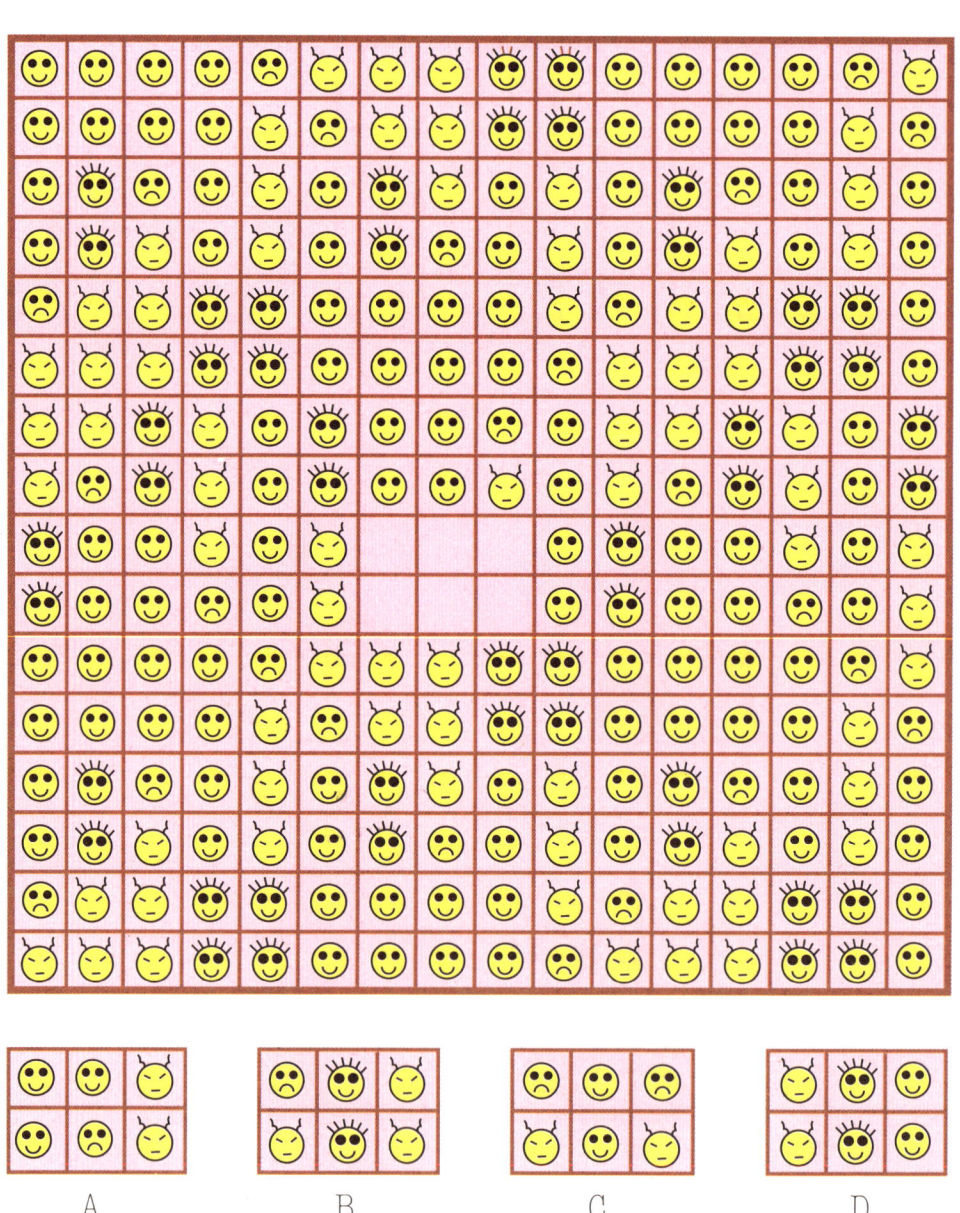

A   B   C   D

018　以下格子中的图是按照一定的规律排列的。你能找出其规律，并将缺失部分补充完整吗？

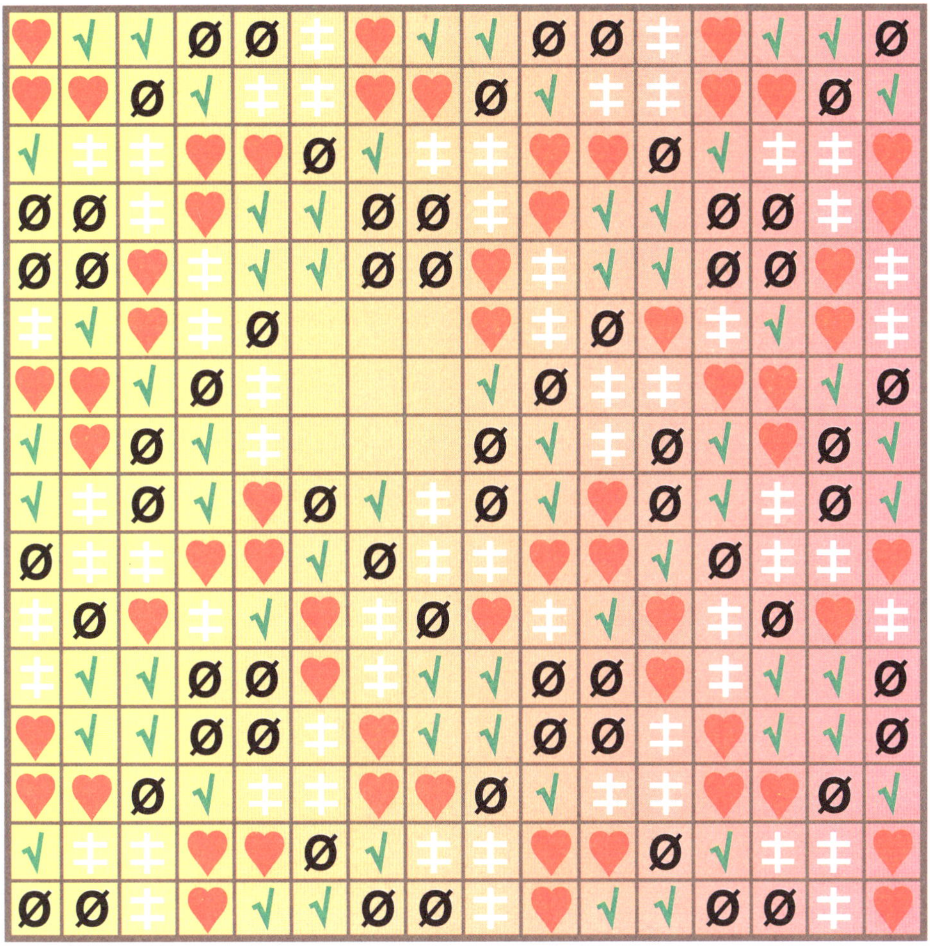

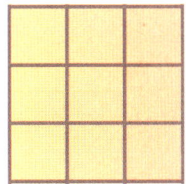

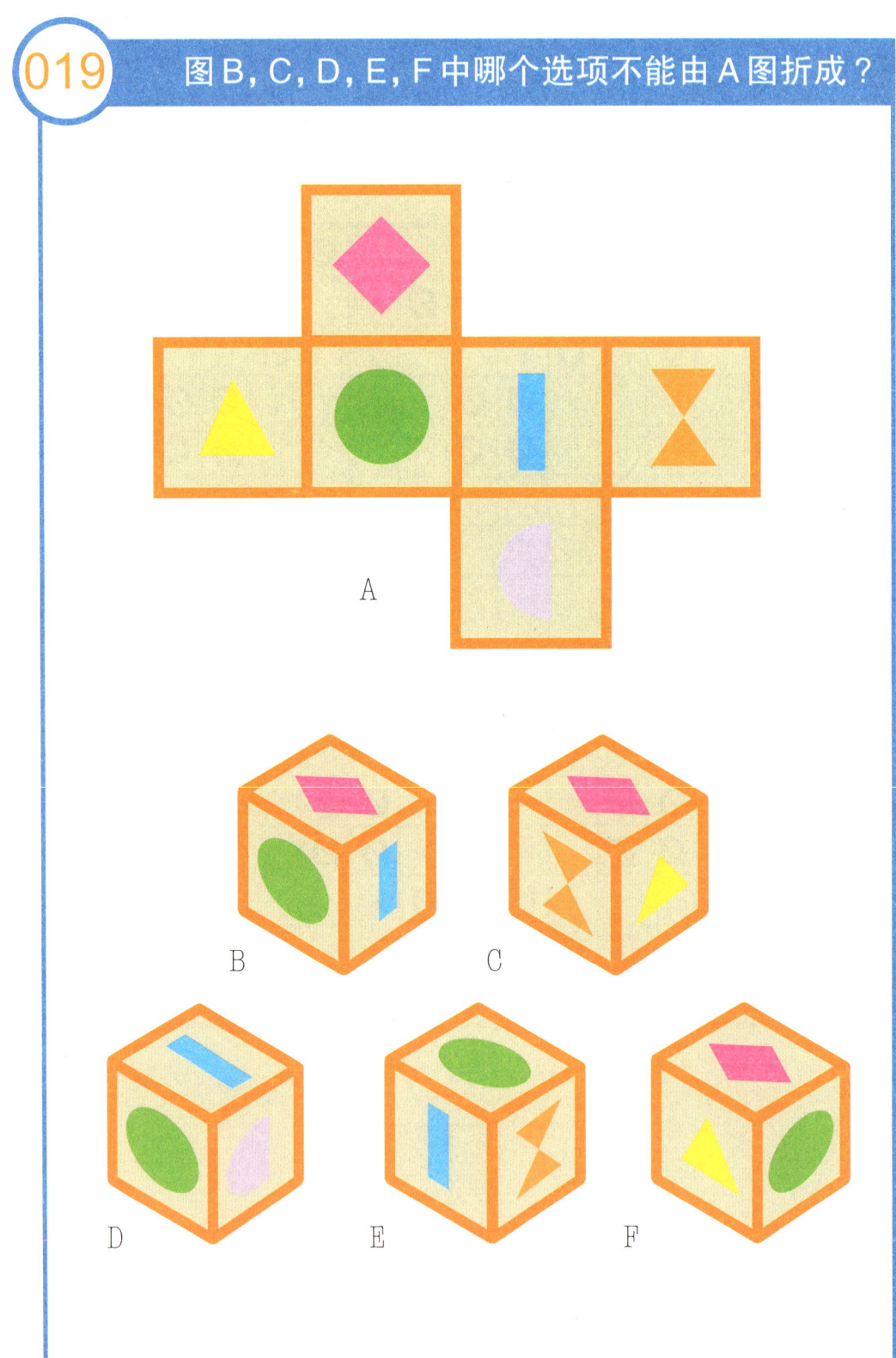

020

如果 A 对应于 B，那么 C 对应于 D，E，F，G 中哪一个数字盘？

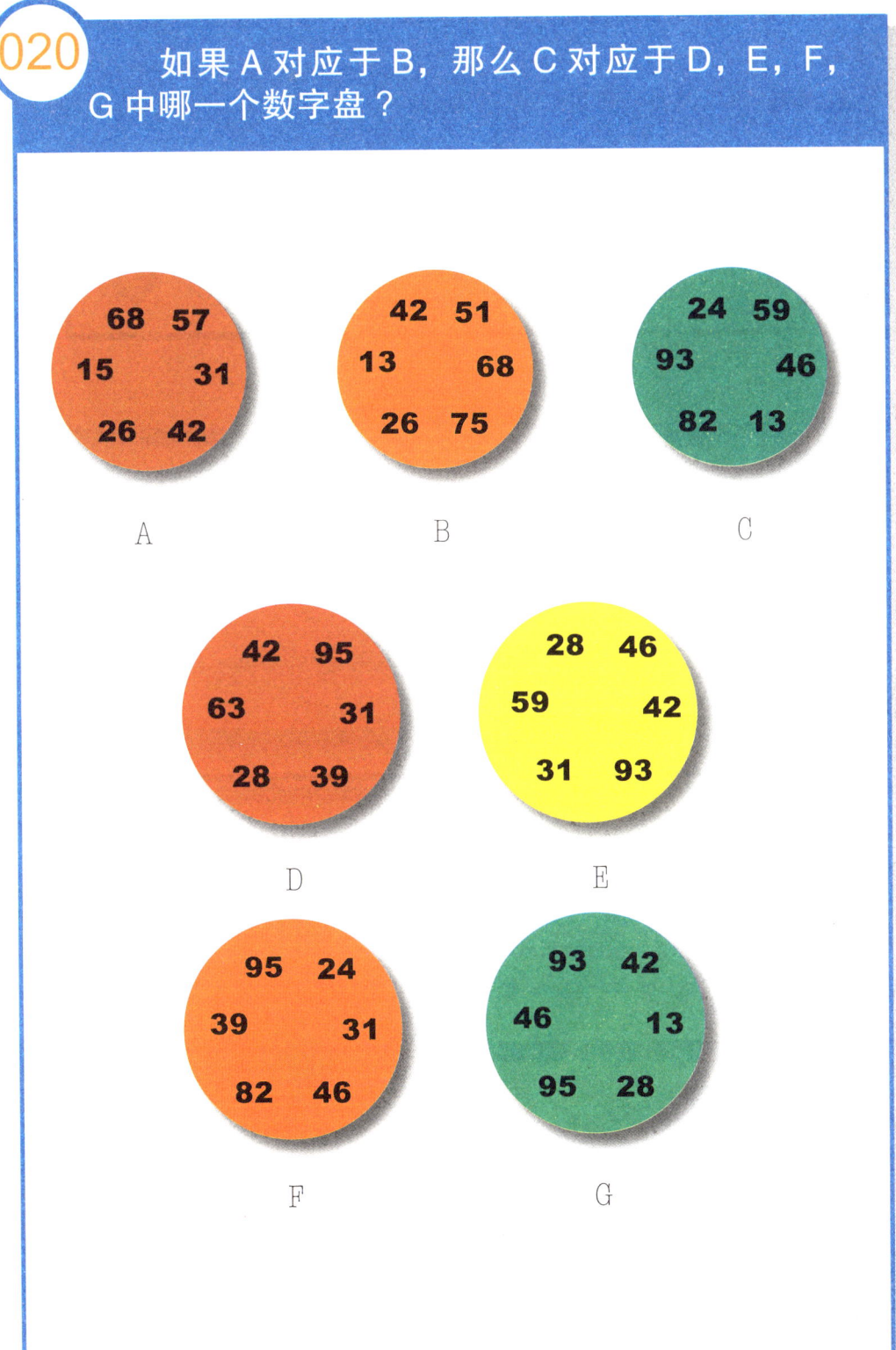

021

你认为在最后一个天平上应当再加入什么图形才能使其保持平衡？

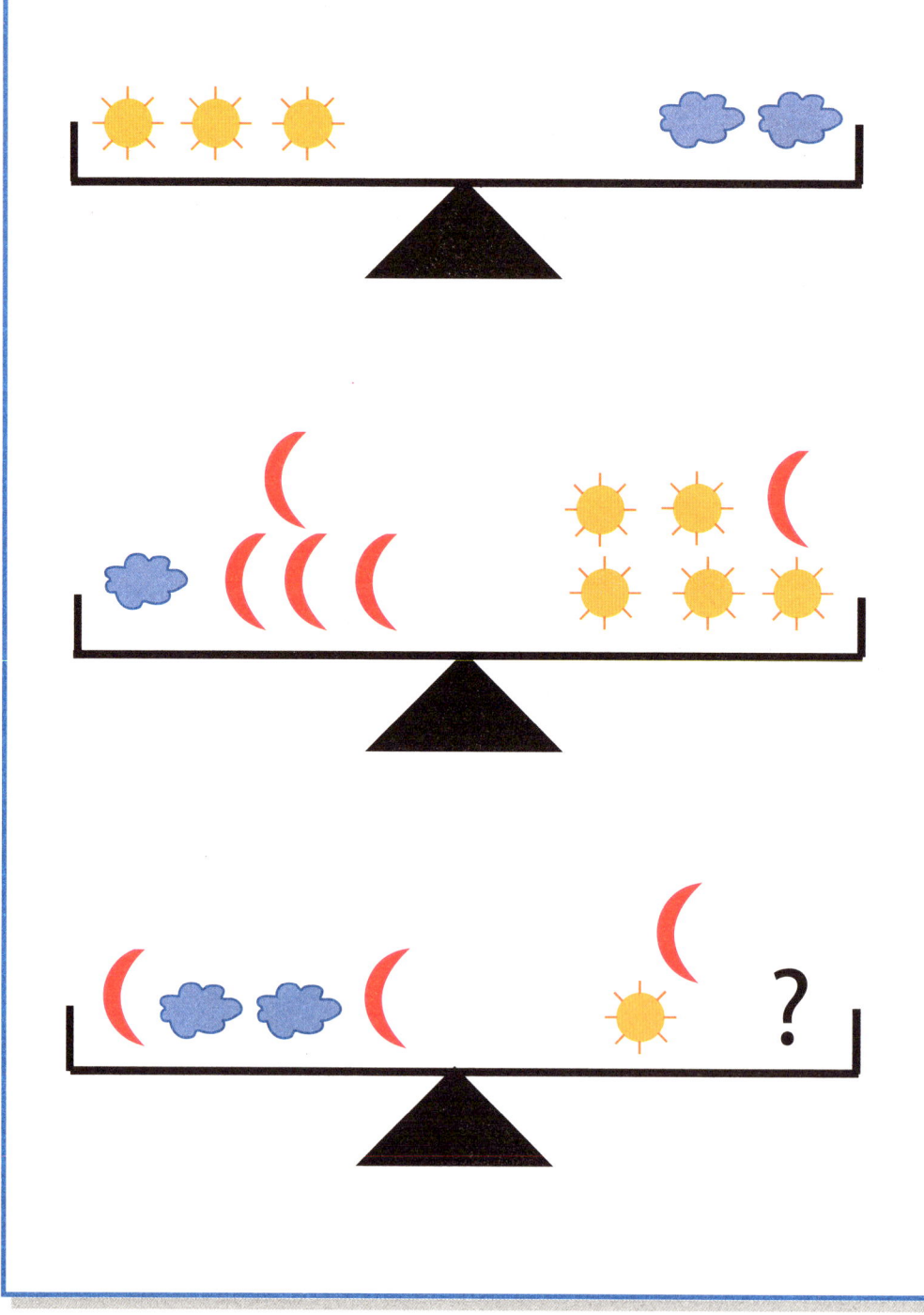

022 　　格子中的图标是按照一定规律排列的。你能找出其规律，并指出缺失部分应当填入的图形吗？

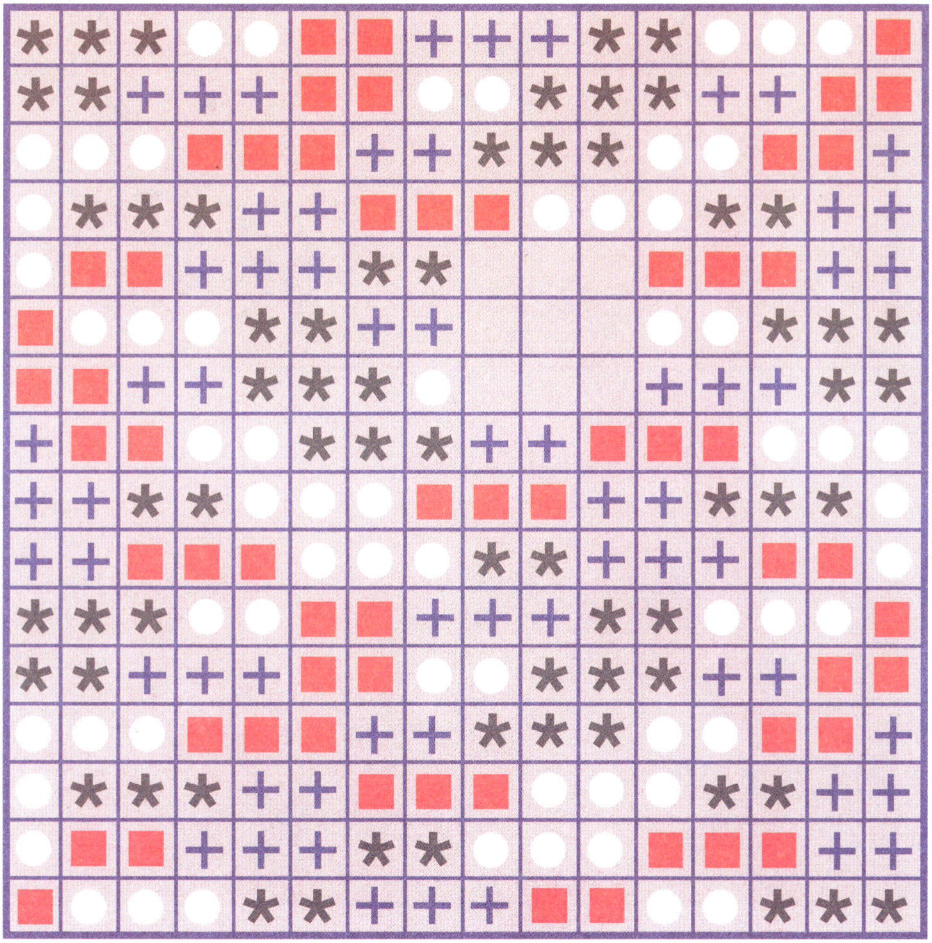

023

以下两个图非常相像，但并不是完全相同。你能找出两图之间的 11 处不同吗？

024　如果 1 对应于 2，那么 3 应对应于 A，B，C，D，E 中的哪一幅图？

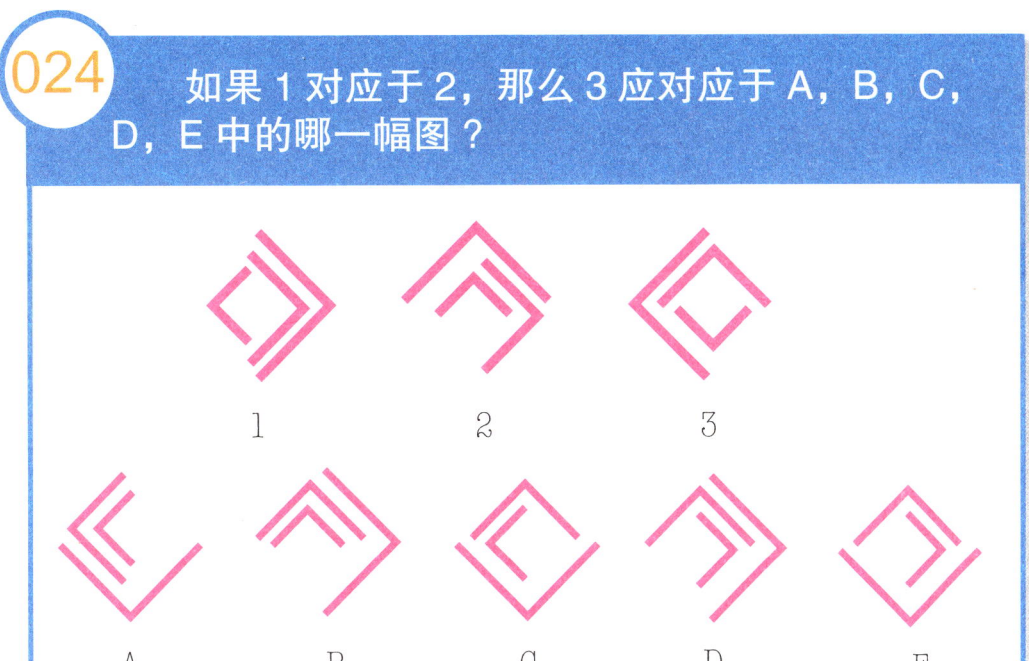

1　　　2　　　3

A　　　B　　　C　　　D　　　E

025　如果 1 对应于 2，那么 3 应对应于 A，B，C，D，E 中的哪一幅图？

1　　　2　　　3

A　　　B　　　C　　　D　　　E

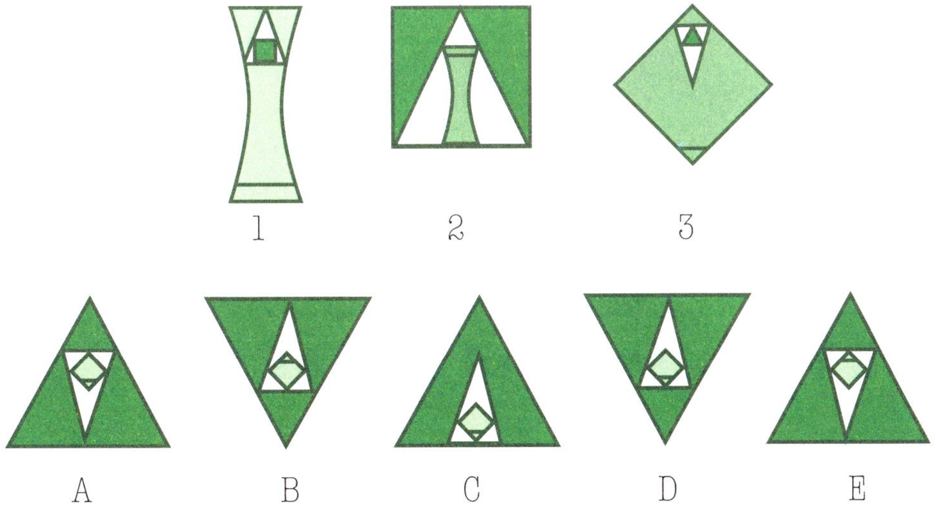

026 如果 A 对应于 B，那么 C 应对应于图 D，E，F，G，H 中的哪一幅图？

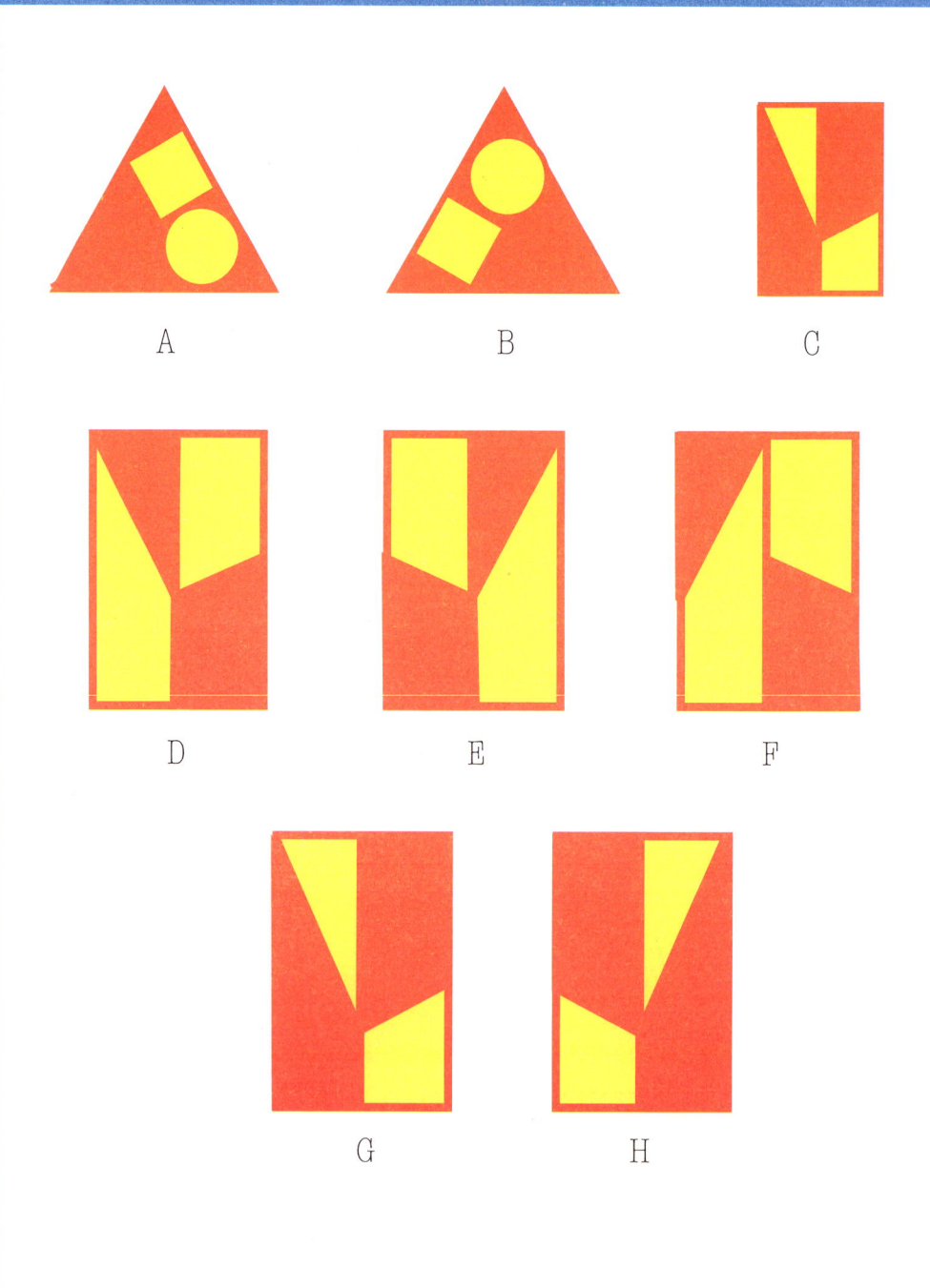

027 格子中的图标是按照一定的规律排列的。你能找出其中的规律将空白部分正确地补充完整吗?

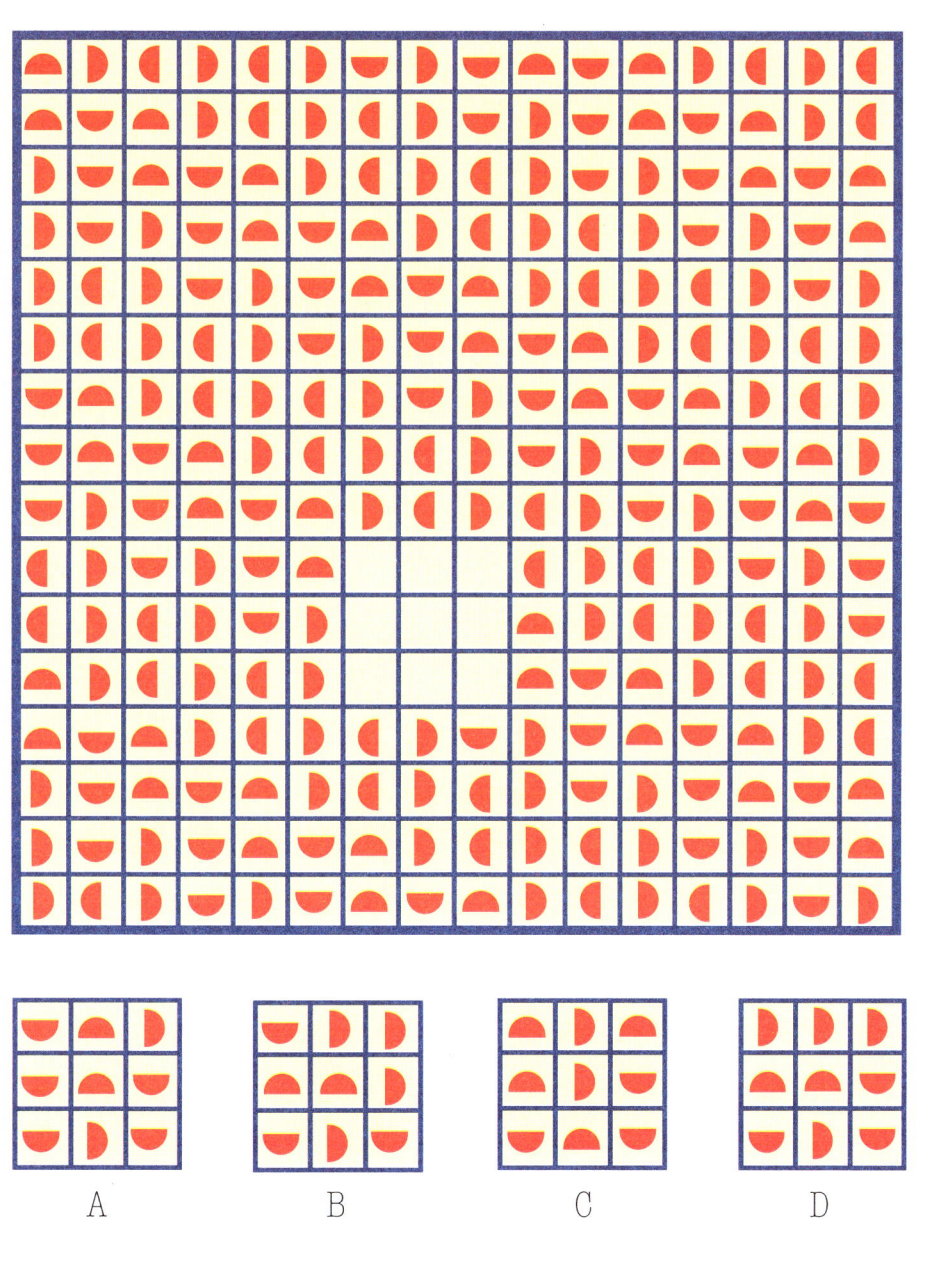

A   B   C   D

028

从图 A，B，C，D，E 中找出符合序号排列规律的一个。

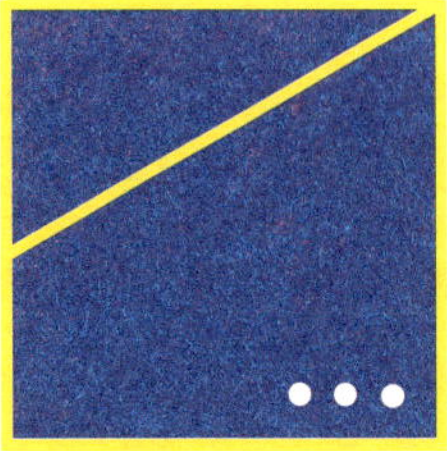

1

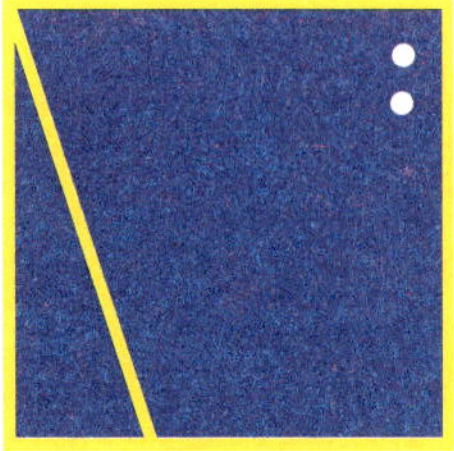

2

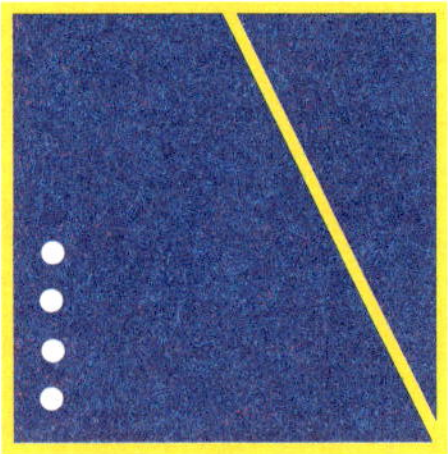

3

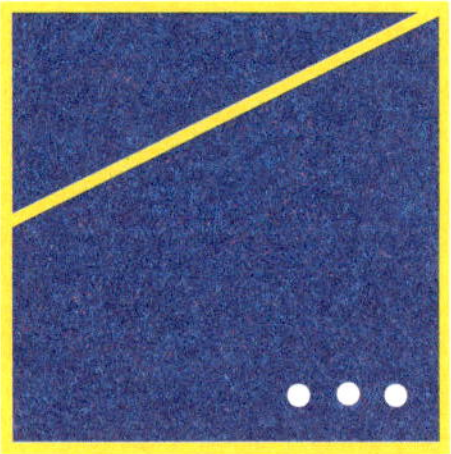

4

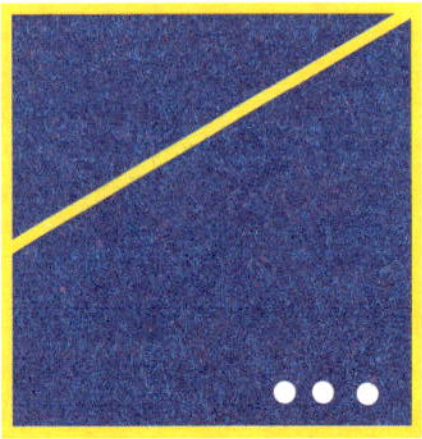

A

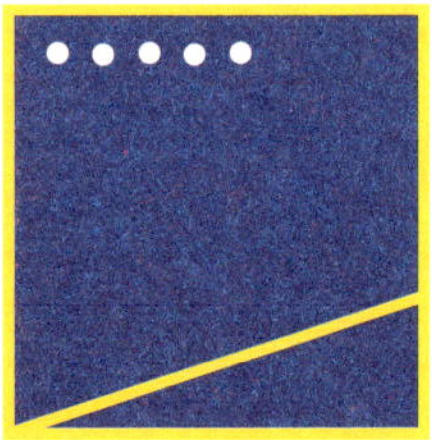

B

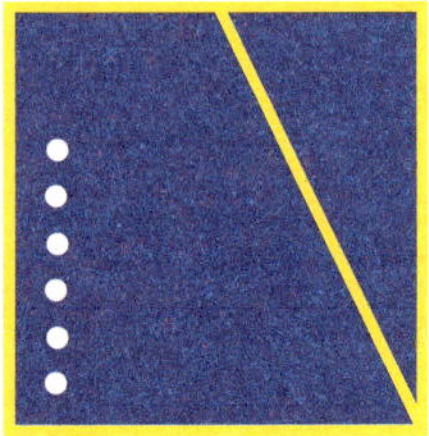

C

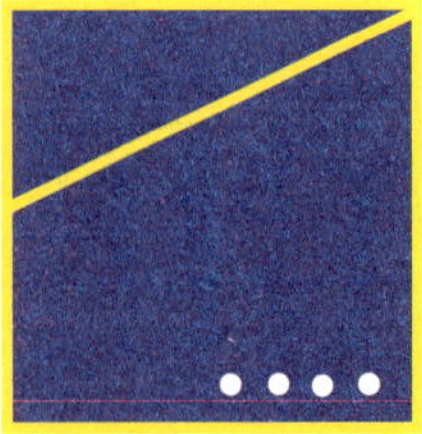

D

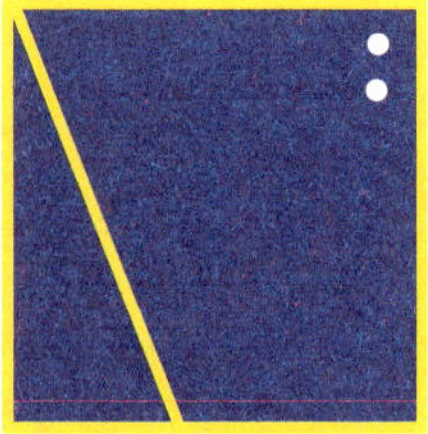

E

029 　　有人在装饰以下蛋糕时出现了错误，你能将其更正吗？

030

如果 A 对应于 B，那么 C 应对应于图 D，E，F，G，H 中的哪一个图？

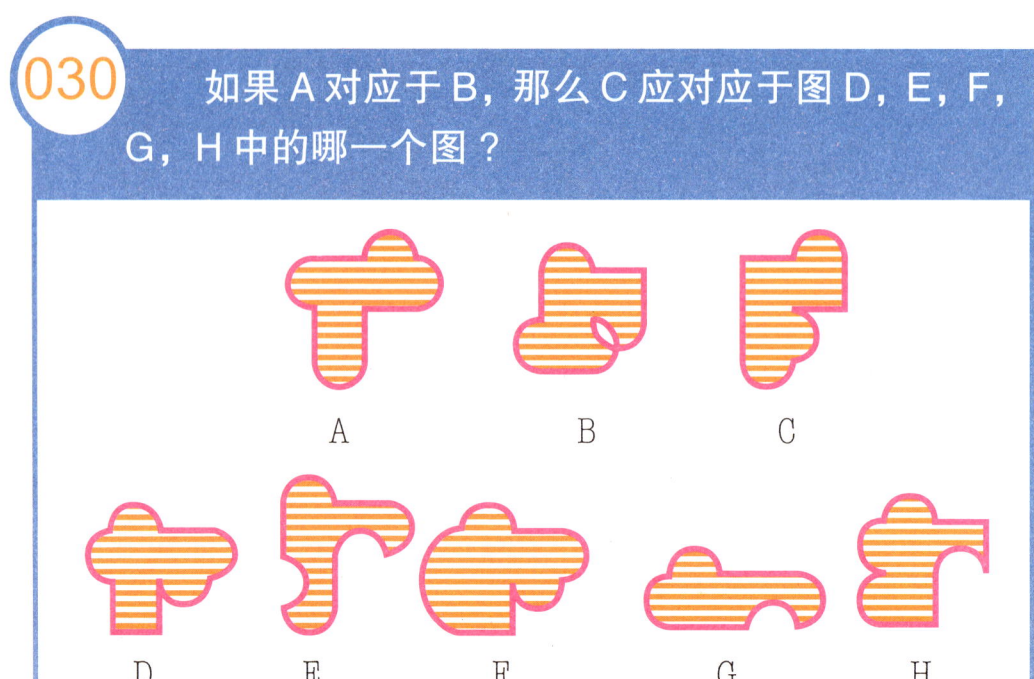

031

图 B，C，D，E，F 中哪一幅图只需加上一条直线即能得到 A 图的结果？

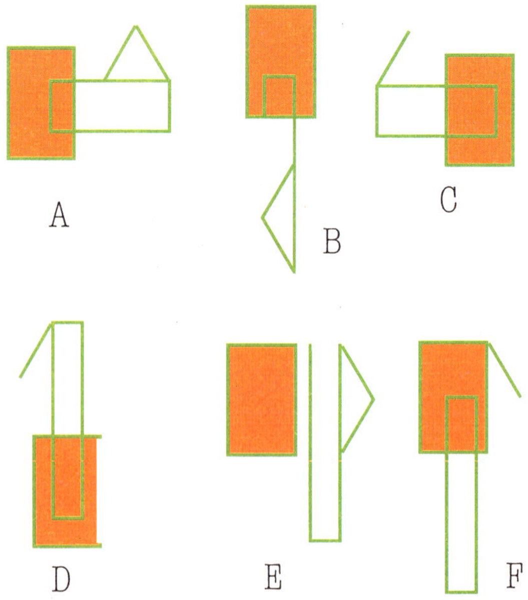

032 黄色代表的数值是多少？

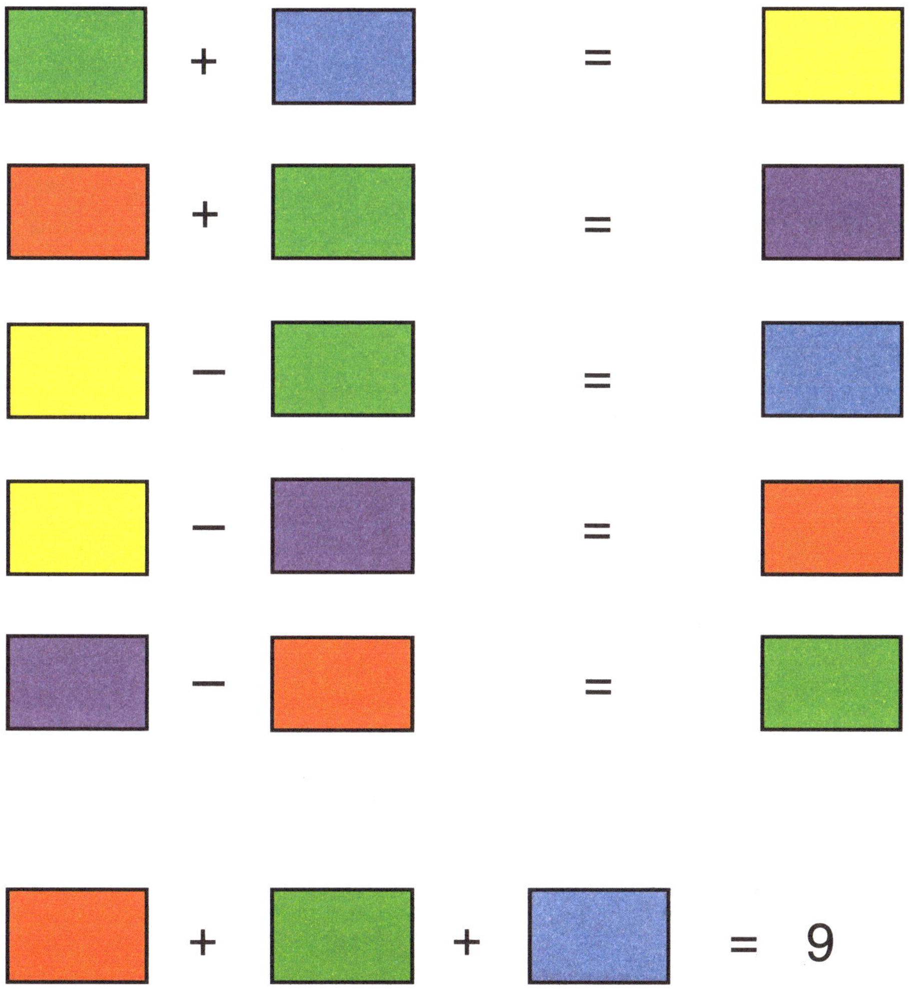

🟩 **+** 🟦 **=** 🟨

🟧 **+** 🟩 **=** 🟪

🟨 **−** 🟩 **=** 🟦

🟨 **−** 🟪 **=** 🟧

🟪 **−** 🟧 **=** 🟩

🟧 **+** 🟩 **+** 🟦 **=** 9

033 如果 A 对应于 B，那么 C 应对应于图 D，E，F，G，H 中的哪一组图？

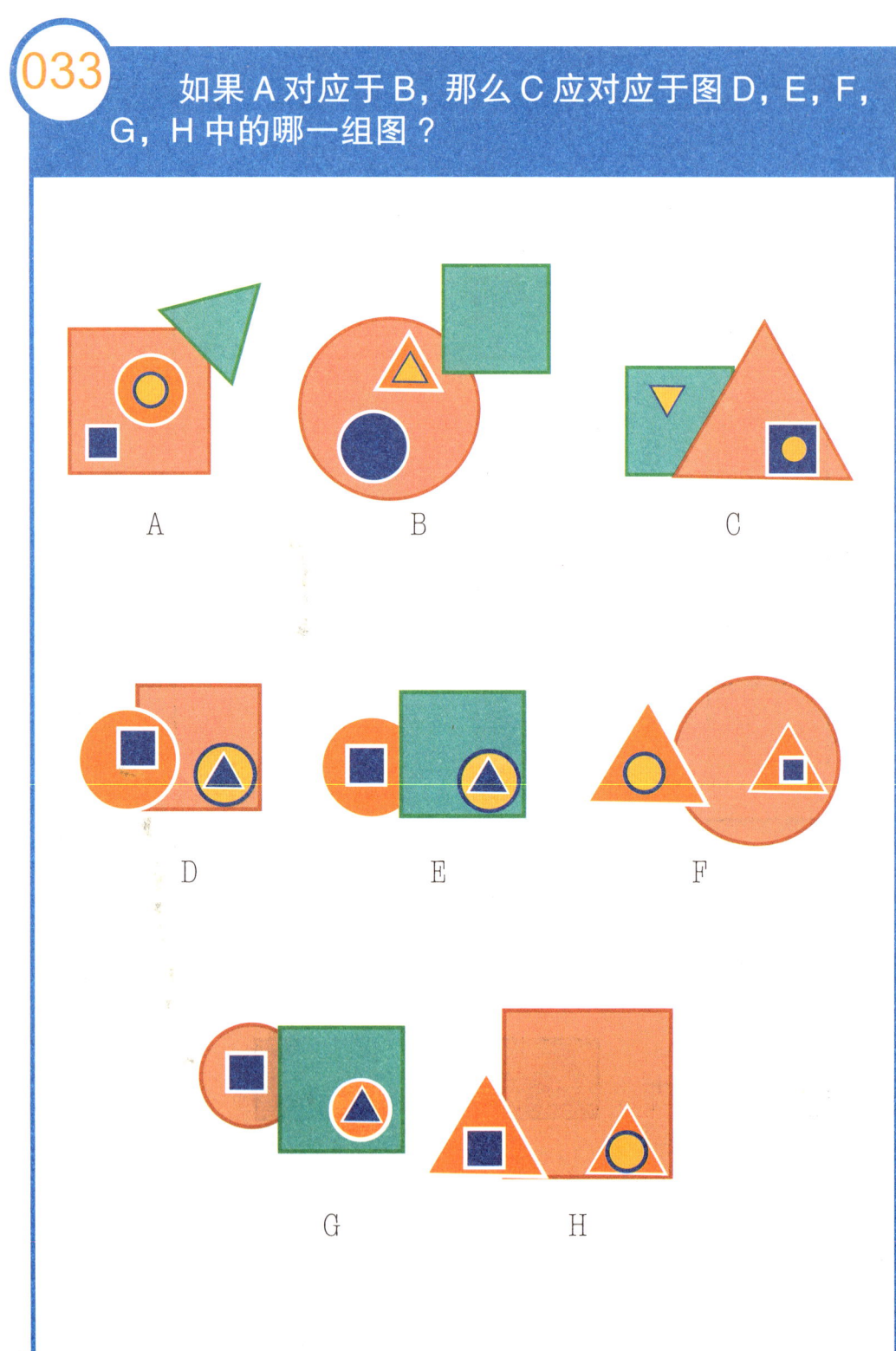

A

B

C

D

E

F

G

H

034　观察下图的规律，将缺失部分补充完整。

Z	R	T	T	U	W	W	Z	Z	S	Z	R	T	T	U	W
S	Z	Z	W	W	U	T	T	R	Z	S	Z	Z	W	W	U
Z	S	Z	R	T	T	U	W	W	Z	Z	S	Z	R	T	T
Z	W	W	U	T	T	R	Z	S	Z	Z	W	W	U	T	T
W	Z	Z	S	Z	R	T	T				Z	Z	S	Z	R
W	U	T	T	R	Z	S	Z				U	T	T	R	Z
U	W	W	Z	Z	S	Z	R				W	W	Z	Z	S
T	T	R	Z	S	Z	W	W	U	T	T	R	Z	S	Z	Z
T	T	U	W	W	Z	Z	S	Z	R	T	T	U	W	W	Z
R	Z	S	Z	Z	W	W	U	T	T	R	Z	S	Z	Z	W
Z	R	T	T	U	W	W	Z	Z	S	Z	R	T	T	U	W
S	Z	Z	W	W	U	T	T	R	Z	S	Z	Z	W	W	U
Z	S	Z	R	T	T	U	W	W	Z	Z	S	Z	R	T	T
Z	W	W	U	T	T	R	Z	S	Z	Z	W	W	U	T	T
W	Z	Z	S	Z	R	T	T	U	W	W	Z	Z	S	Z	R
W	U	T	T	R	Z	S	Z	Z	W	W	U	T	T	R	Z

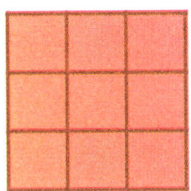

035

如果 A 对应于 B，那么 C 应对应于 D，E，F，G，H 中的哪一组图？

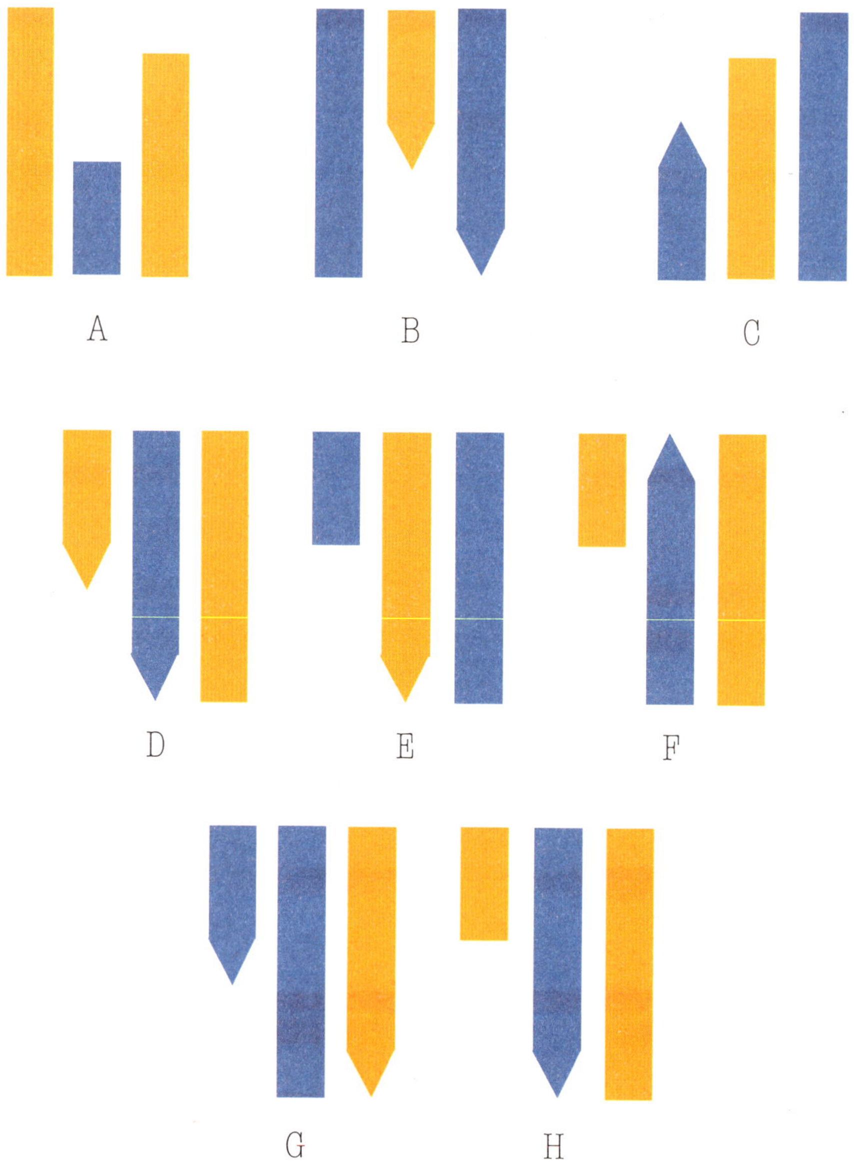

A

B

C

D

E

F

G

H

036

如果 A 对应于 B，那么 C 应对应于 D，E，F，G，H 中的哪一组图？

A
B
C
D
E
F
G
H

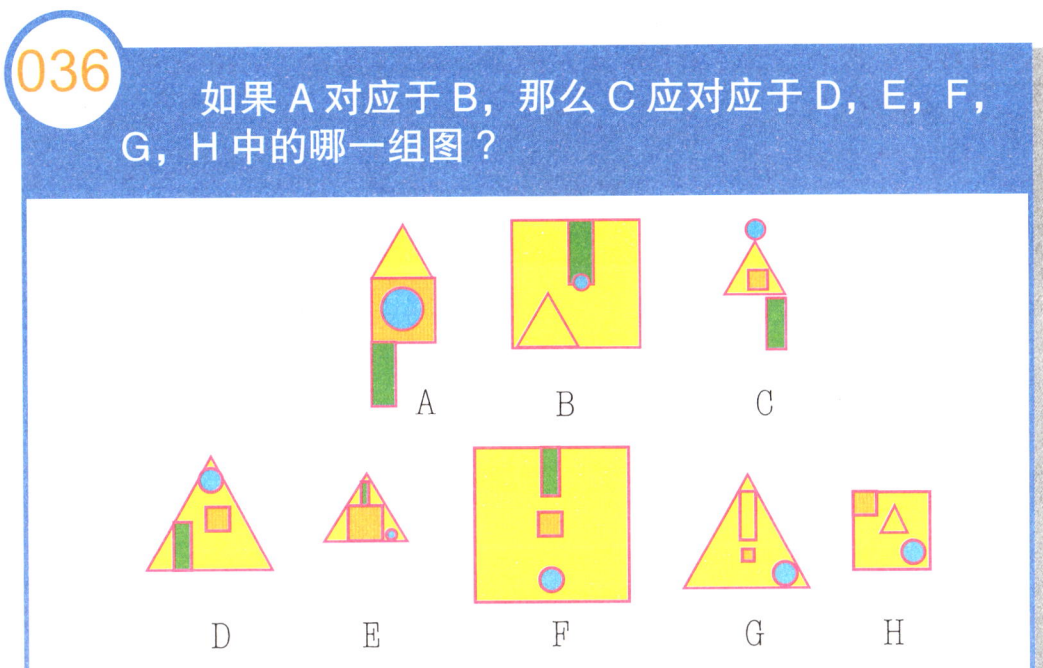

037

每辆拖拉机的工作时间如图所标，拖拉机下面的数字是其运送的土豆的吨数，其中存在着一定的规律，那么你能推算出拖拉机 A 所运送的土豆的吨数吗？

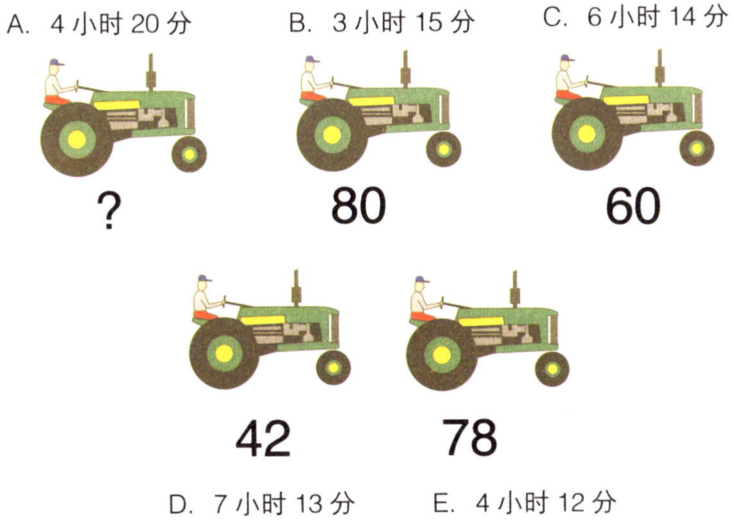

A. 4 小时 20 分
B. 3 小时 15 分
C. 6 小时 14 分
?
80
60
42
78
D. 7 小时 13 分
E. 4 小时 12 分

038 B，C，D，E，F 中哪张图纸能够折叠成 A 图所示的立方体？

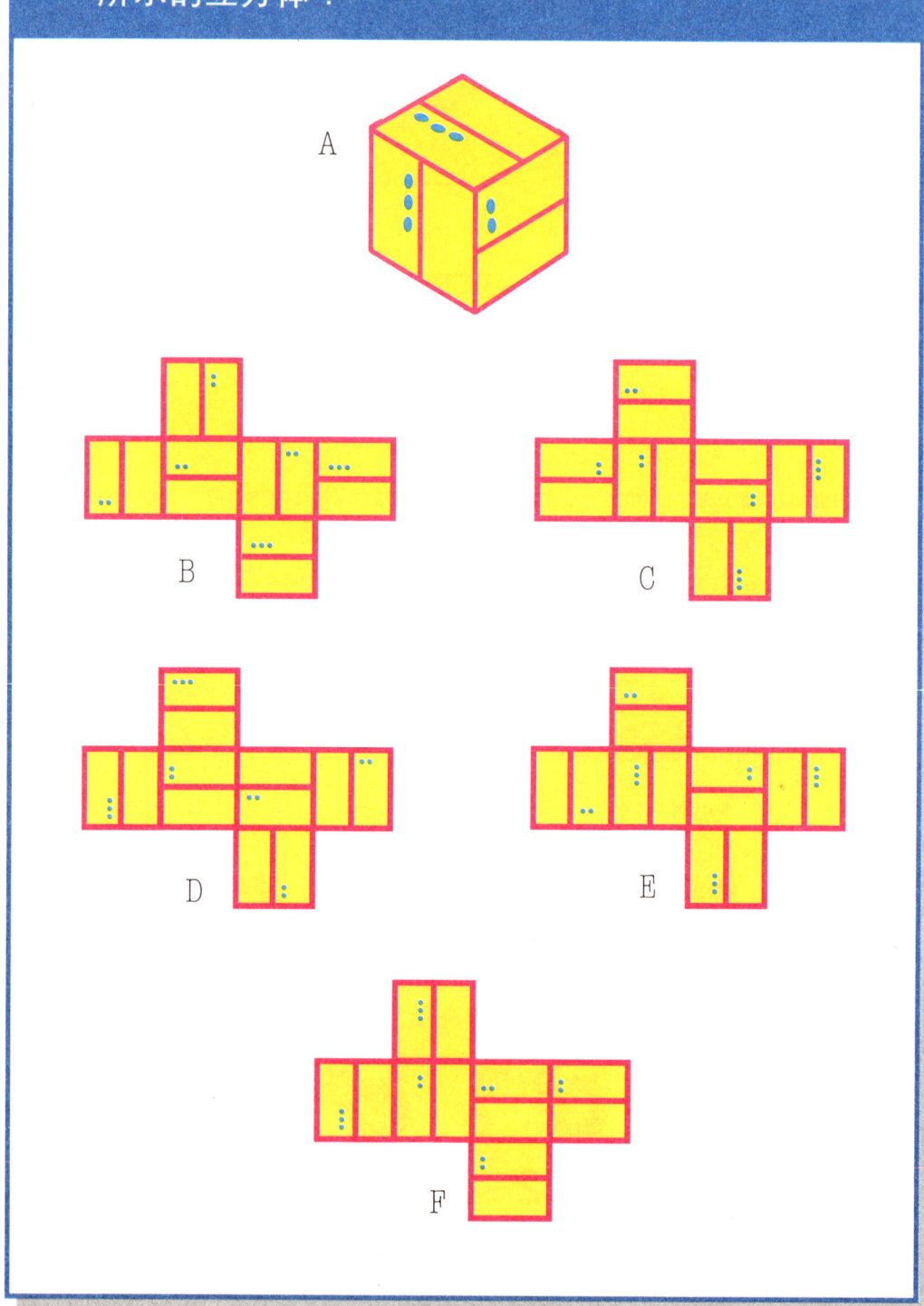

039

如果 A 对应于 B，那么 C 应对应于 D，E，F，G 中的哪一个图？

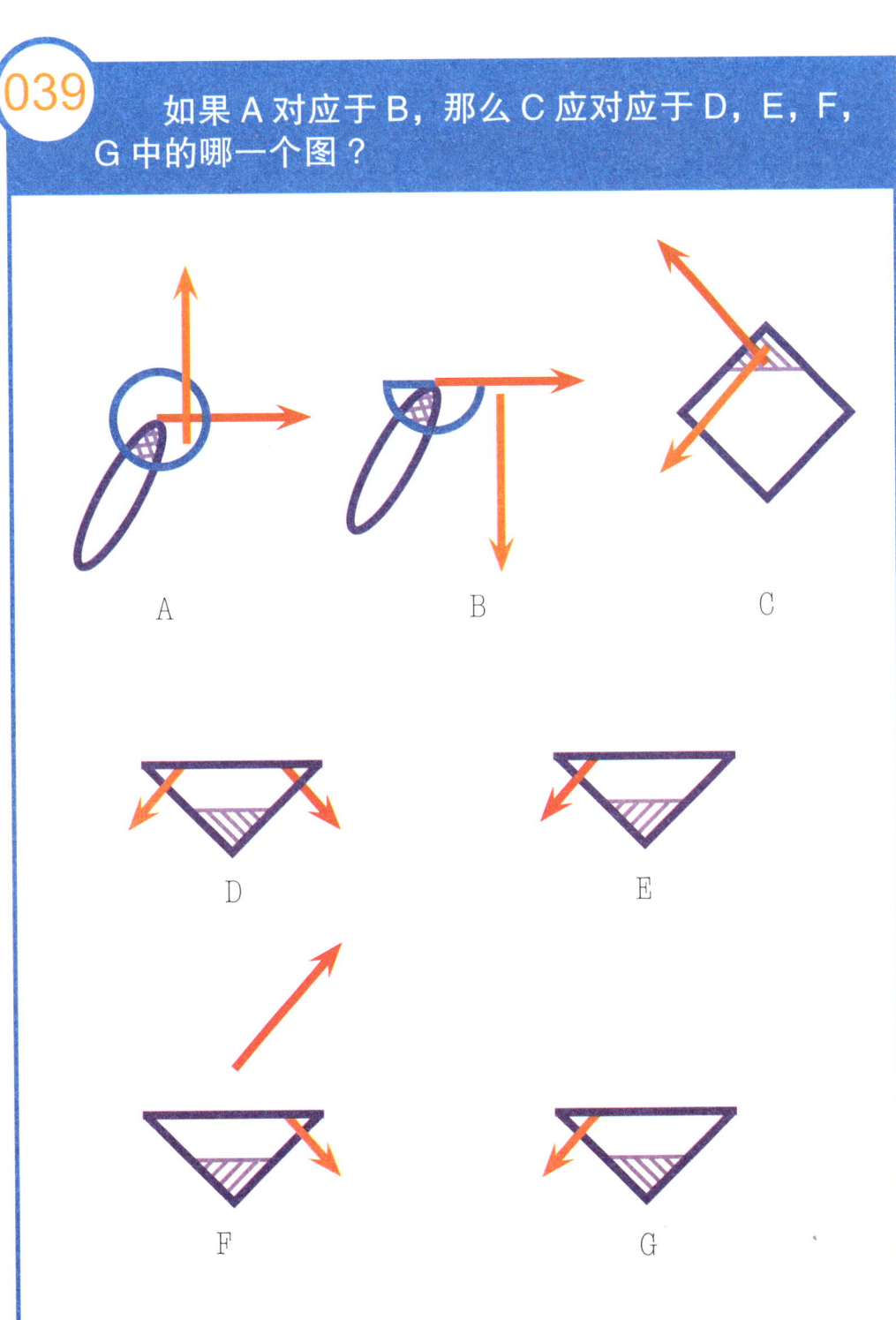

A

B

C

D

E

F

G

040 从 A，B，C，D，E 中找出符合第 1 排图排列规律的一项。

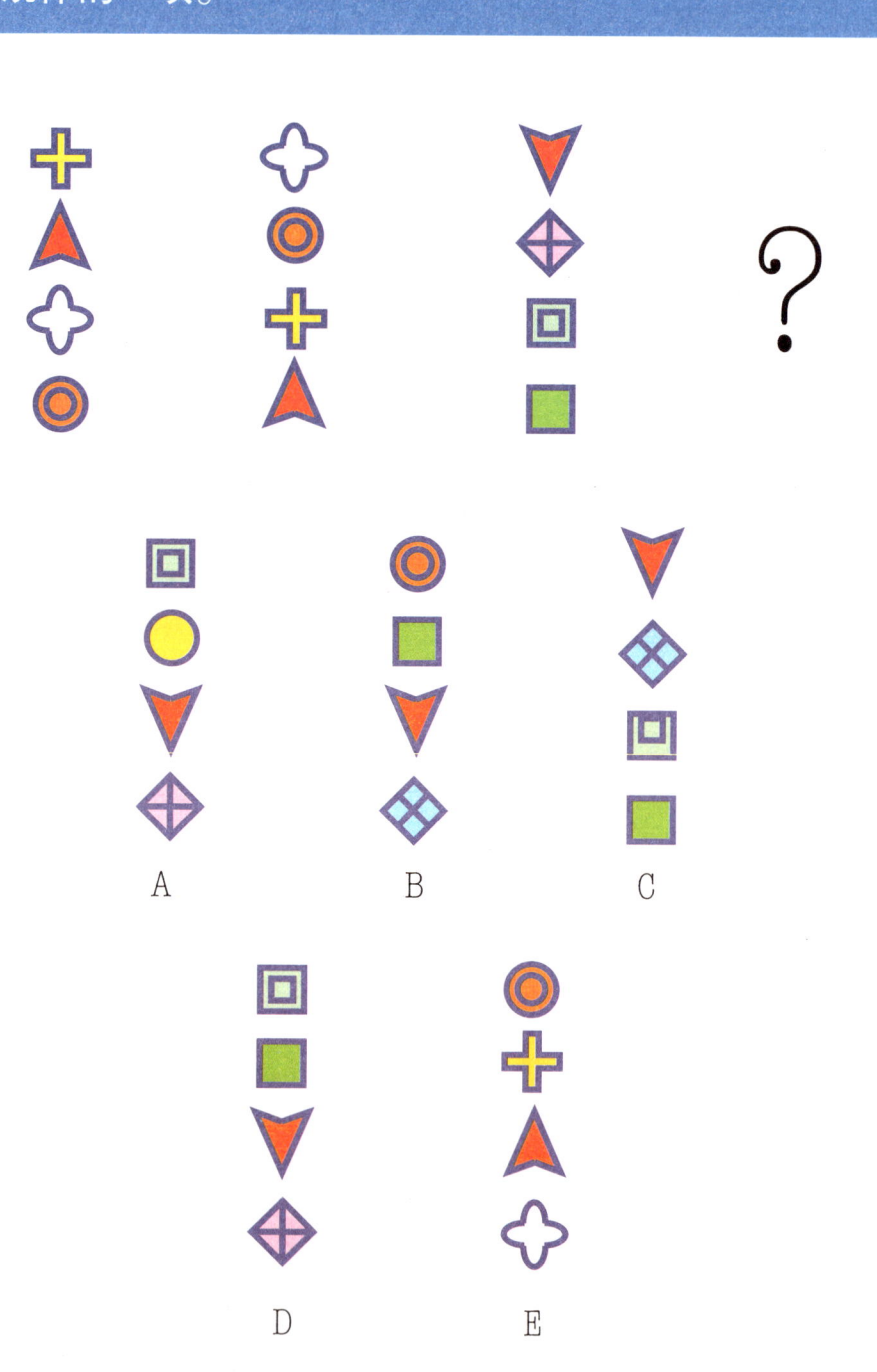

A　　　　　B　　　　　C

D　　　　　E

041

B，C，D，E，F 哪一张图纸能够折叠成 A 图所示的立方体？

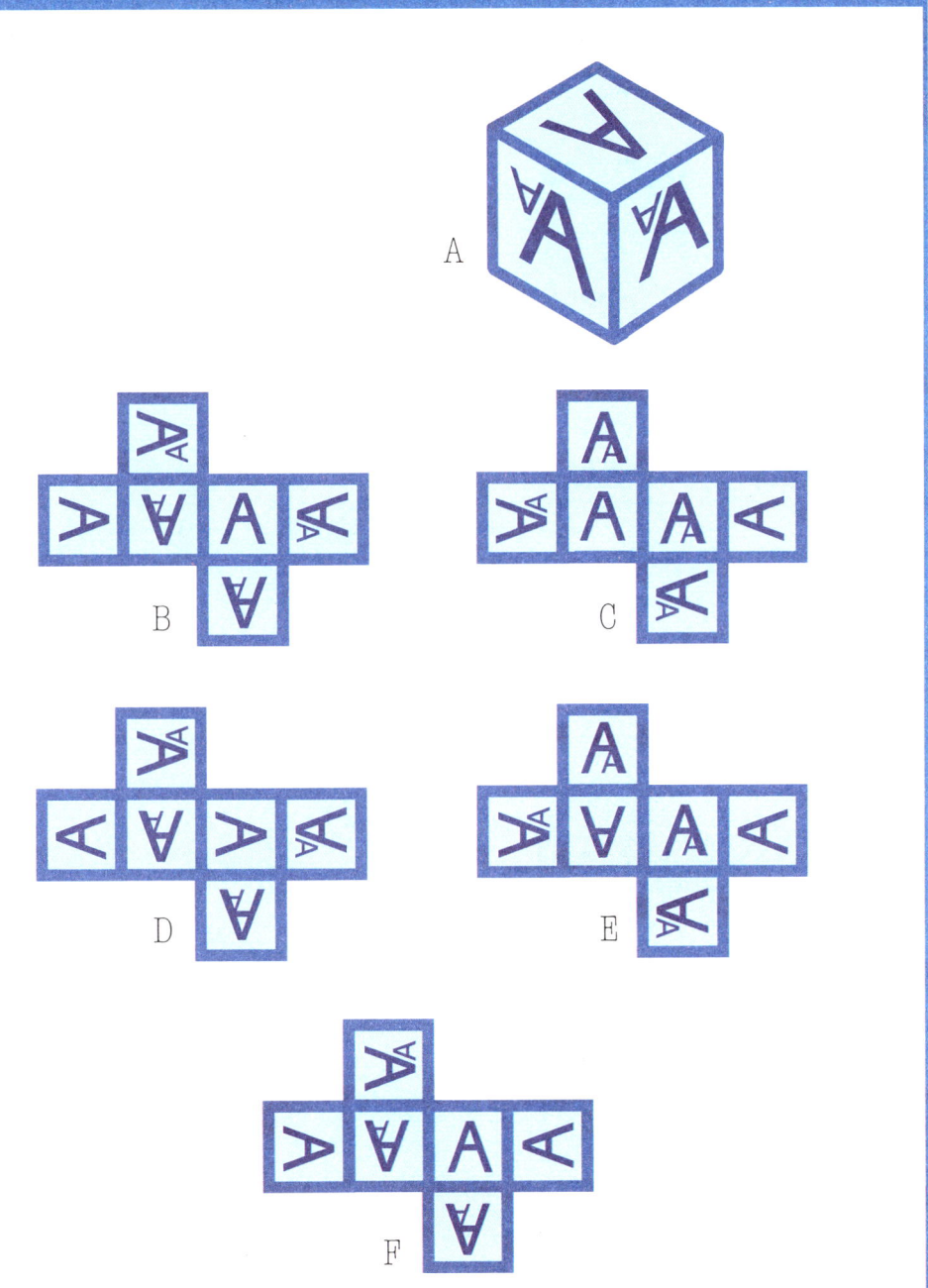

042 你能从 A，B，C，D，E中找出不符合变化规律的一项吗？

043　　　仅凭你的第一感觉，迅速找出外环的射线中与图中 4 个正方形内的颜色顺序相同之处。

044　格子中的时钟是按照一定的规律排列的。你能根据其中的规律将空白部分正确地补充完整吗？

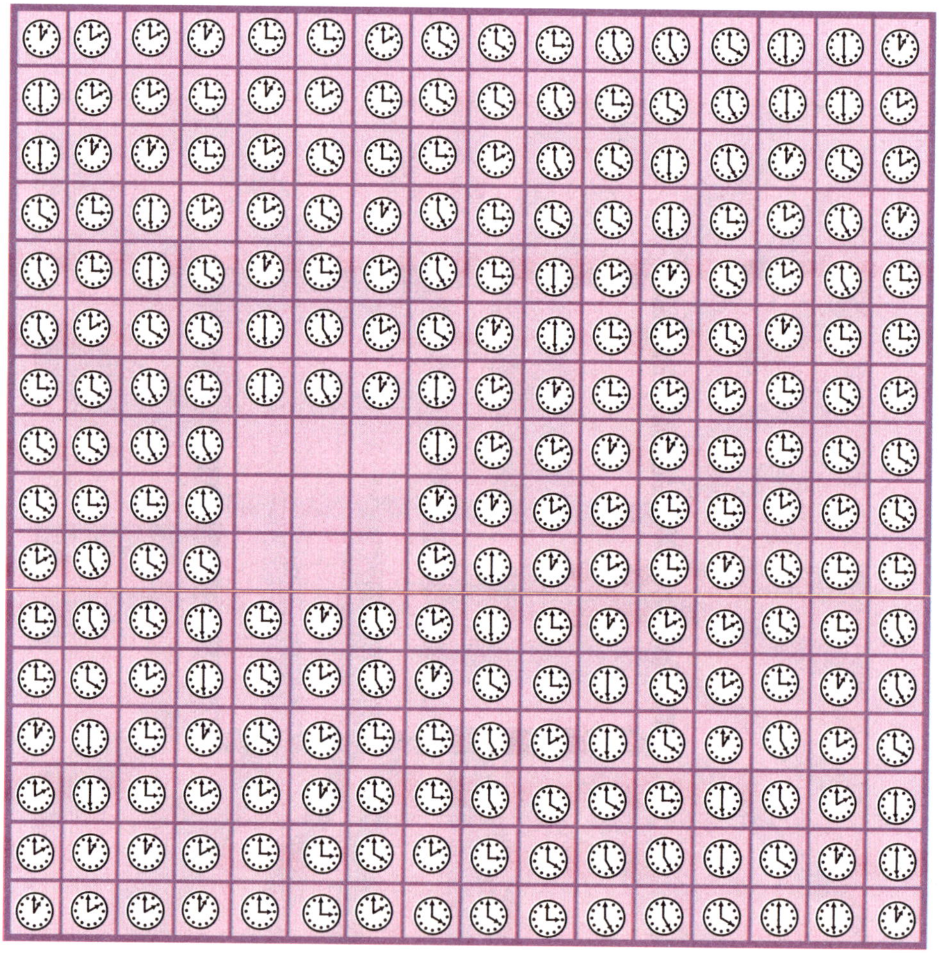

045　　　格子中的图标是按照一定的规律排列的。你能根据其中的规律将空白部分正确地补充完整吗？

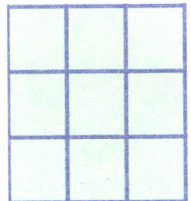

046

如果 A 对应于 B，那么 C 应对应于 D，E，F，G，H 中的哪一个图？

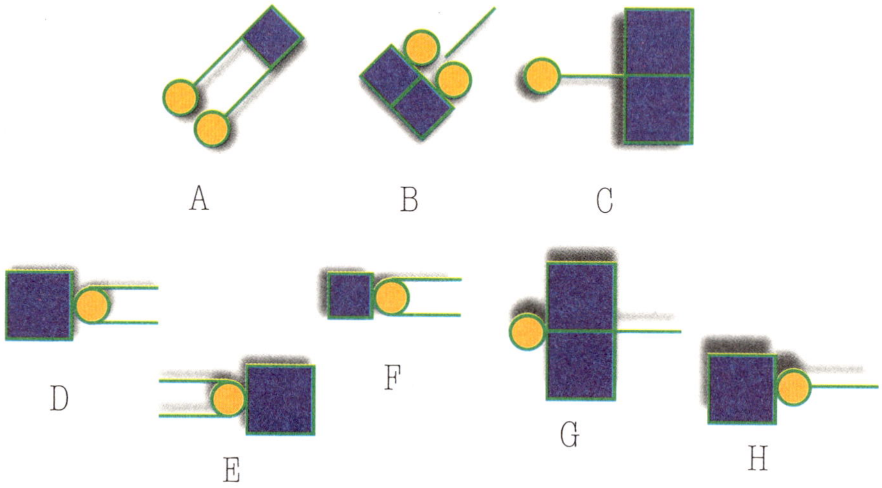

A

B

C

D

E

F

G

H

047

如果图形 1 对应图形 2，那么图形 3 对应哪一个图形？

1

2

3

A

B

C

D

E

048

格子中的表情是按照一定的规律排列的。你能找出其中的规律并且将空白部分正确地补充完整吗？

049 图 B，C，D，E，F 中哪一个立方体不能由 A 图折叠而成？

A

B

C

D

E

F

050

如果将各图片正确排列，可以组成一个正方形。但是其中有一片是多余的，你能将它找出来吗？

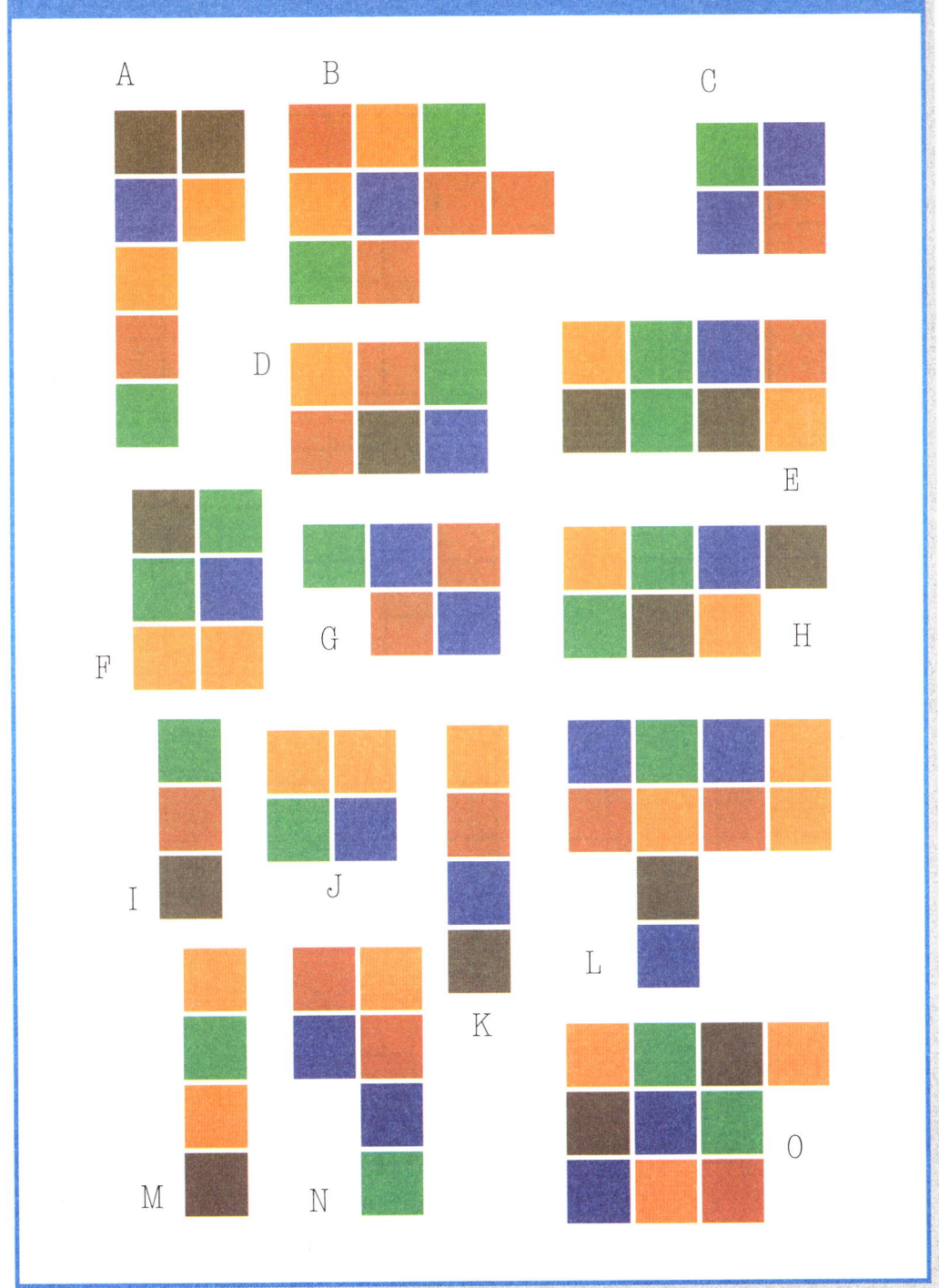

051 　　格子中的颜色是按照一定的规律排列的。当你发现其中的规律时，你就能够将空白部分正确地补充完整了。

如果 A 对应于 B，那么 C 应对应于 D，E，F，G 中的哪一组数字？

5	6	9
4	3	2
2	7	1

A

8	4	12
2	6	0
0	10	4

B

4	9	6
22	7	11
2	14	1

C

8	18	12
44	14	22
4	28	2

D

7	7	9
25	5	9
5	17	0

E

7	12	9
25	10	14
5	17	4

F

2	12	4
20	10	14
0	12	4

G

053

格子中的数字是按照一定的规律排列的。当你发现其中的规律时，你就能够将空白部分正确地补充完整了。

2	2	3	1	1	7	1	4	5	5	2	2	3	1	1	7
5	3	1	1	7	1	4	5	5	2	2	3	1	1	7	1
5	2	3	1	1	7	1	4	5	5	2	2	3	1	1	4
4	2	2	2	2	3	1	1	7	1	4	5	5	2	7	5
1	5	2	5	1	4	5	5	2	2	3	1	1	2	1	5
7	5	5	5	7	2	2	3	1	1	7	1	7	3	4	2
1	4	5	4	1	5	3	1	1	7	1	4	1	1	5	2
1	1	4	1	1	5	2	3	1	1	4	5	4	1	5	3
3	7	1	7	3	4	2	2	2	7	5	5	5	7	2	1
2	1	7	1	2	1	5	5	4	1	5	2	5	1	2	1
2	1	1	1	2	7	1	1	3	2	2	2	2	4	3	7
5	3	1	3	5	5	4	1	7	1	1	3	2	5	1	1
5	2	3	2	2	5	5	4	1	7	1	1	3	5	1	4
		2	5	5	4	1	7	1	1	3	2	2	7	5	
		4	1	7	1	1	3	2	2	5	5	4	1	5	
		3	2	2	5	5	4	1	7	1	1	3	2	2	

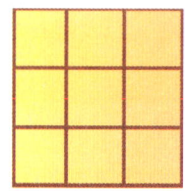

054 从 A，B，C，D，E 中找出符合图片排列规律的项替代问号。

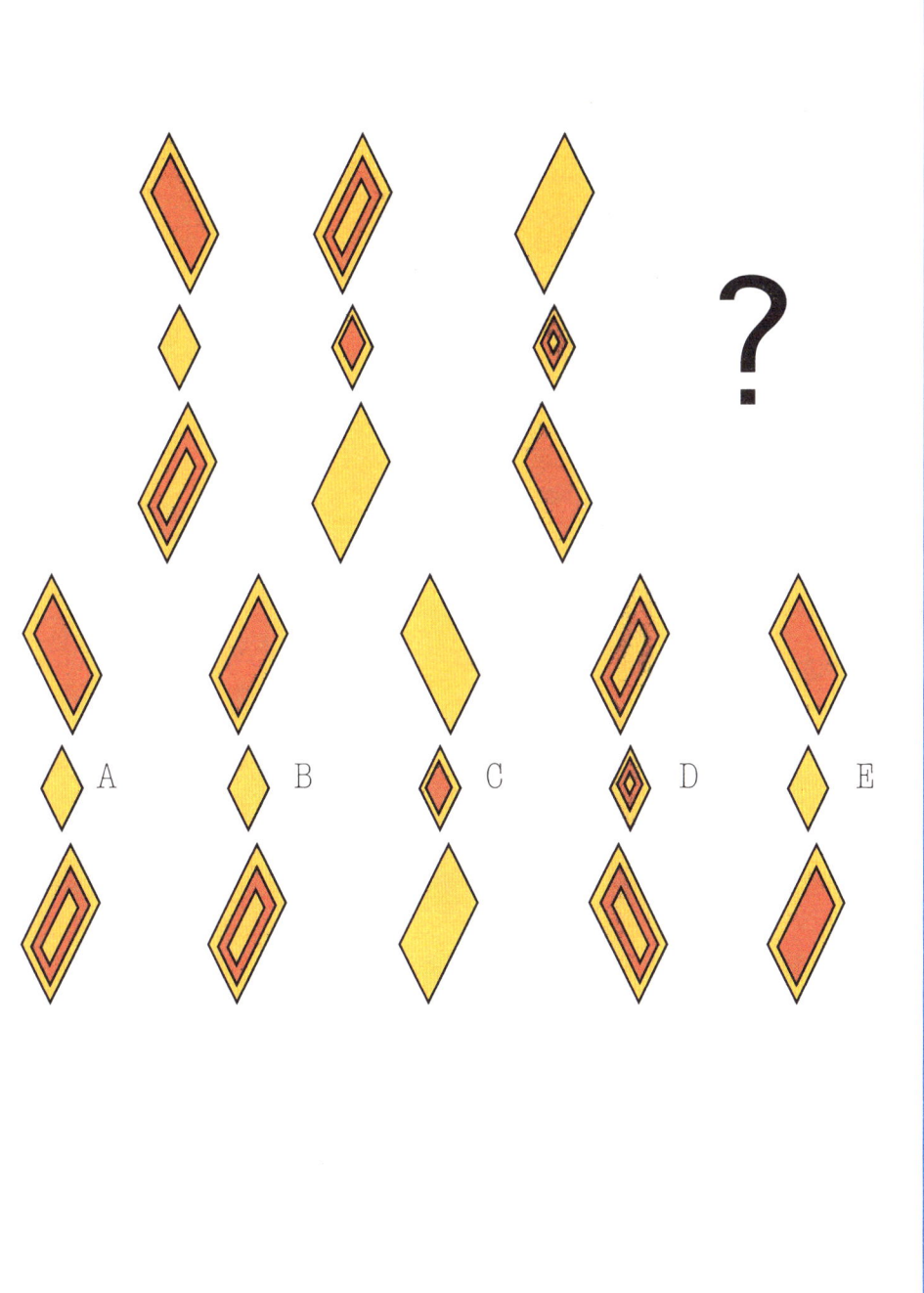

请你以最快的速度数出图中有多少个圆点。

056　你能算出问号部分应当填入什么数字吗？

$$5 \div 2 = 6$$

−	×
13	5
+	−

$$? \div 7 + 21$$

057

你能从 A，B，C，D，E 中找出符合第 1 行图片排列规律的项吗？

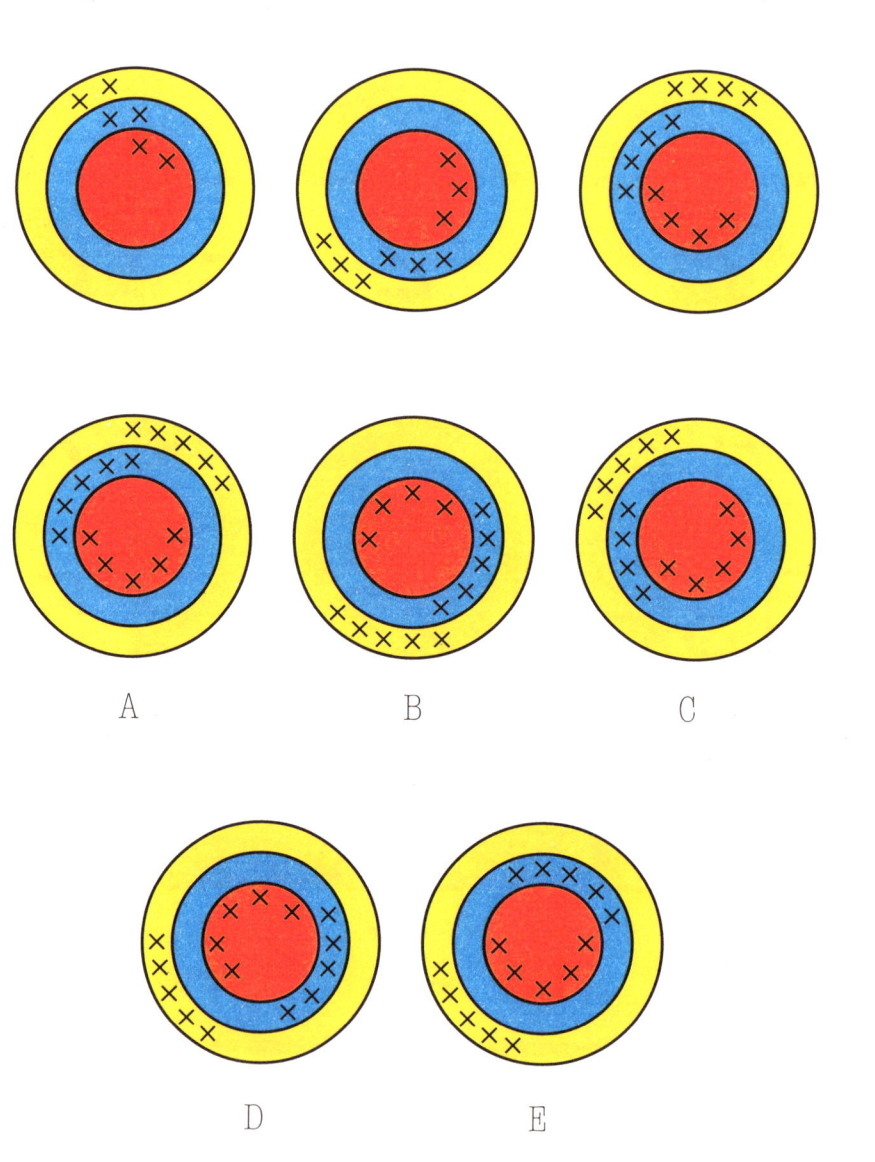

058

请找出该题的规律，并计算出空缺处的数字。

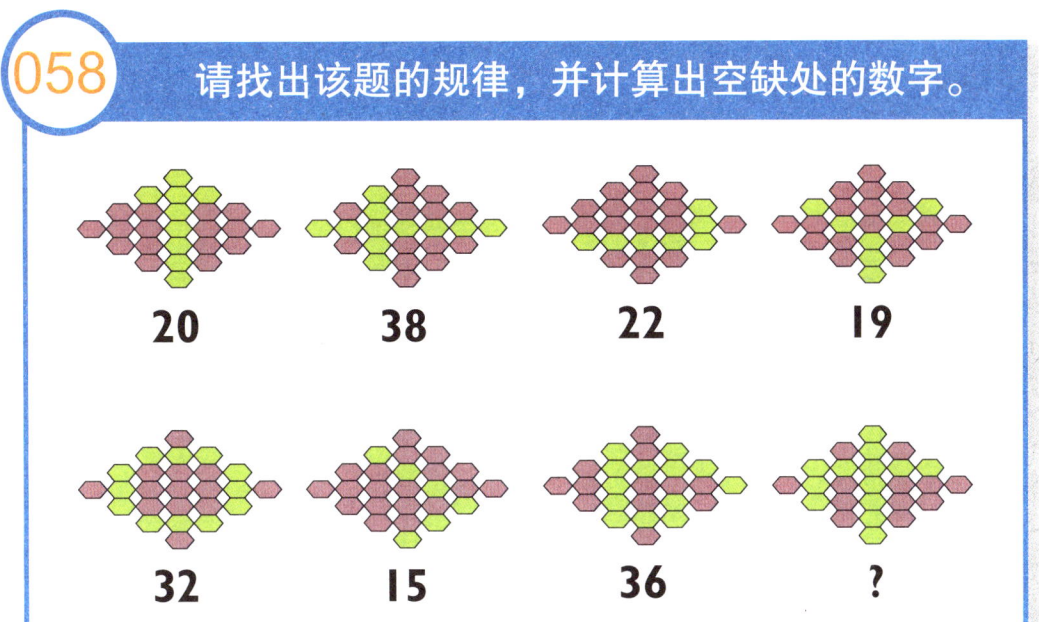

20 38 22 19

32 15 36 ?

059

哪个选项不能由左图折叠而成？

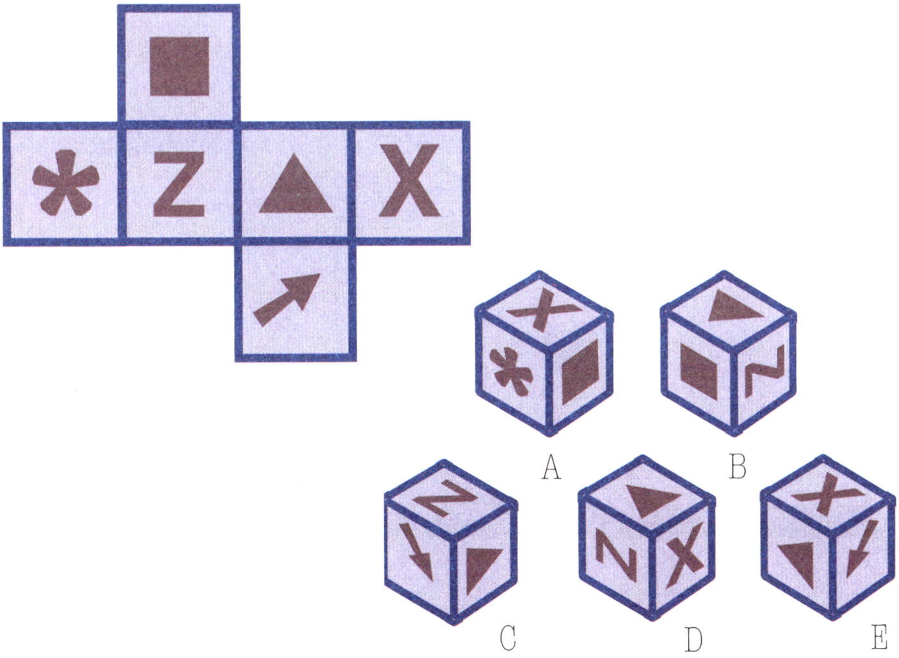

A B C D E

060

图一：天平是平衡的。天平左端的盘子上是一个装满水的容器，右端是一个重物。

图二：重物从天平的右端移到左端，而且该重物完全浸入容器中的水里面。

很明显现在左端要比右端重。

请问：为了继续保持天平的平衡，现在天平的右端应该放上多重的物体？

图一：

图二：

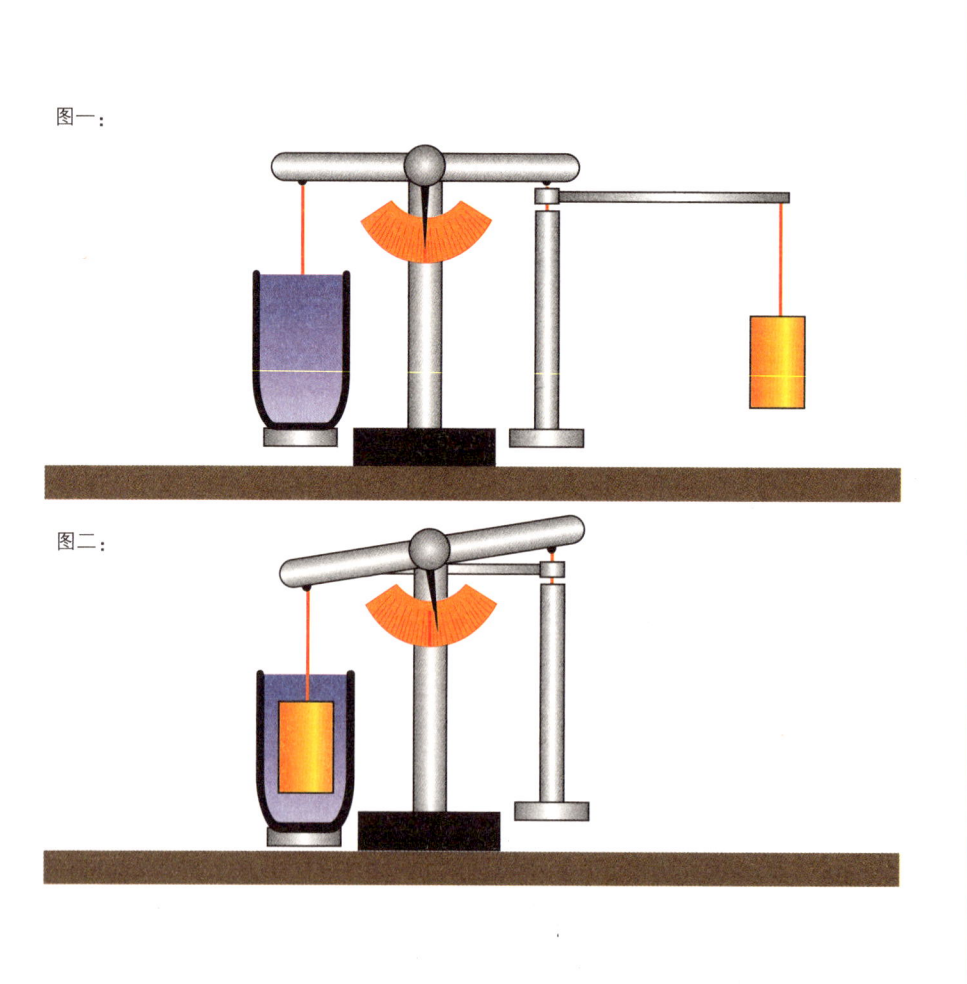

061　　图 B，C，D，E，F 中哪个立方体可以由 A 图折叠而成？

062　要完成这道题，问号处应该填上什么数字？

063

如果 A 对应于 B，那么 C 应对应于 D，E，F，G，H 中哪一项？

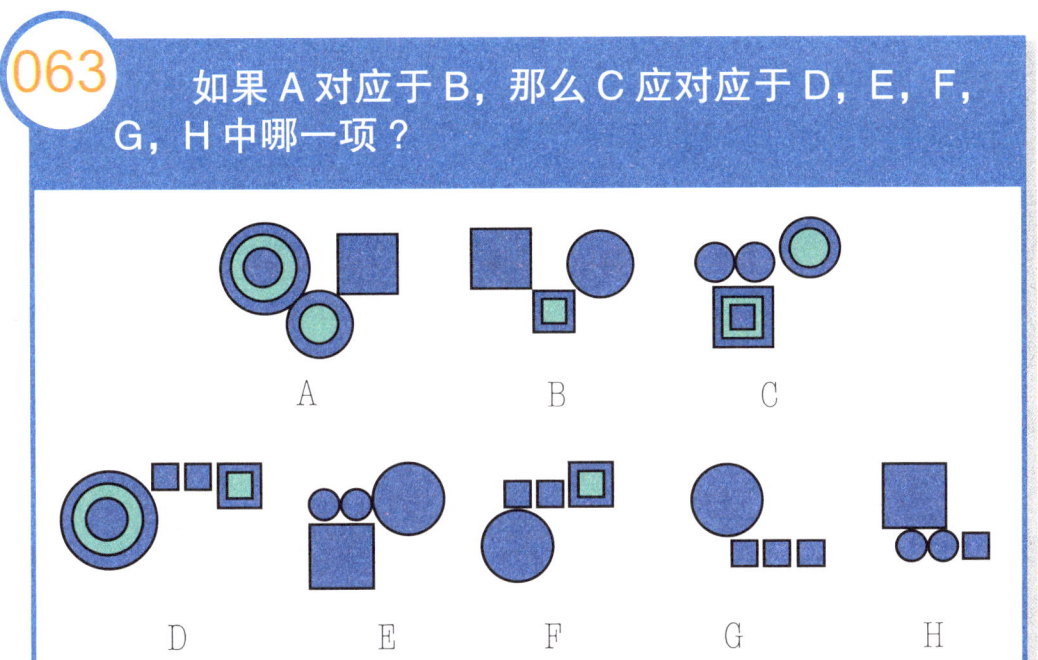

A

B

C

D

E

F

G

H

064

你能找出 B，C，D，E，F 哪个选项不能由 A 图折叠而成吗？

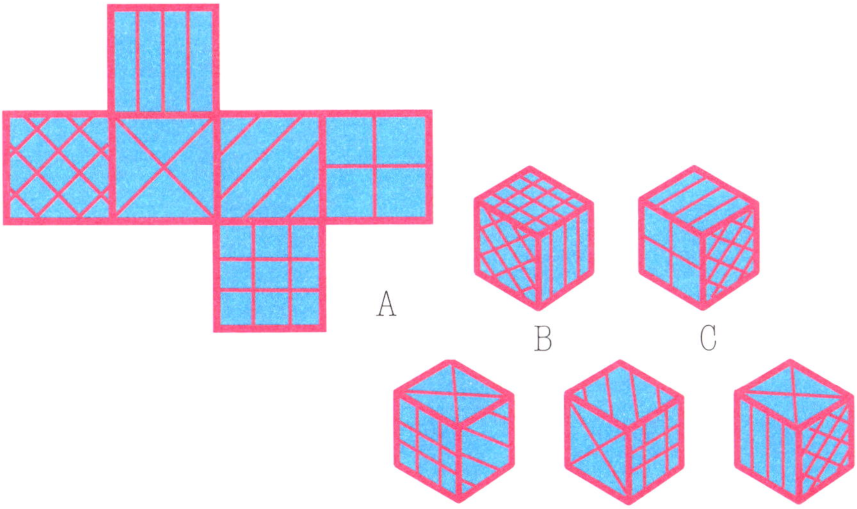

A

B

C

D

E

F

065

从顶部的数字 2 出发，得出一个算式，使算式最后的得数仍然是 2，不可以连续经过同一排的两个数字或运算符号，也不可以两次经过同一条路线。

066

格子中的数字是按照一定的规律排列的。当你发现其中的规律时，你就能够将空白部分正确地补充完整了。

1	2	2	3	4	4	1	2	3	3	4	1	2	2	3	4
3	3	2	1	4	4	3	2	2	1	4	3	3	2	1	4
4	1	2	2	3	4	4	1	2	3	3	4	1	2	2	3
3	2	1	4	4	3	2	2	1	4	3	3	2	1	4	4
3	4	1	2	2	3	4	4	1	2	3	3	4	1	2	2
2	1	4	4	3	2	2	1	4	3	3	2	1	4	4	3
3	3	4	1	2	2	3	4	4	1	2	3	3	4	1	2
1	4	4	3	2	2	1	4	3	3	2	1	4	4	3	2
2	3	3	4	1	2	2	3	4	4	1	2	3	3	4	1
4	4	3	2	2	1	4			1	4	3	2	2		
1	2	3	3	4	1	2			4	1	2	3	3	4	
4	3	2	2	1	4	3			4	4	3	2	2	1	
4	1	2	3	3	4	1	2	2	3	4	4	1	2	3	3
3	2	2	1	4	3	3	2	1	4	4	3	2	2	1	4
4	4	1	2	3	3	4	1	2	2	3	4	4	1	2	3
2	2	1	4	3	3	2	1	4	4	3	2	2	1	4	3

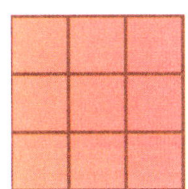

067

如果 A 对应于 B，那么 C 应对应于 D，E，F，G 中的哪一组数字？

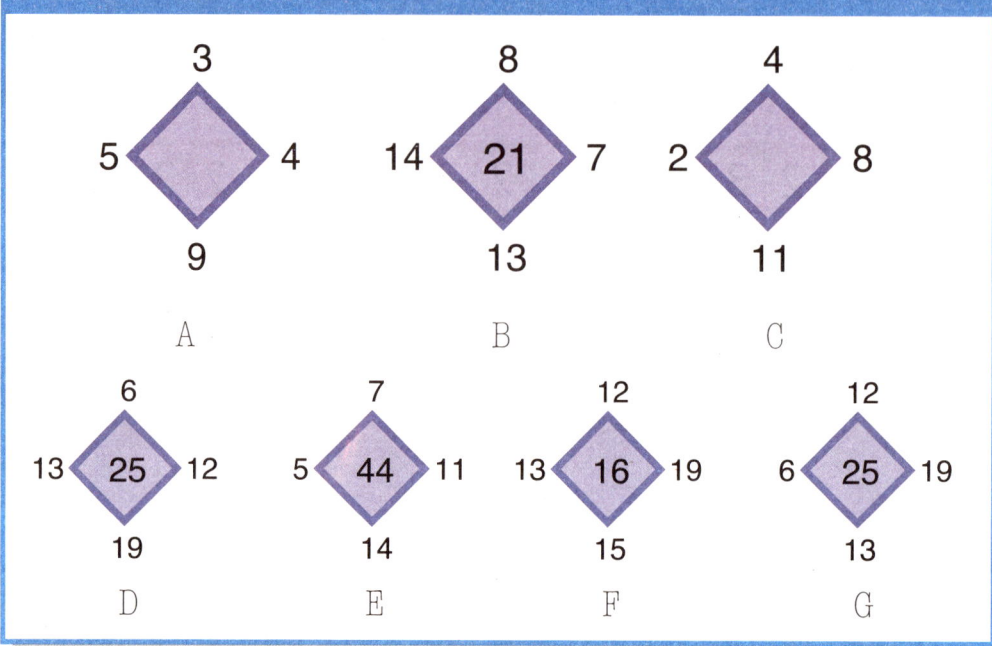

068

你能从 A，B，C，D，E 中找出符合第 1 排图排列规律的项吗？

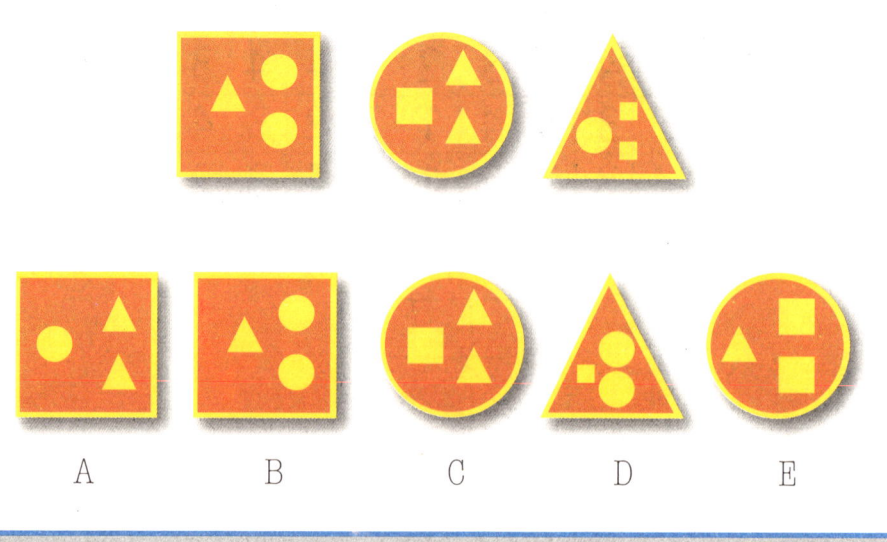

069

　　一根水平的横杆上悬挂着 3 对摆，如图所示。每对摆（2 个颜色相同的摆）摆长都相同。

　　将 6 个摆中的任意 1 个摆摆动起来，横杆可以将这种摆动传递到其他 5 个摆上去。想象一下，最后会出现什么结果？

070 根据颜色变化规律，判断应当将 A，B，C 中哪一项填入空缺处。

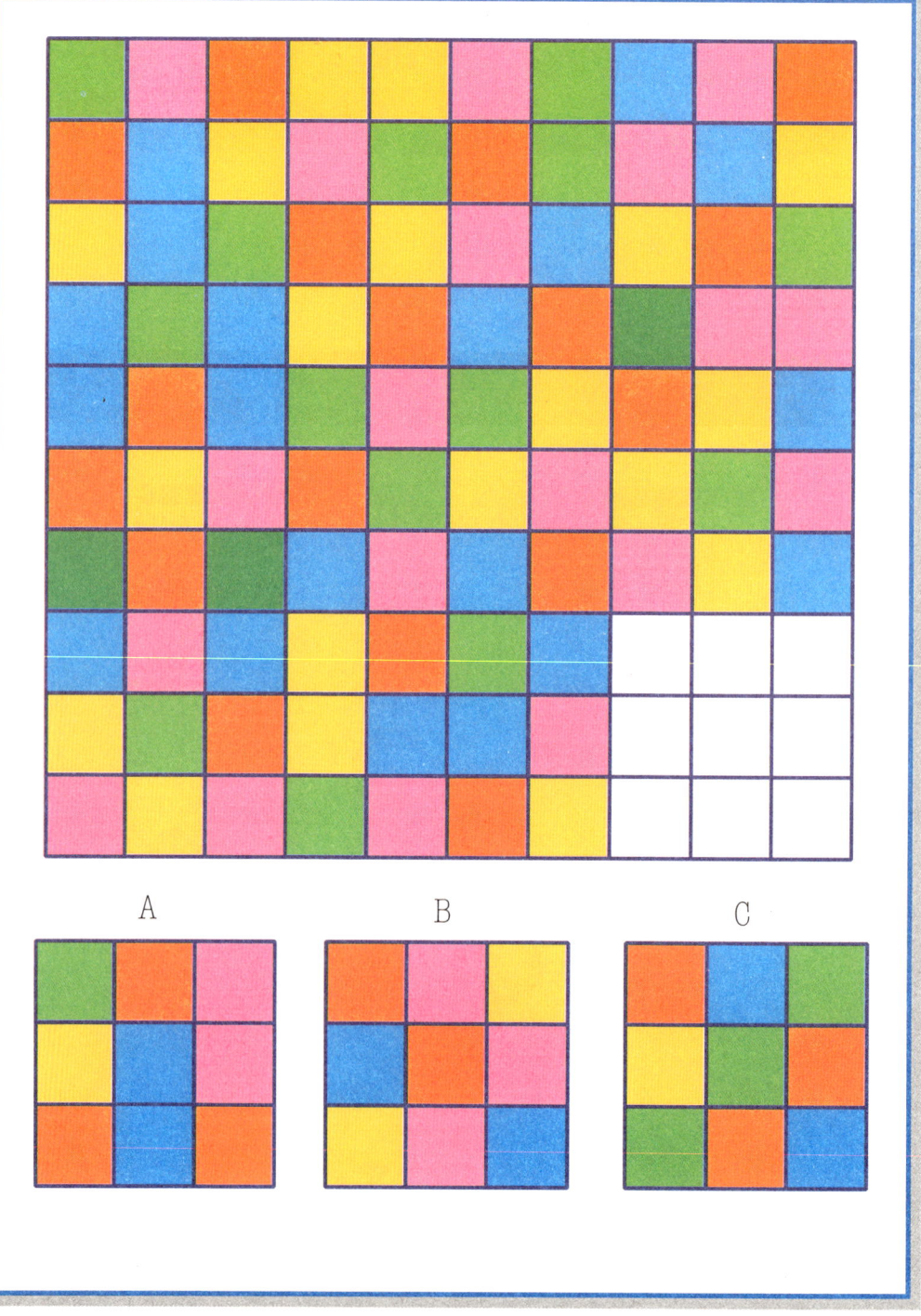

071

B，C，D，E，F 中哪一项能够与 A 图组成完整的多边形？

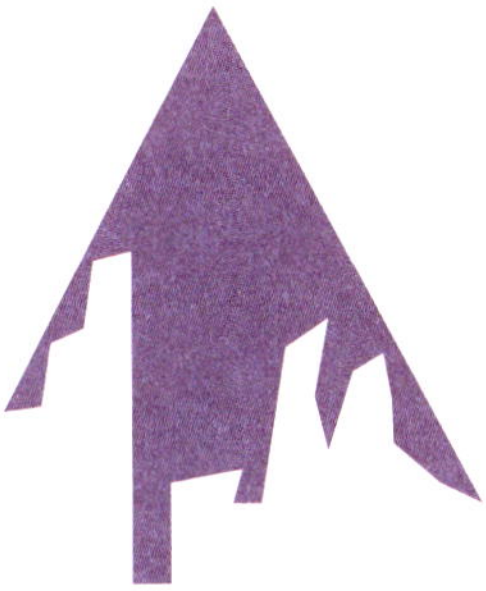

A

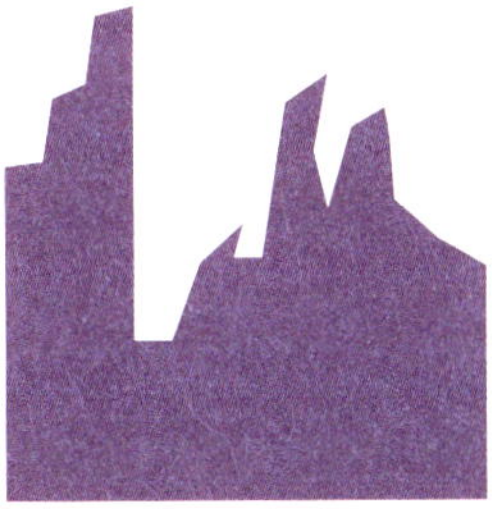

B

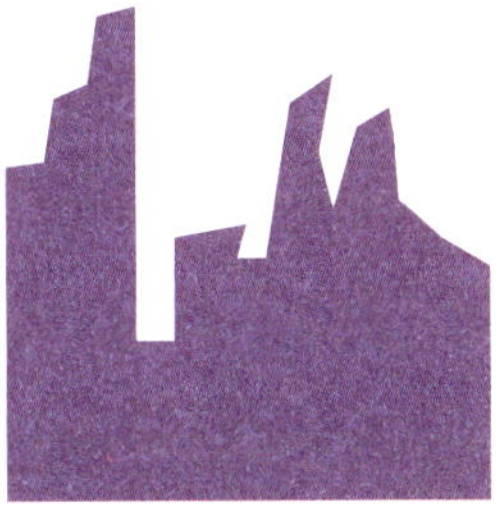

C

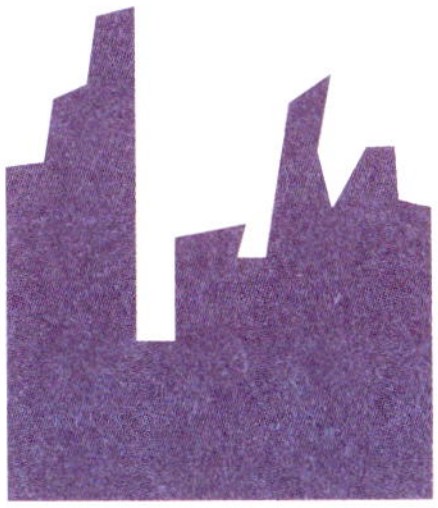

D

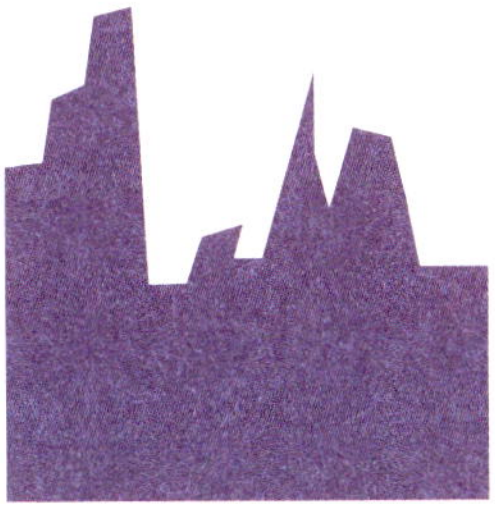

E

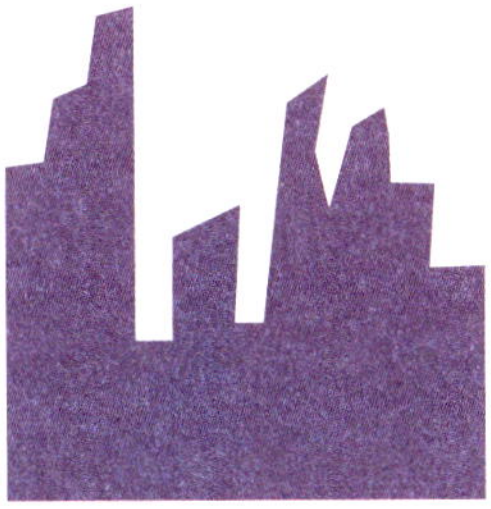

F

072

从下边菜单给出的 3 组菜中分别选出 1 道菜，
即一共要选出 3 道菜，请问一共有多少种选择方法？

073　　你能找出格子中符号的排列规律，并将空缺处补充完整吗？

&	&	%	*	%	@	@	%	*	&	&	%	*	%	@	@
*	@	@	%	*	&	&	%	*	%	@	@	%	*	&	&
%	%	&	&	%	*	%	@	@	%	*	&	&	%	*	%
@	*	*	*	%	@	@	%	*	&	&	%	*	%	%	*
@	%	%	%	@				&	&	%	*	%	@	@	%
%	&	@	&	%				&	&	%	*	@	@	@	@
*	&	@	&	*				*	&	&	%	@	%	%	@
%	*	%	*	%	%	@	@	@	%	%	@	%	*	*	%
&	%	*	%	&	*	%	%	*	*	*	@	*	&	&	*
&	@	%	@	&	%	*	%	&	&	%	&	%	&	&	&
*	@	&	@	*	&	&	*	%	@	@	*	&	%	%	&
%	%	&	%	%	@	@	%	*	%	&	&	%	*	*	%
@	*	*	*	%	&	&	*	%	@	@	%	*	%	%	*
@	%	%	@	@	%	*	%	&	&	%	@	@	@	%
%	&	&	*	%	@	@	%	*	%	&	&	*	%	@	@
*	%	&	&	*	%	@	@	%	*	%	&	&	*	%	@

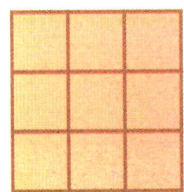

074 以下哪个立方体可以由展开图折叠而成？

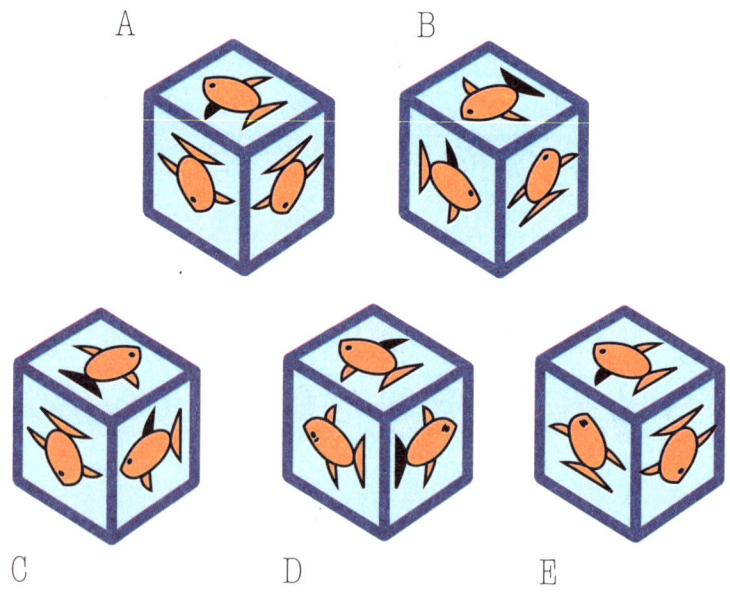

075 根据规律在问号部分填入适当的颜色。

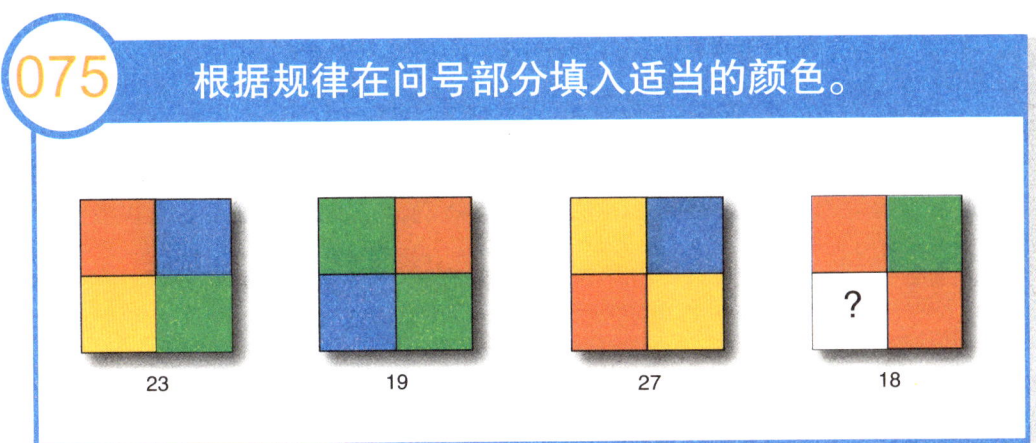

23   19   27   18

076 这是西蒙卡尼公司 1893 年在巴黎刊登的"不断的链条"测试题。你要做的就是把这些图片组成一个正方形，且链条不允许中断。

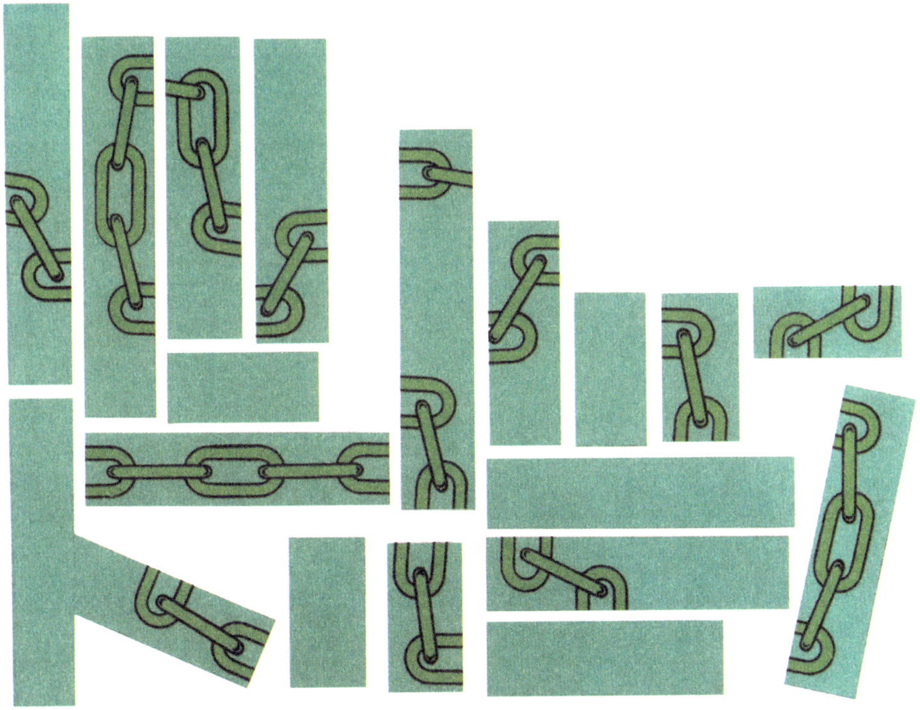

077

下图镜子迷宫里的红线条都是双面镜。
通过哪个缺口进入能指引一束激光穿过这个镜子迷宫?

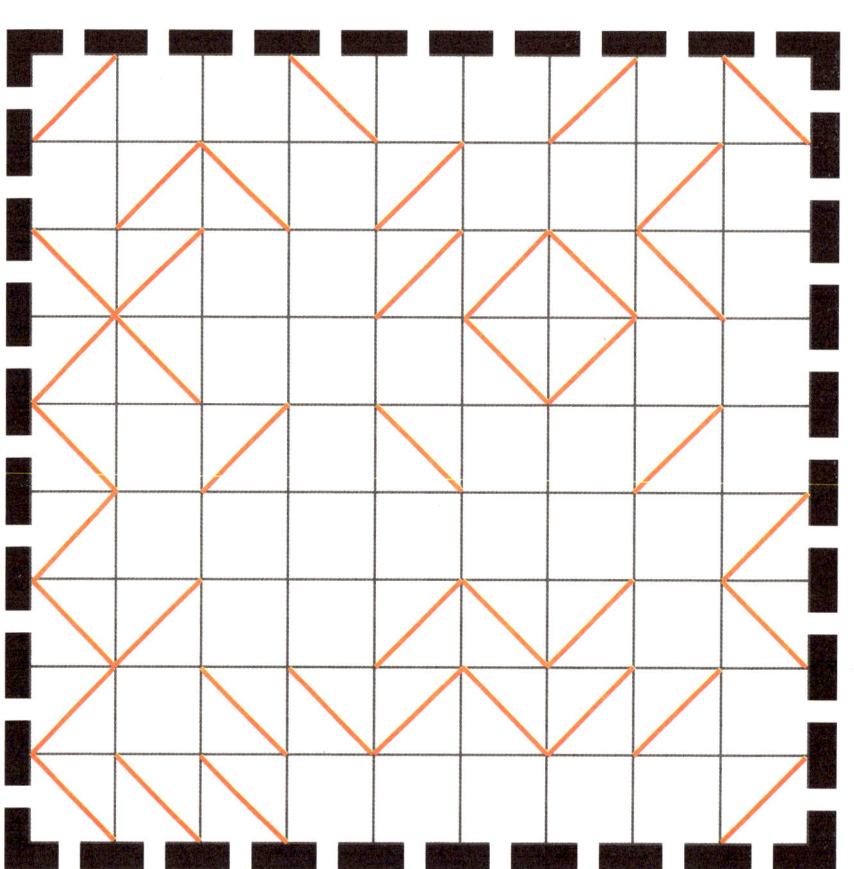

078 你能推断出缺失部分的标志应当是什么样子吗？

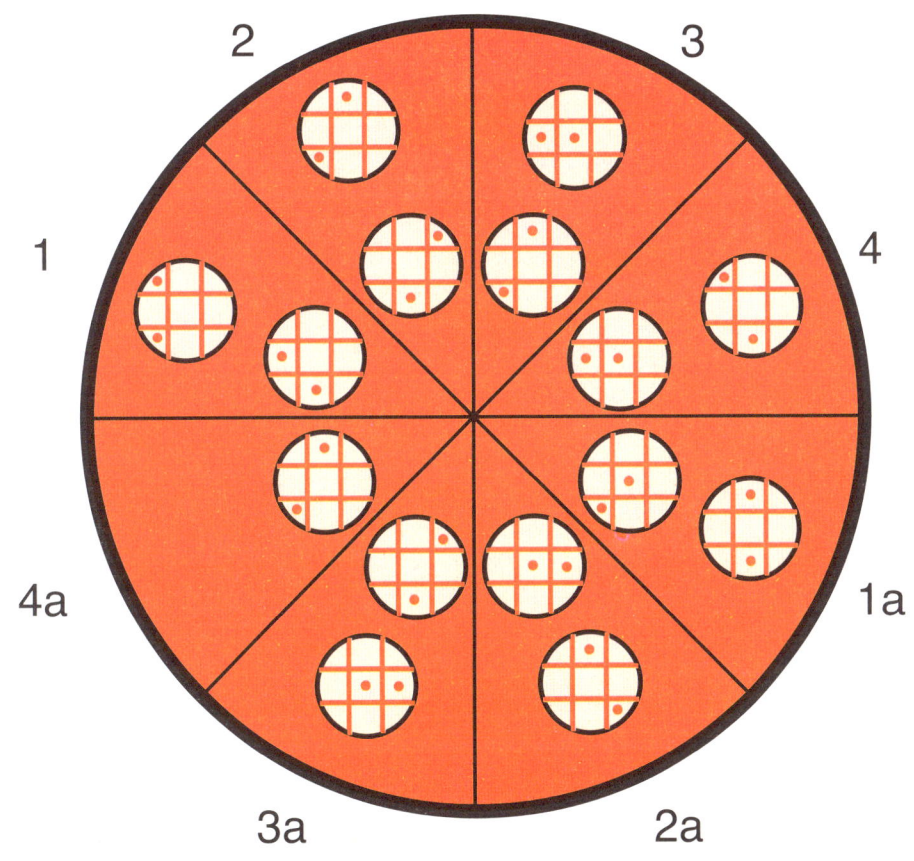

079

在滑动链接谜题中，你需要从纵向或横向连接相邻的点，形成一个独立的没有交叉或分支的环。每个数字代表围绕它的线段数量，没有标数字的点可以被任意几条线段围绕。

	3		0			3		1	
2			3			2			1
		2					2		
	2		3			1		3	
1									3
		3	2			3	3		
	0							1	
				2	1				
2			3			3			1
1			0			1			0
				2	1				
	3							0	
		3	3			1	1		
1									1
	3		2			2		2	
		3					3		
0			1			3			3
	1		3			1		2	

080 以下哪两只蝴蝶是完全相同的？

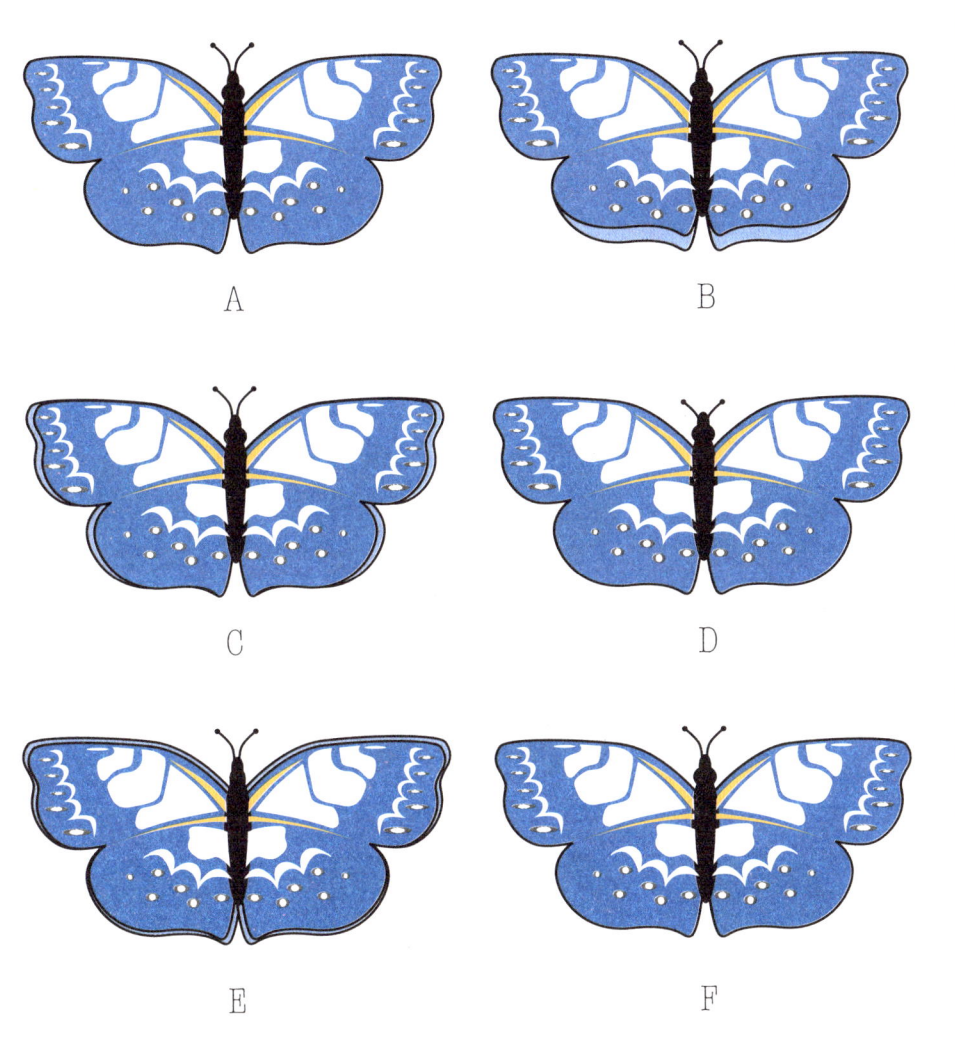

081 　　格子中的表情是按照一定的规律排列的，你能找出其中的规律并指出问号部分应当填入的表情吗？

082 格子中的数字从右上角逆时针按照 9，4，8，3，7，2 的顺序排列。你能根据规律将缺失部分的数字补充完整吗？

		2	7	3	8	4	9		2	7	3	8	4	9
9	9								2	7	3	8	4	9
4	4	3	8	4	9									
8	8	7				2	7	3	8	4	9			
3	3	2		4	9									
7	7		8	7	3	8	4	9					2	
2	2		3	2									7	
			7	3										
			2	8										2
													4	7
9	9													3
4	8													
8	9					4	8	3	7	2				4
3	9					4	8	3	7	2				9
7	9		4	8	3	7	2							
2	9					4	8	3	7	2				

083 动动脑筋，图中缺少哪些扑克牌？

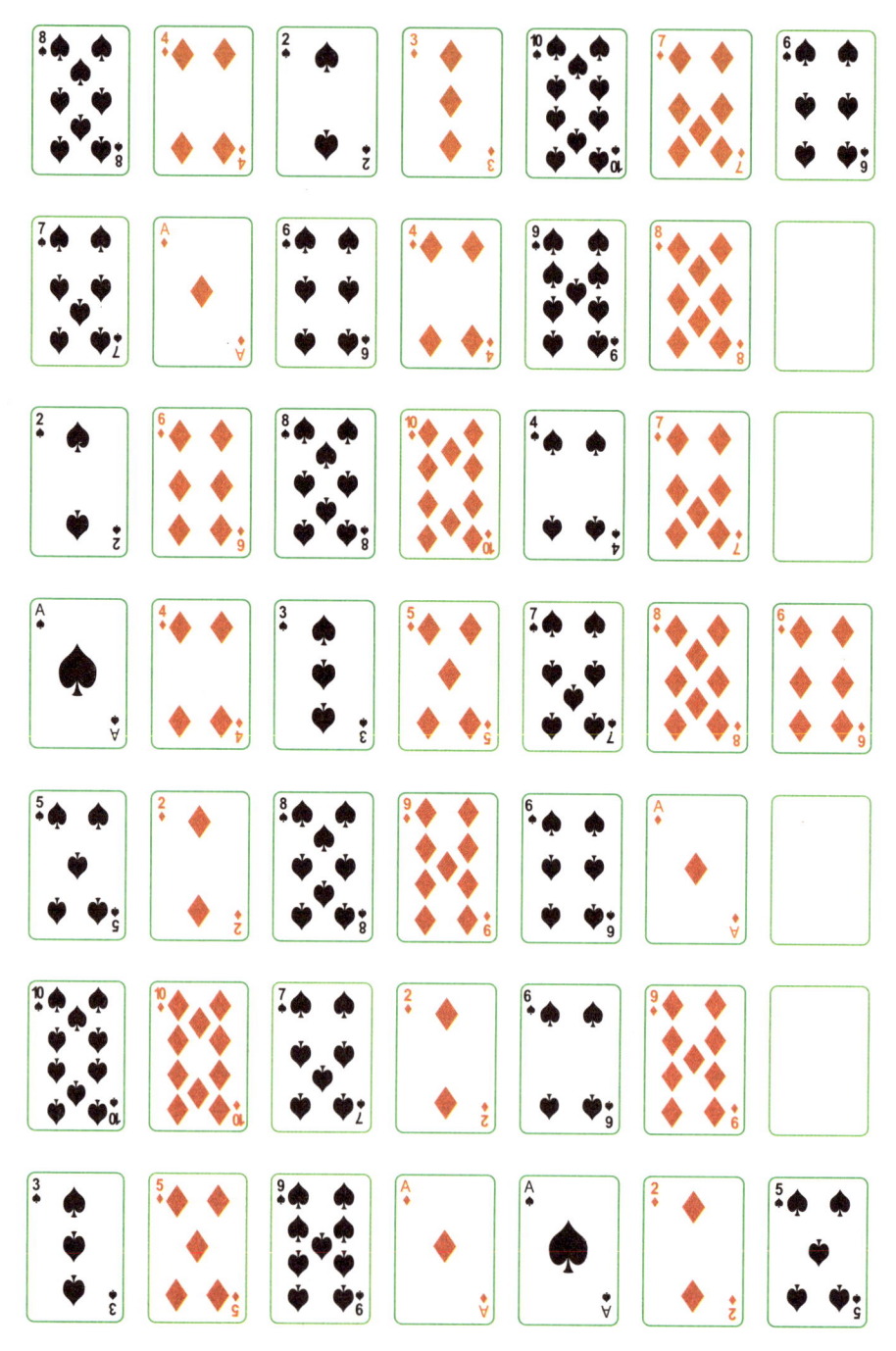

084

将这 4 块碎片正确拼合，可以形成一个圆形，但是还缺少一块，你能从 A，B，C，D 中找出缺失的一块吗？

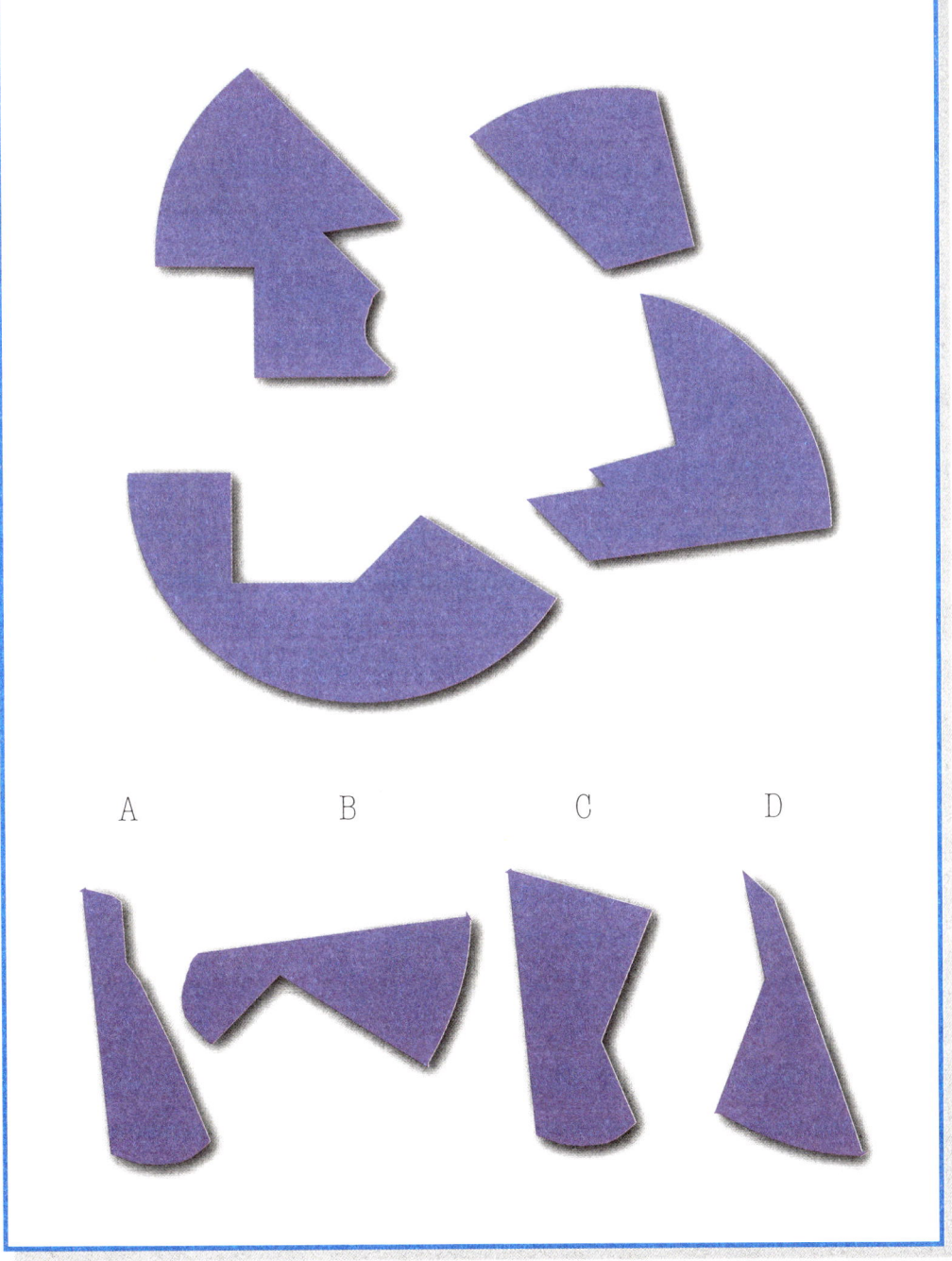

A   B   C   D

085 你能找出以下哪一项是不符合排列规律的吗？

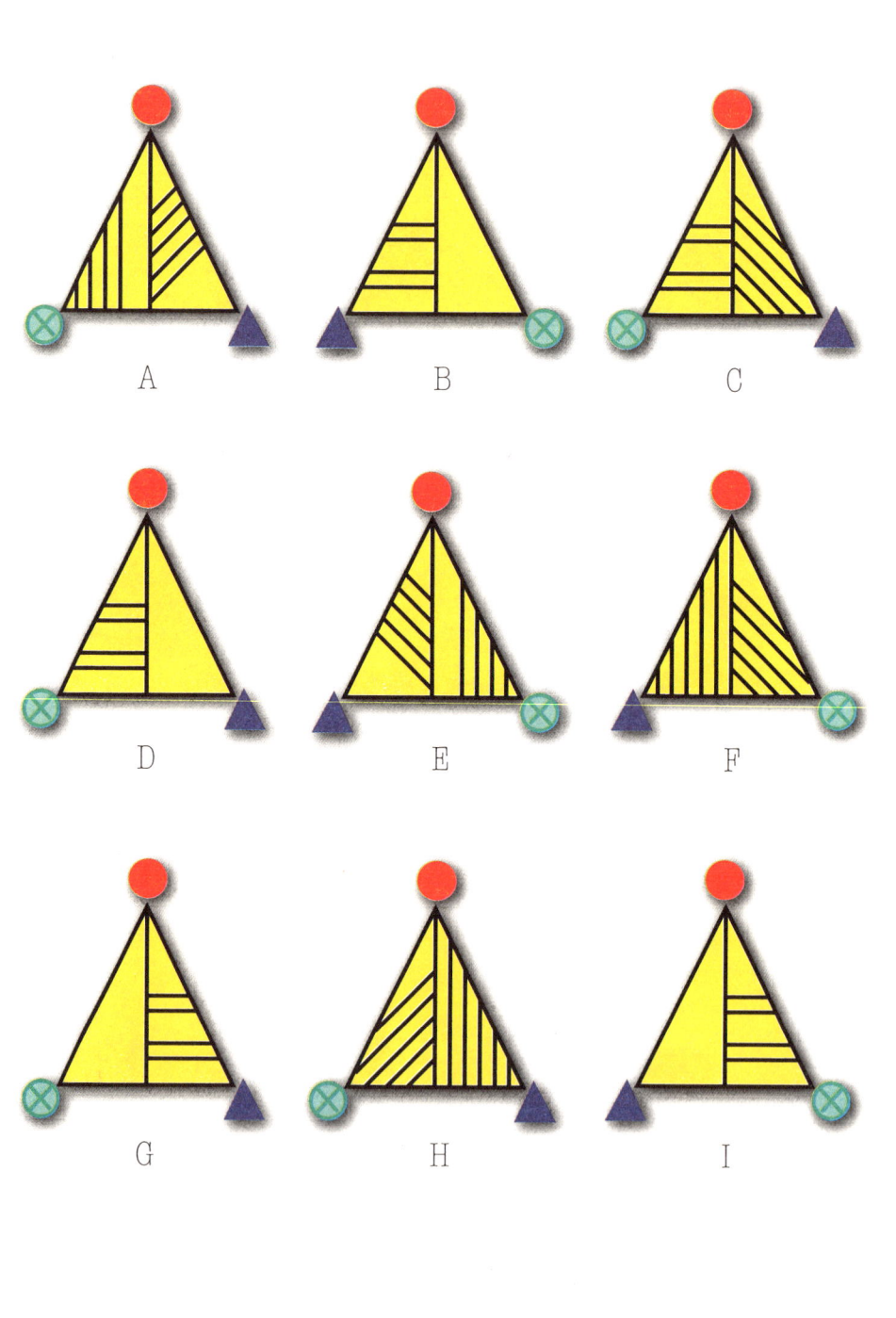

086 你能从 A，B，C，D 中找出符合这些表情排列规律的项吗？

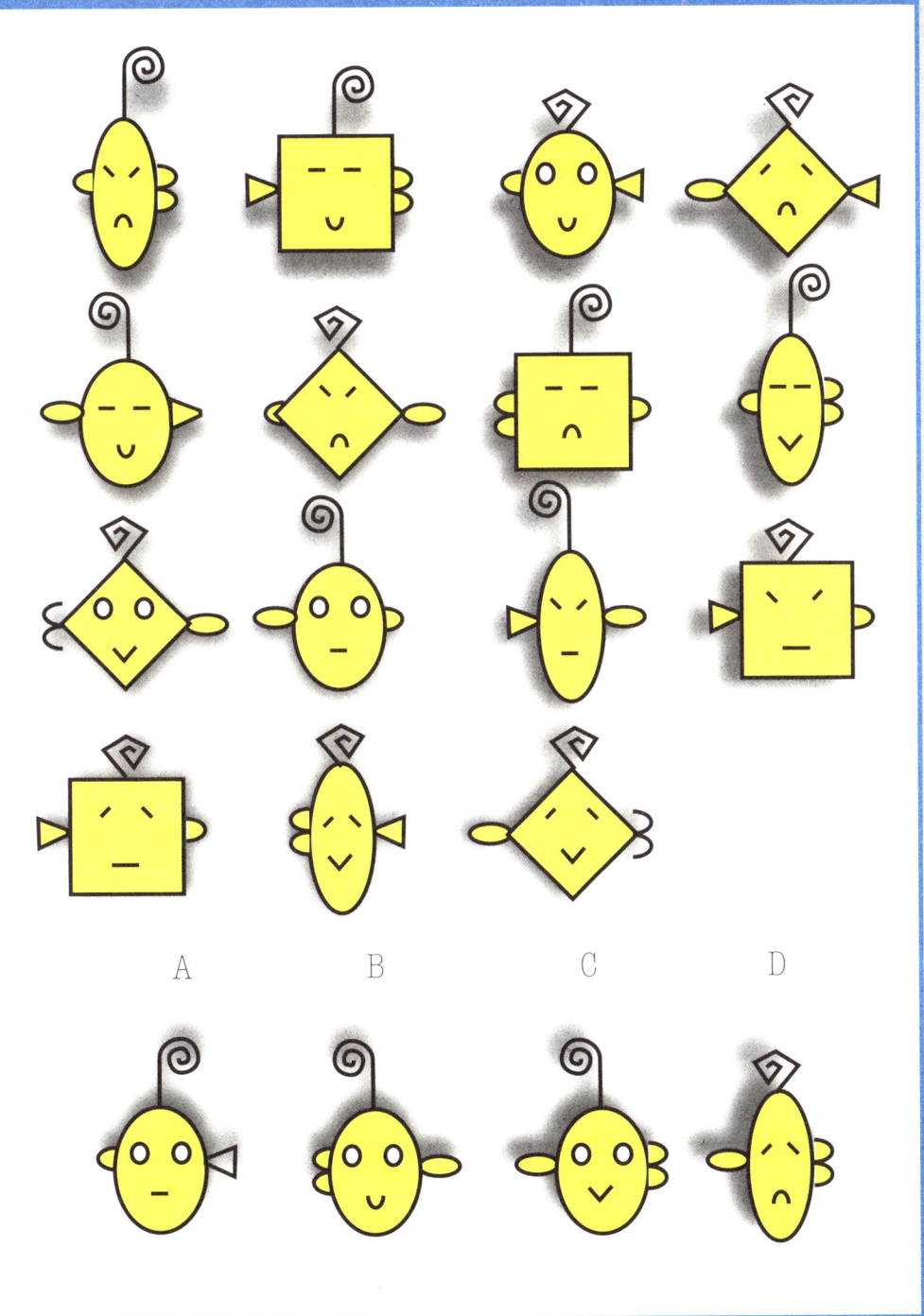

A　　　　B　　　　C　　　　D

087 你能找出不符合排列规律的项吗？

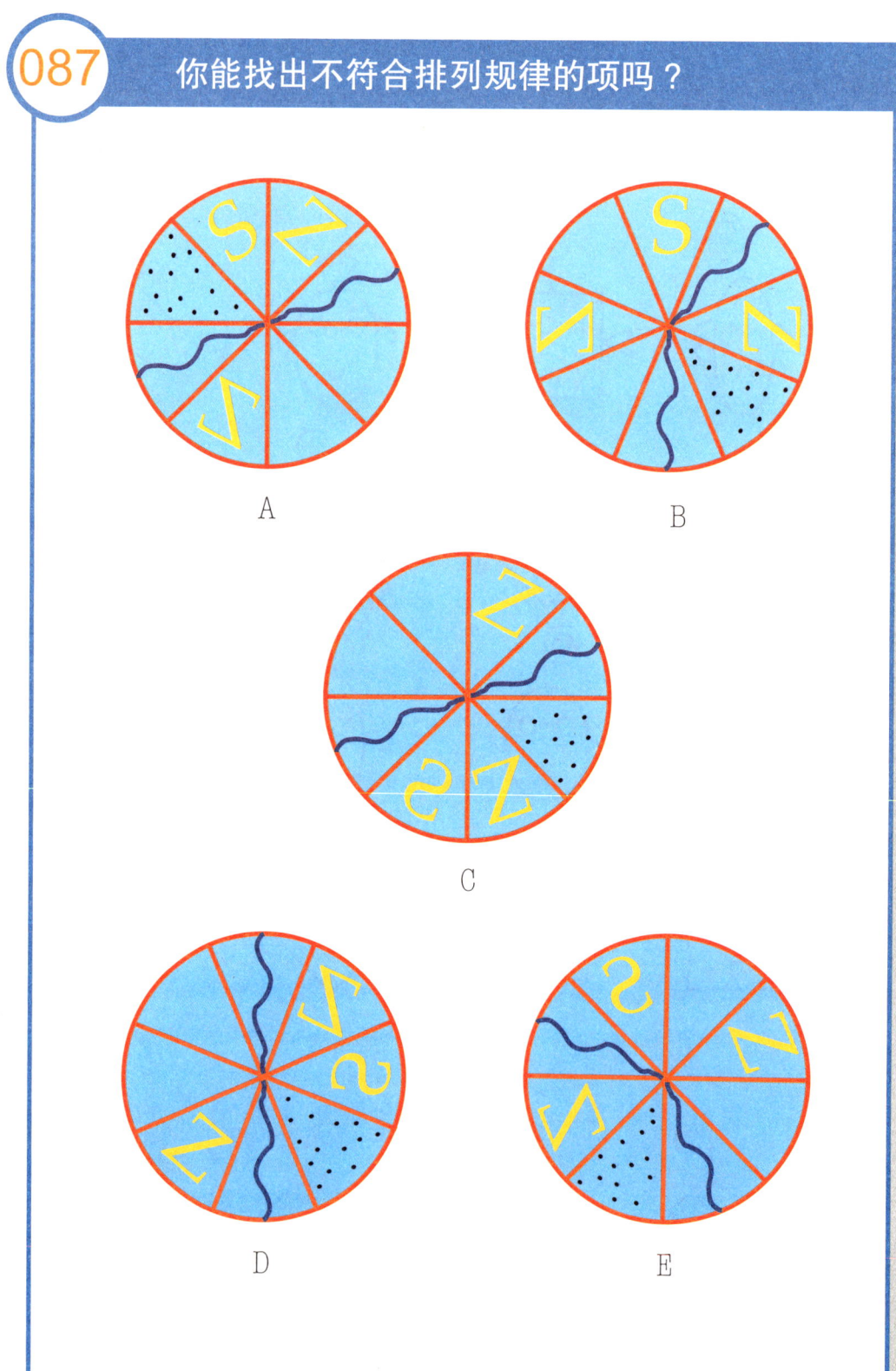

A

B

C

D

E

088 你能找出哪两个模型不能由以下图纸折叠而成吗？

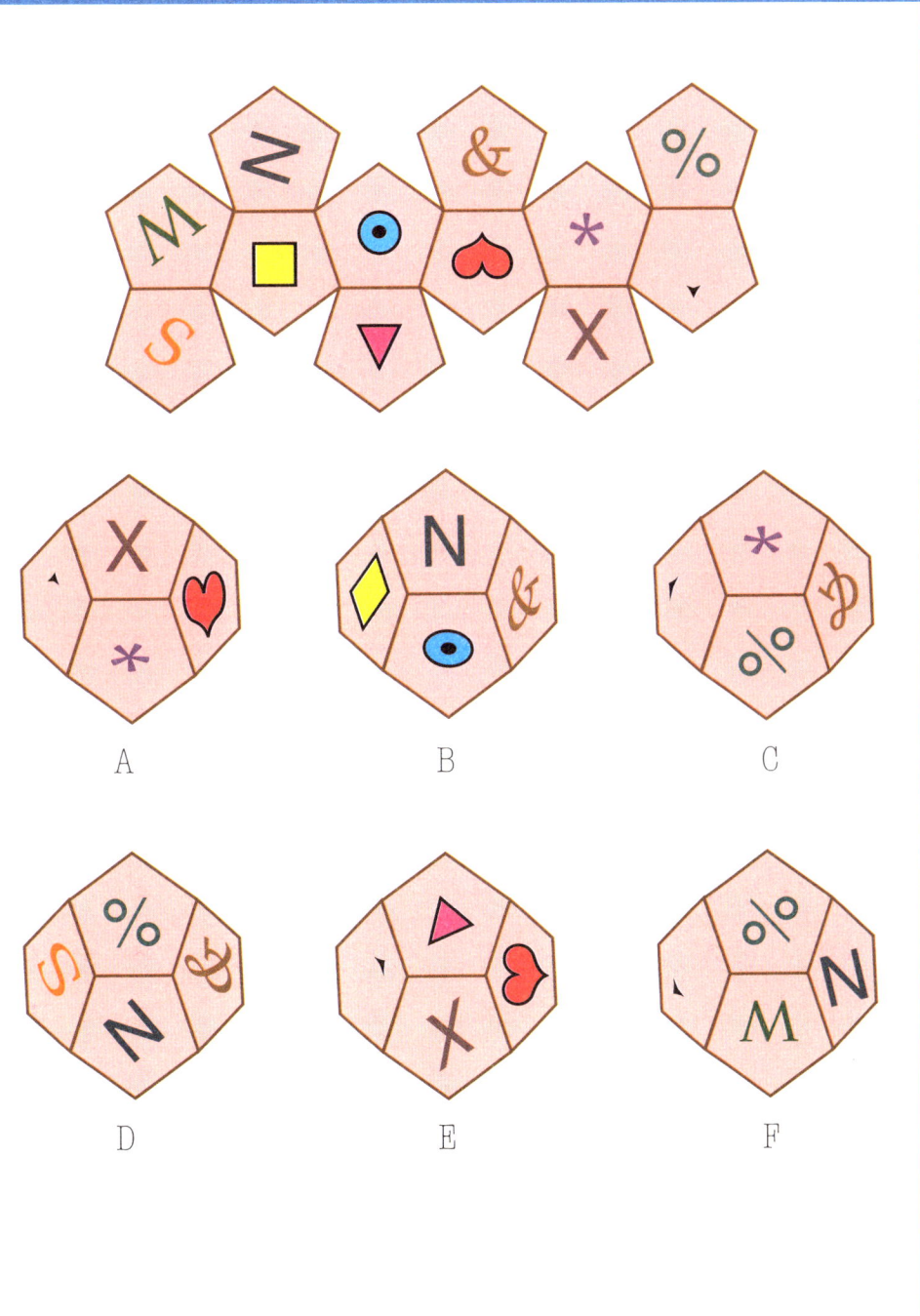

A   B   C

D   E   F

089

格子中的数字按照 5，6，4，7，3，8，2，9，1 的顺序排列，有些由字母替代，你能找出其中的规律并且将缺失部分补充完整吗？

6	G	B	6	2	G	F	5
5	D	3	9	D	I	3	4
1	F	7	H	A	7	1	H
9	E	4	C	2	5	C	E
2	A	6	G	8	I	F	8
8	I	5			B	1	4
3	B	1			H	9	E
7	H	9	E	4	C	2	A
4	C	2	A	6	G	8	I
6	G	8	I	5	D	3	B
A	D	3	B	1	F	7	H
H	5	7	H	9	E	4	C
6	2	F	C	2	A	6	G
8	D	I	4	8	I	5	D
A	B	7	1	G	B	1	F
F	5	9	C	E	3	9	E

090 根据规律找出问号部分应当填入的数字。

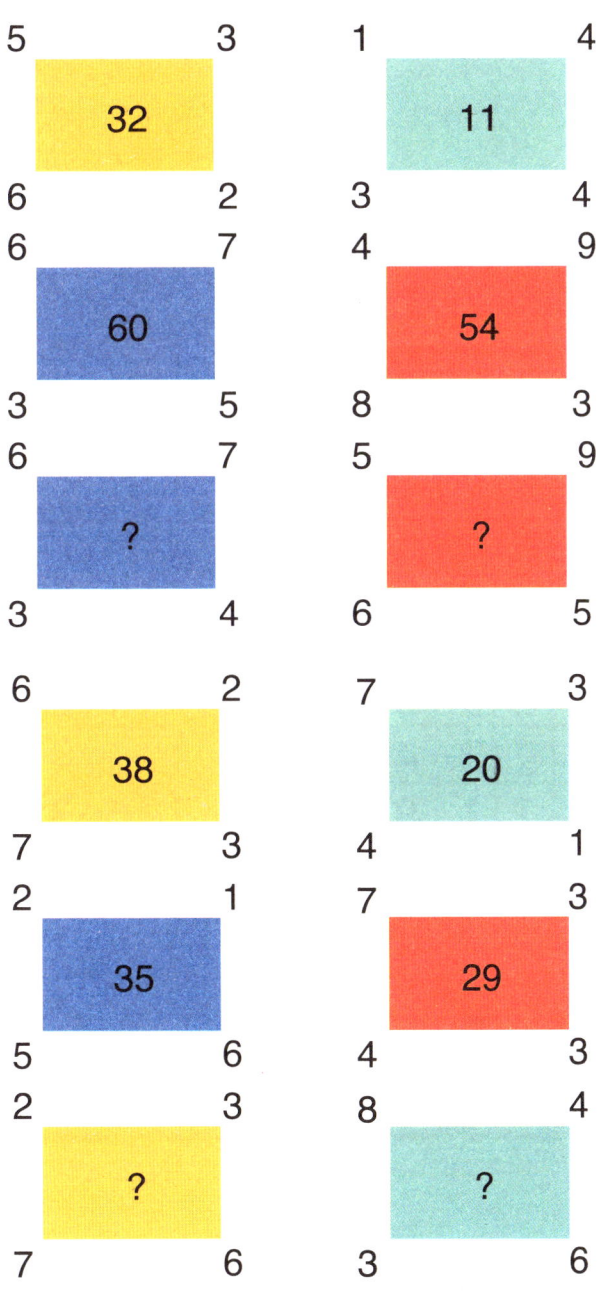

5　　　　3
32
6　　　　2

1　　　　4
11
3　　　　4

6　　　　7
60
3　　　　5

4　　　　9
54
8　　　　3

6　　　　7
?
3　　　　4

5　　　　9
?
6　　　　5

6　　　　2
38
7　　　　3

7　　　　3
20
4　　　　1

2　　　　1
35
5　　　　6

7　　　　3
29
4　　　　3

2　　　　3
?
7　　　　6

8　　　　4
?
3　　　　6

091

仔细观察下面格子中的数字，你会发现有很多对横向、纵向或者斜向的数字的和正好为 10。你能发现几对这样的数字？

5	3	6	4	4	3	5	7	5	7	9	2	2	5	8	3
9	8	9	6	1	5	8	6	6	8	3	7	6	7	4	4
2	1	5	7	8	3	1	3	5	1	6	6	8	9	8	6
7	6	2	9	1	1	8	3	1	5	1	7	5	3	4	1
8	5	6	6	2	4	4	8	3	8	4	7	1	6	1	8
7	6	2	2	5	2	3	7	4	5	8	5	7	6	3	1
7	9	3	1	8	4	5	4	7	7	9	4	8	5	6	3
3	6	8	8	2	9	8	8	2	5	7	2	1	8	3	5
5	6	9	6	5	3	4	7	4	7	4	2	6	6	5	5
1	6	3	2	3	4	5	8	1	1	2	4	9	3	2	7
5	8	9	7	1	8	3	6	9	3	6	3	5	4	9	4
8	4	5	6	7	1	5	1	8	5	8	3	1	2	5	7
7	2	2	9	2	2	4	7	4	9	4	1	8	6	7	8
2	4	3	9	5	6	7	8	5	8	3	2	7	5	6	1
5	9	4	3	4	2	6	1	7	3	4	9	2	6	9	1
3	2	5	8	1	3	2	5	3	8	3	5	3	1	2	7

092 每一种颜色代表一个小于 10 的数字，有些甚至会是负数。根据规律找出问号部分应当填入的数字。

6	7	3	8	2	4	1	6	9	5	91
3	4	6	2	9	7	7	6	3	4	111
5	9	6	8	3	2	4	7			74
9	8	2	3			6	8			51
8	7	3	4			6	1	4	6	68
2	9	5	4	8	3	6	2	7	8	97
4	3	2	9	1	4	5	6	8	3	85
6	2	4	3	1	7	9	6	3	8	91
2	4	7	6			1	2			36
3	5	6	8			2	4			45
90	108	89	100	36	44	94	82	52	?	

093 每种颜色代表一个小于 10 的数字，根据规律找出问号部分应当填入的数字。

3	4	6	9	7	2	5	8	3	9	?
6	5	2	7	3	4	5	1	2	6	71
3	8	2	1	9	7	8	6	1	3	82
5	4	3	4	1	2	9	8	6	5	85
6	8	9	3	5	4	8	3	6	2	91
4	1	9	8	6	3	2	2	4	5	74
7	6	3	5	2	4	6	8	9	7	93
8	4	6	5	3	6	2	1	3	8	83
9	2	1	4	3	7	8	9	6	3	88
1	3	7	6	4	3	8	6	2	4	77
89	75	77	87	79	86	81	93	67	102	

094 正确组合可以将这些碎片组成一个圆形，但是其中缺失了一块，应该是 A, B, C, D 中哪一项呢？

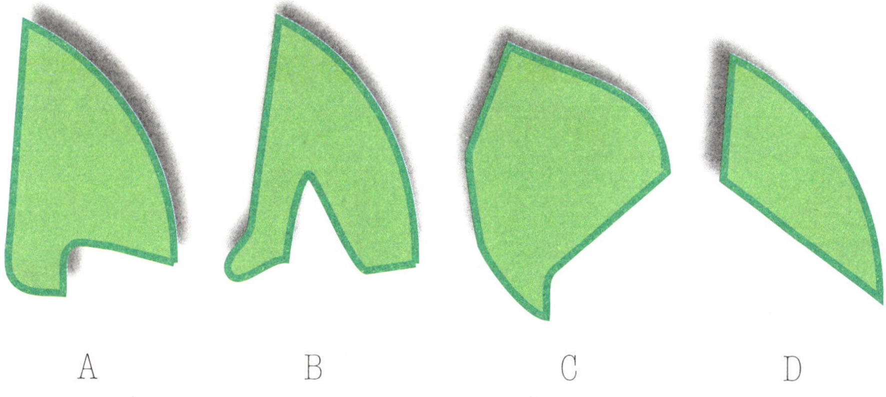

A　　　B　　　C　　　D

095

如果按照正确顺序排列，这些瓷砖可以组成一个方形，横向第 1 排的字母和符号等同于纵向第 1 列的字母和符号，以此类推。你能成功地组合吗？

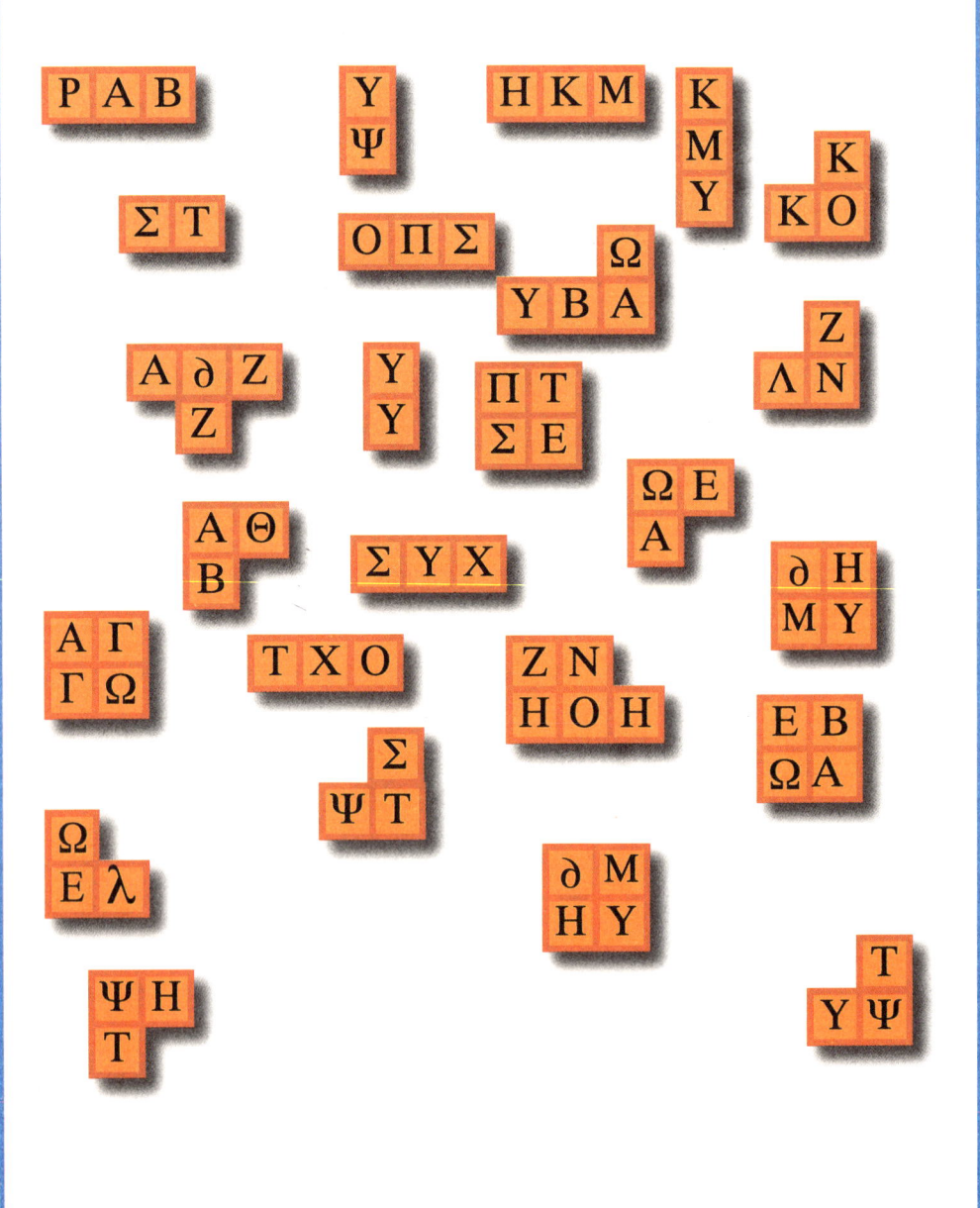

096

正确组合可以将这些碎片组成一个圆形，但是其中多出了两块，你能找出是哪两块吗？

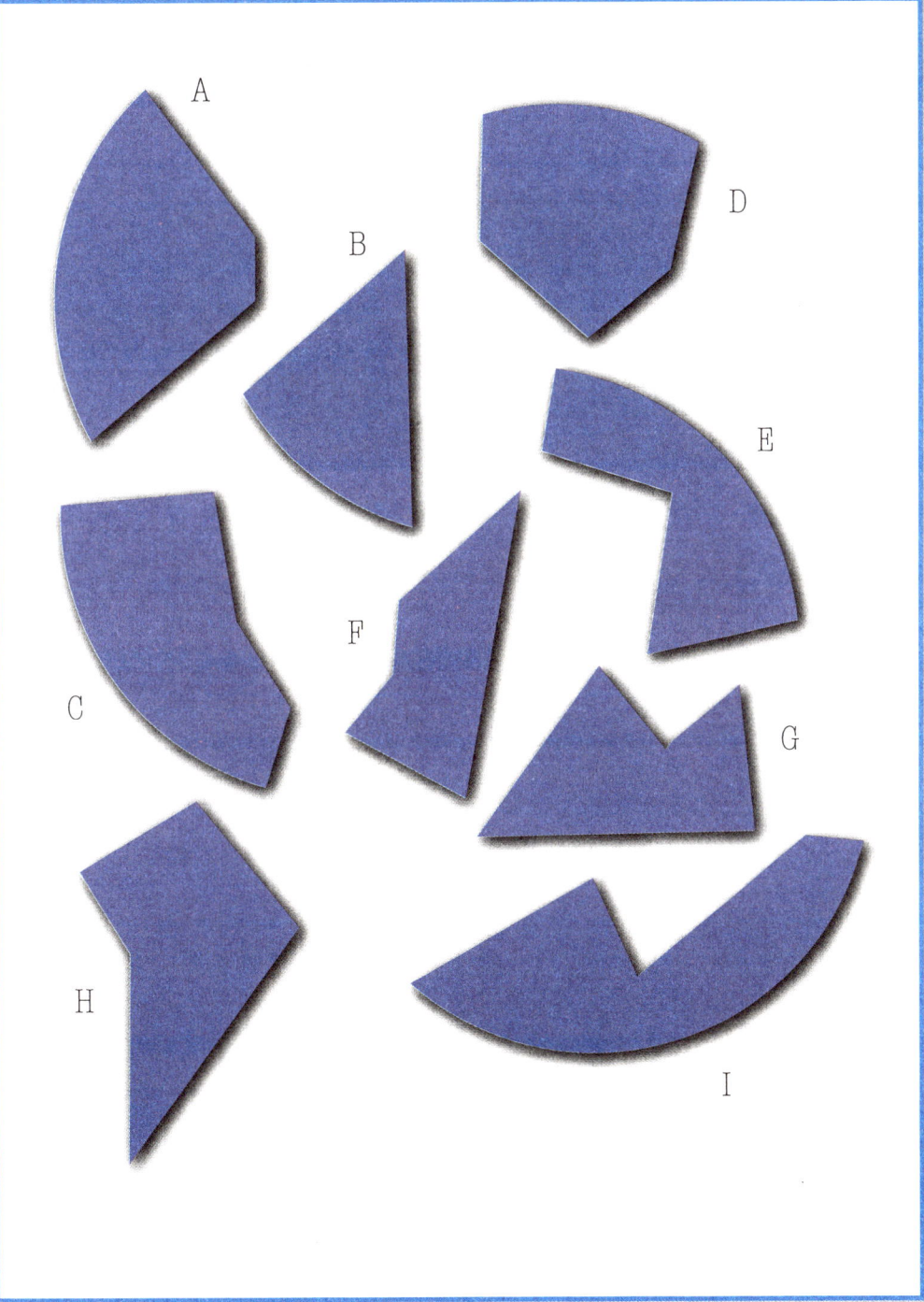

097　你能从 A，B，C，D 中找出符合这些图形排列规律的项吗？

A　　　　B　　　　C　　　　D

098

格子中的数字按照 3，1，4，1，5，8，2，7 的顺序排列，为了增加其复杂性，有些数字在原来的基础上被增加了 1。如果你能找出这些被增加了 1 的数字，你能发现它们能组成一个字母。这个字母是什么呢？

1	1	5	2	1	8	4	3
1	4	4	1	8	3	5	1
1	4	2	2	5	6	7	1
1	4	2	3	3	1	1	2
1	4	2	3	7	7	3	4
4	4	2	4	8	2	2	7
3	1	2	3	7	2	8	8
8	7	4	3	7	2	8	5
1	5	3	7	7	2	8	5
5	3	2	8	2	2	8	5
2	1	7	4	5	8	8	5
7	8	4	2	1	1	5	5

099 　　格子中的图片是按照一定的规律排列的，你能
找出其中的规律并且将缺失部分补充完整吗？

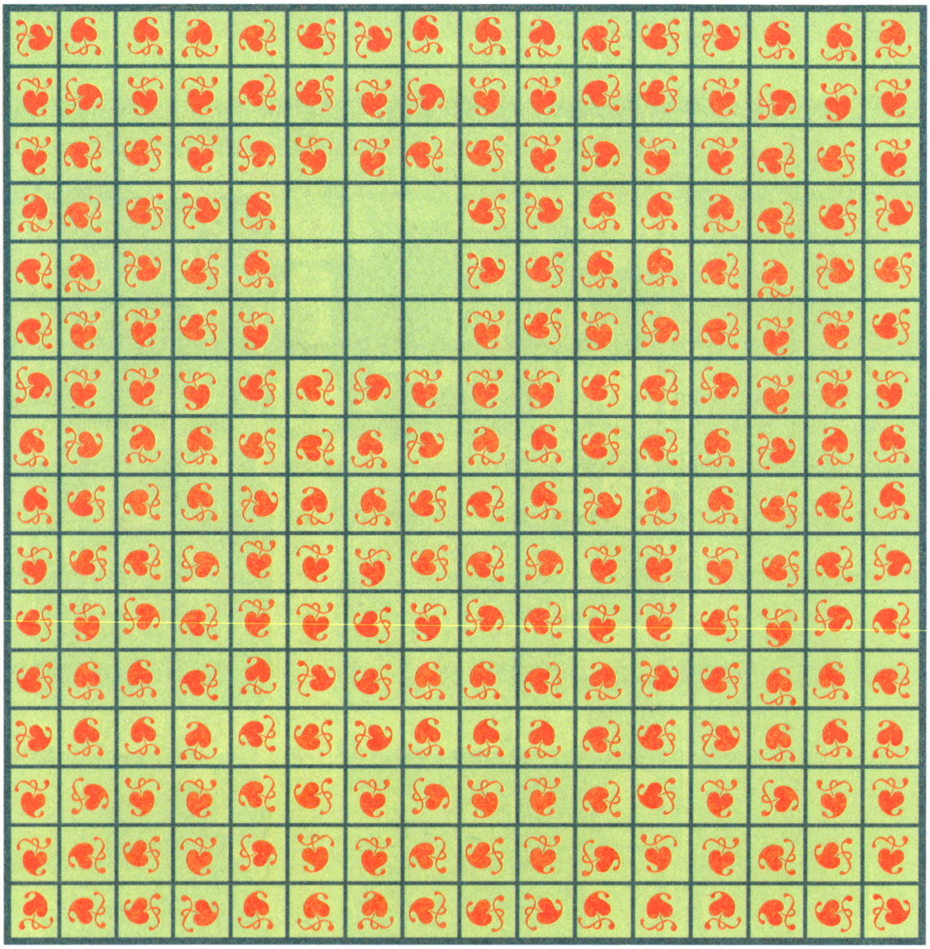

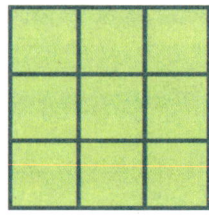

100
如果 A 对应于 B，那么 C 应对应于 D，E，F，G 哪个选项？

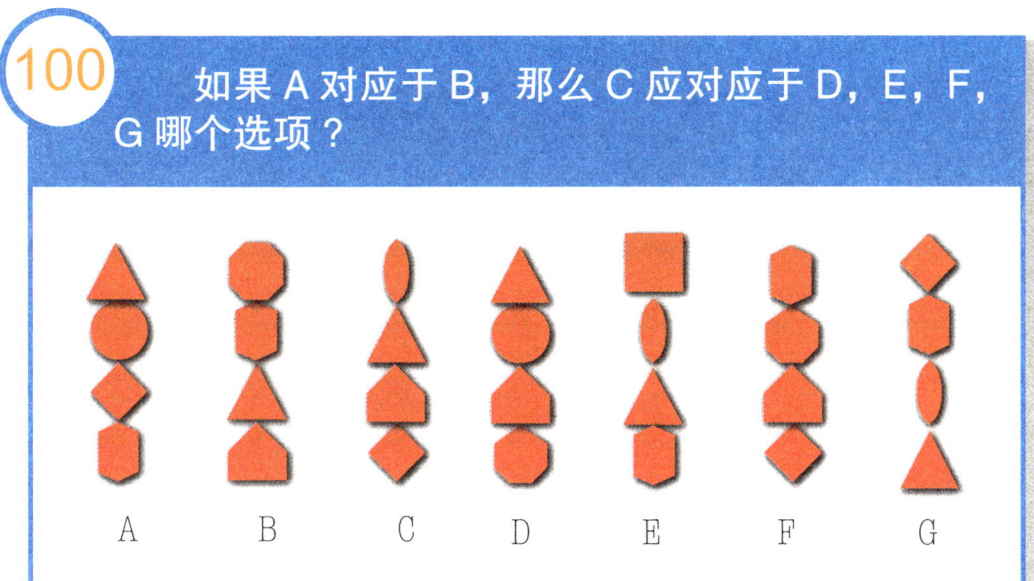

101
正确组合可以将以下碎片组成一个正方形，但是其中有两块是不需要的，你能找出是哪两块吗？

102 你能找出哪个图形不符合整体的排列规律吗？

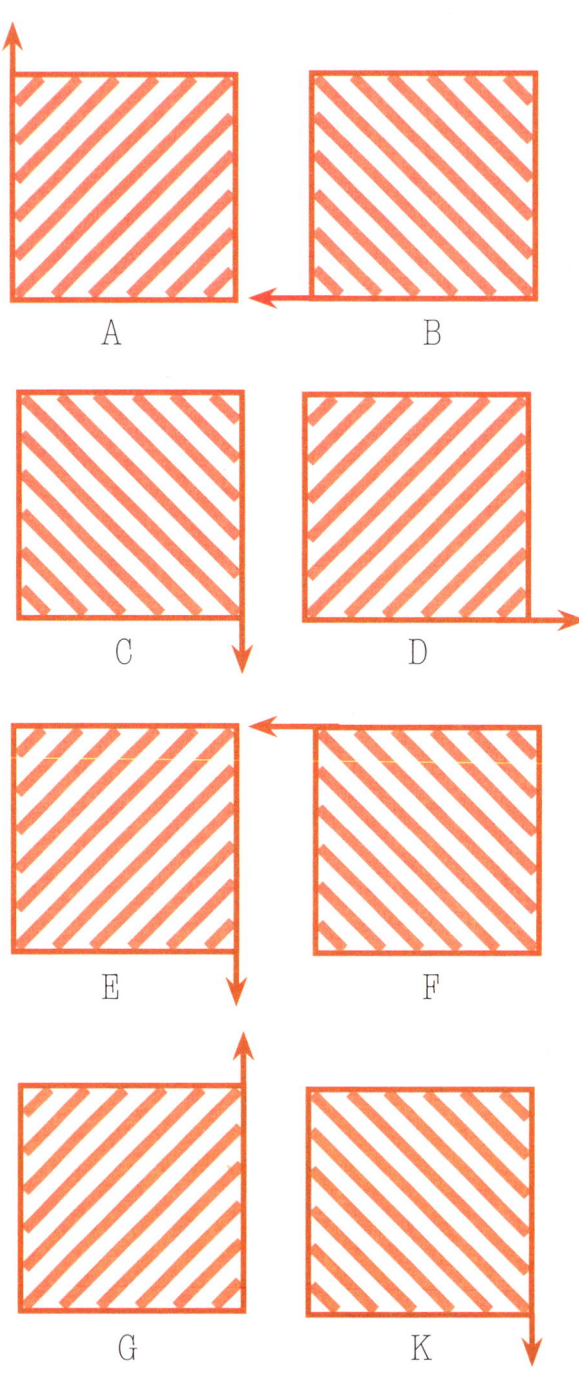

103 如果 A 对应于 B，那么 C 对应于 D，E，F，G 中哪个选项？

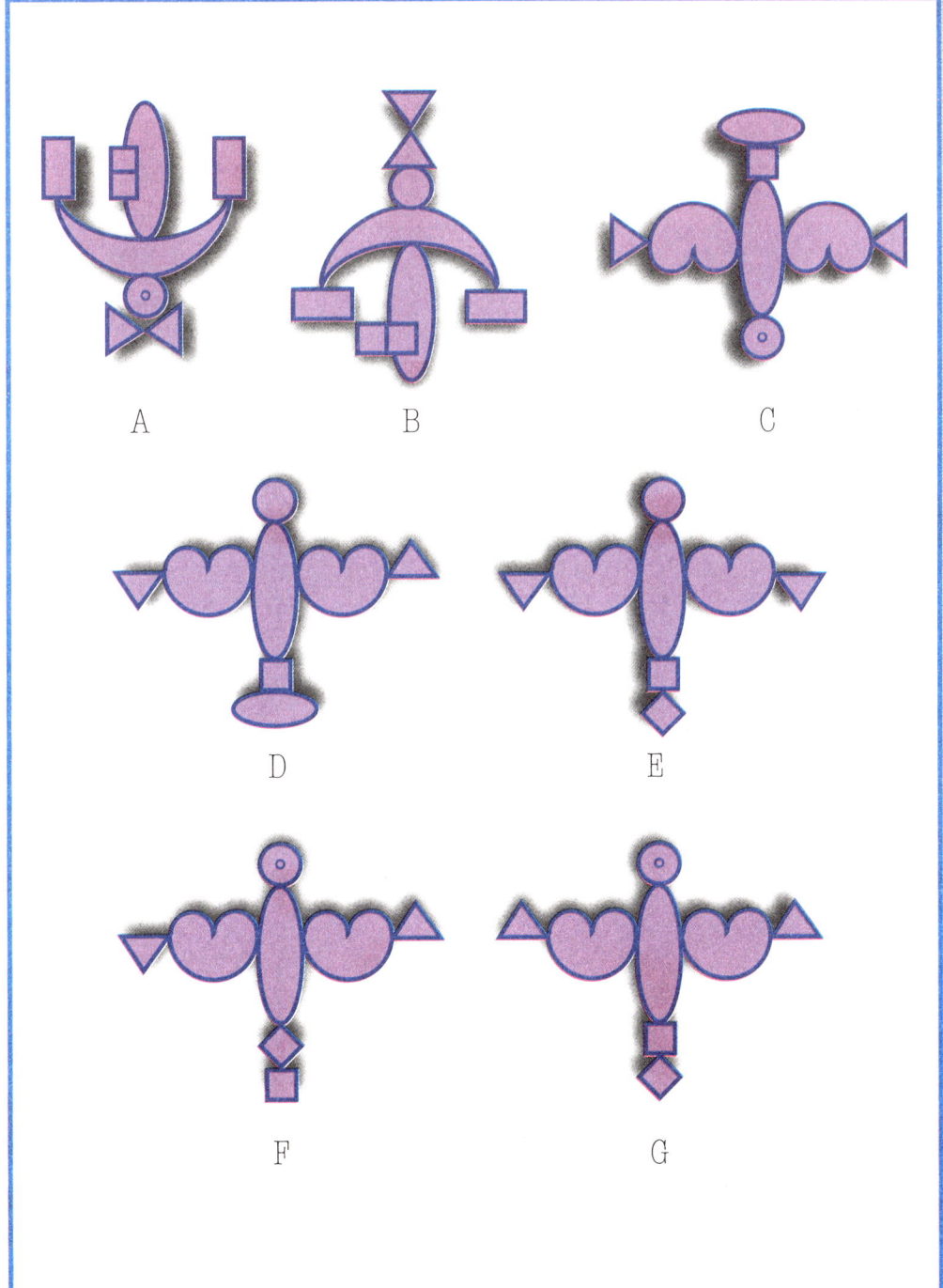

104 你能找出哪两个模型不能由下图折叠而成吗？

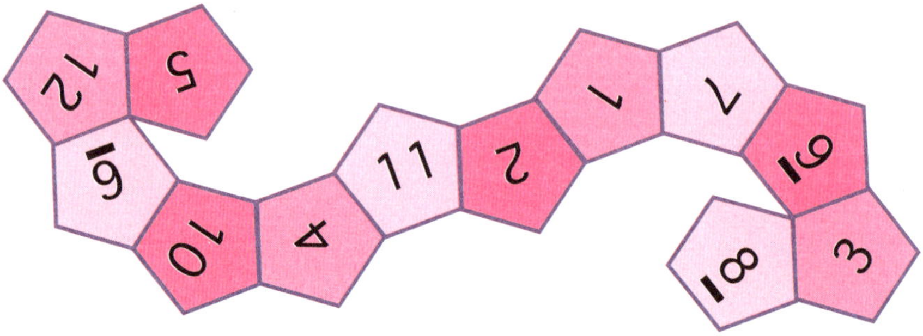

A

B

C

D

E

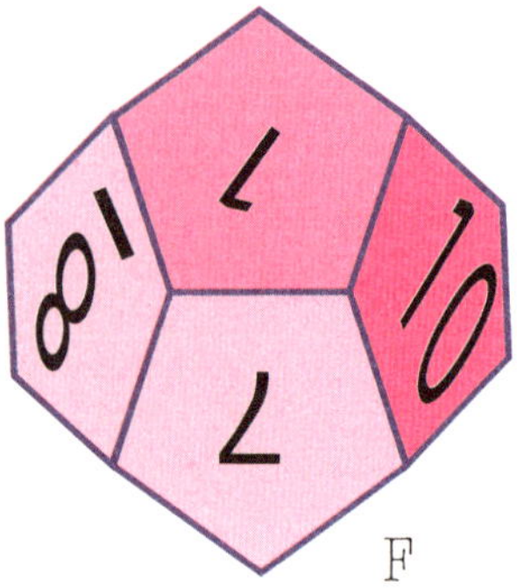

F

105

正确组合可以将以下碎片组成一个正方形，但是其中有一块是不需要的，你能找出是哪一块吗？

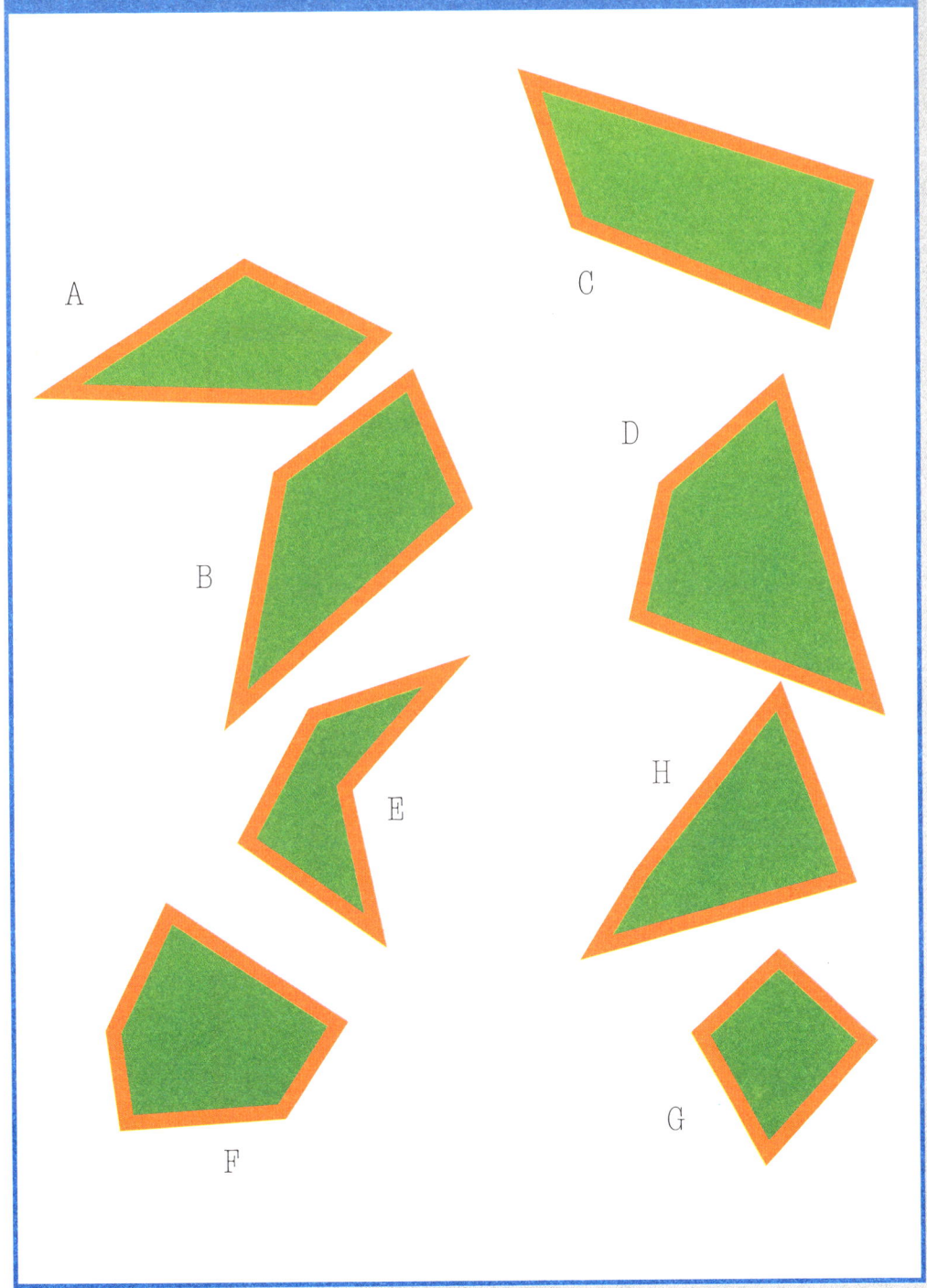

106

如图所示，每一个方框里面的图的宽与高分别是上一个图的一半。可以想象一下，这样划分下去会有无数幅图。如果把这些图从下到上一个接一个地挂在墙上，最终会有多高呢？

在这些图片里有无数个小男孩，如果他们每个人站在另一个人的头上，这样依次站上去组成一个"塔"，那么这个"塔"最终会有多高呢？

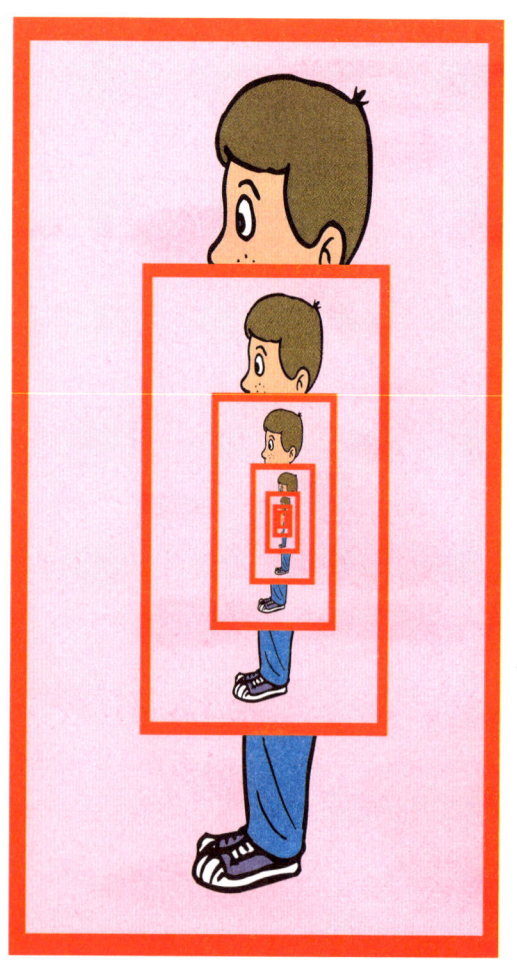

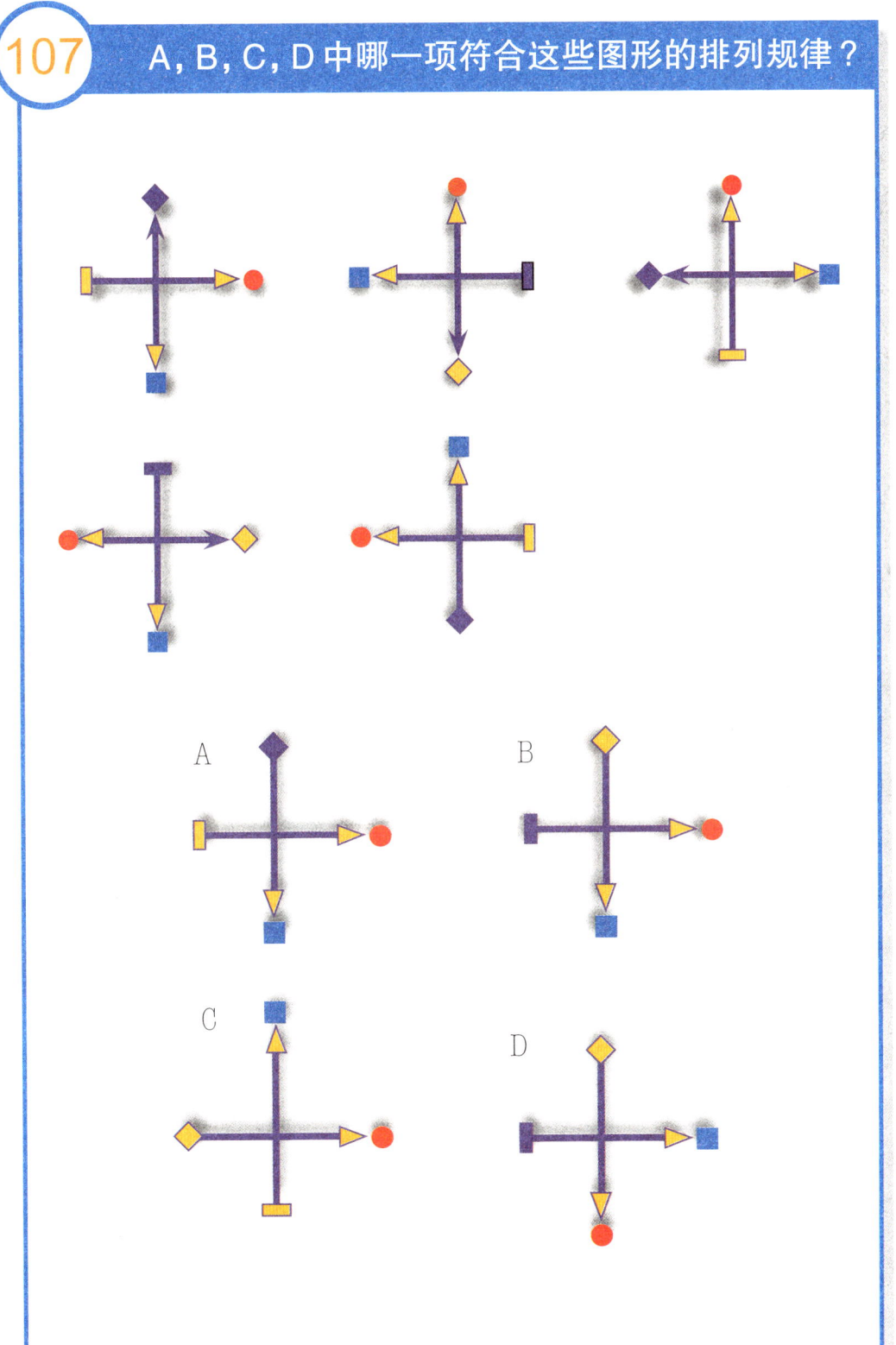

107 A，B，C，D 中哪一项符合这些图形的排列规律？

108 　每种颜色代表一个小于 10 的数字，根据规律找出问号部分应当填入的数字。

4	8	3	2	7	5	6	1	9	4	?
2	3	7	6	2	4	1	5	3	7	90
8	7	3	2	4	6	9	1	4	2	101
4	3	6	8	2	9	7	6	8	7	115
3	2	1	6	9	8	8	7	3	4	101
6	2	3	8	4	1	9	7	2	6	104
7	3	4	2	1	9	4	5	3	5	100
6	5	4	3	2	8	4	7	6	1	103
3	5	2	1	8	6	9	4	3	7	106
6	8	7	3	2	4	5	9	5	6	109
103	98	99	100	81	117	121	109	99	107	

109 如果黑色的箭头代表的是牵引的方向，那么货物是升还是降？

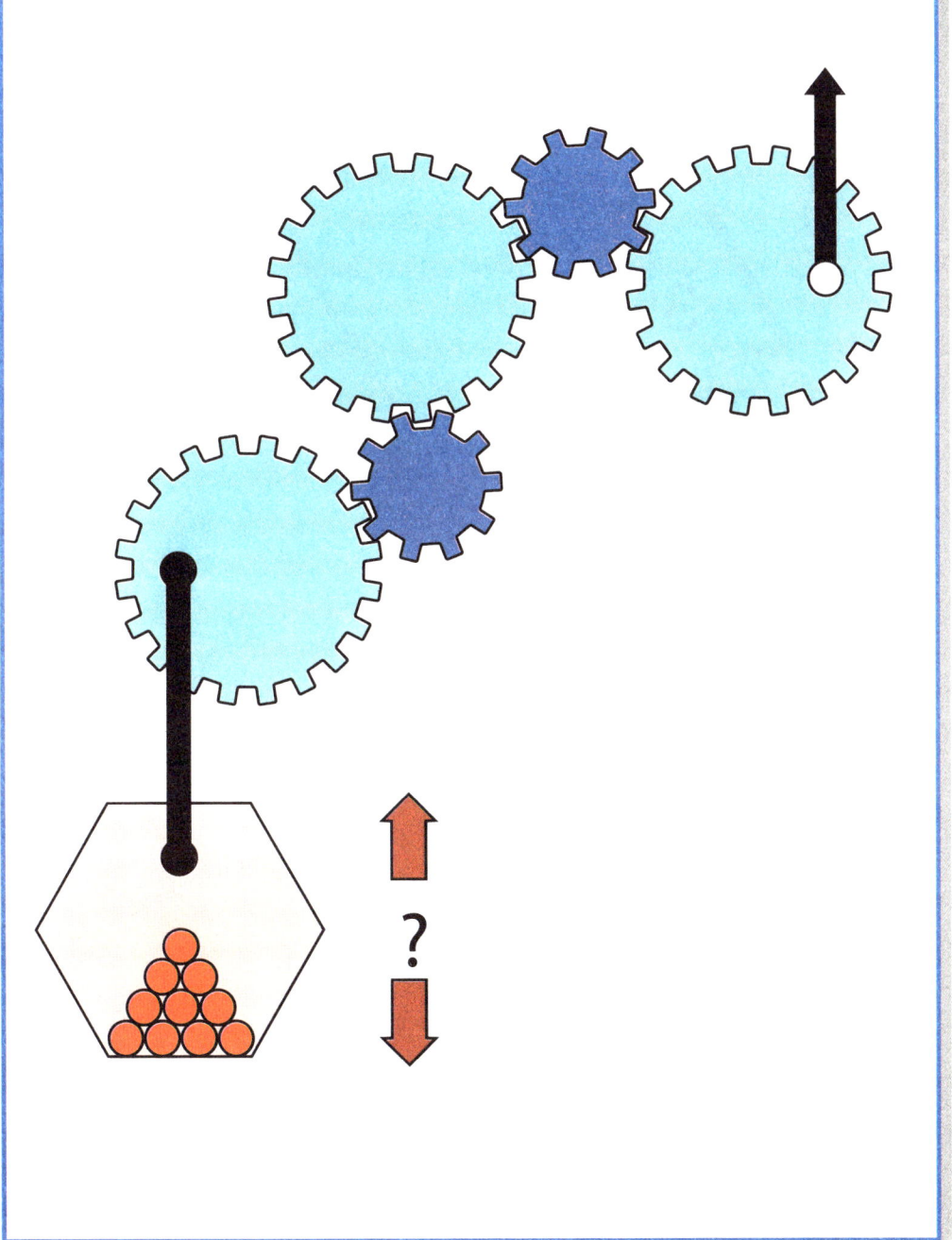

110 每种颜色代表一个小于 10 的数字，根据规律找出问号部分应当填入的数字。

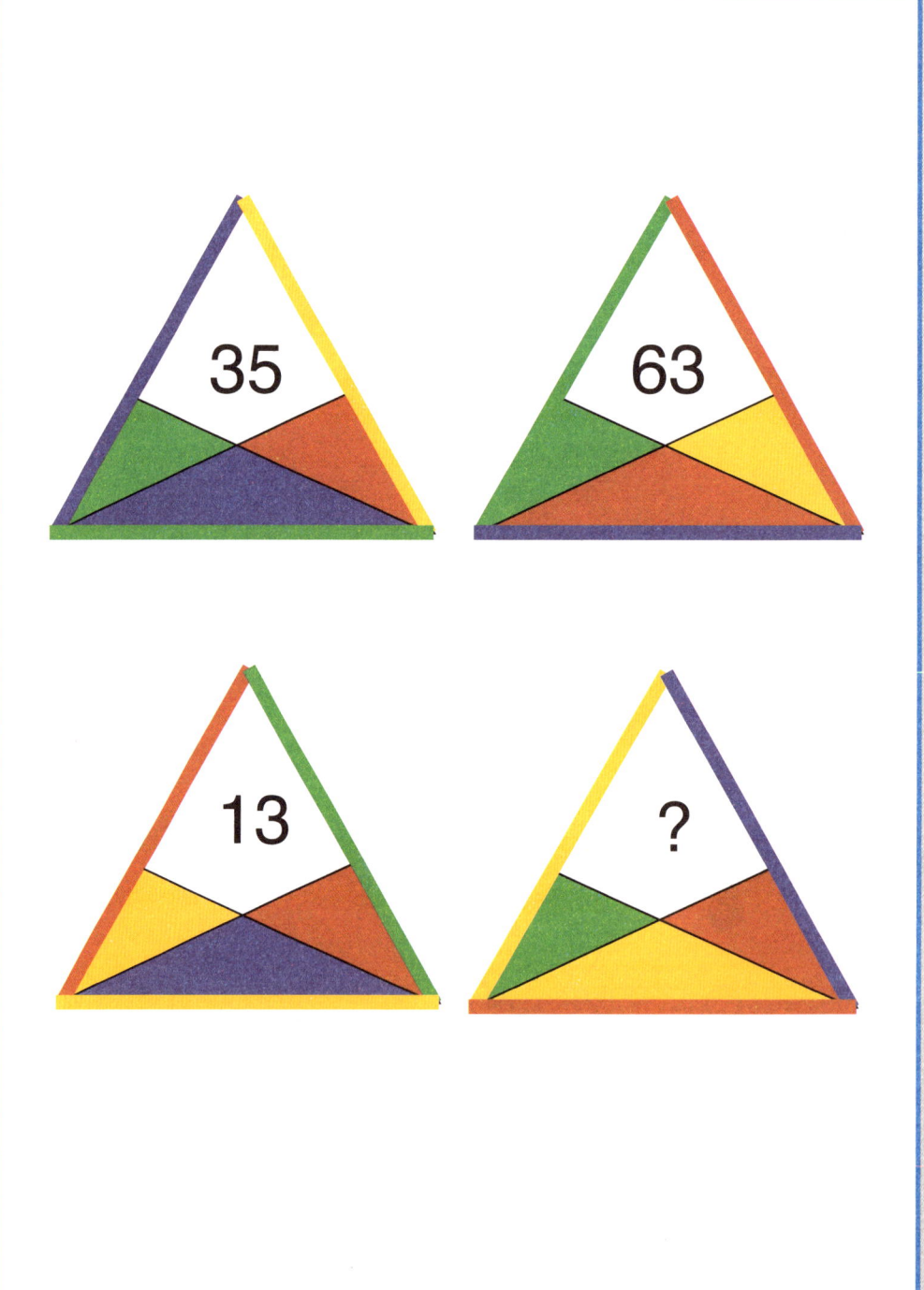

111 B，C，D，E，F中哪一个立方体可以由A图折叠而成？

A

B   C   D

E   F

112

老园丁林肯去世的时候，留给每个孙子 19 个玫瑰花丛。这些孙子，Agnes(A)，Billy(B)，Catriona(C) 和 Derek(D) 彼此憎恨，因此准备在各自的玫瑰丛外围如图所示地围篱笆。那么，谁的篱笆周长将是最长的呢？

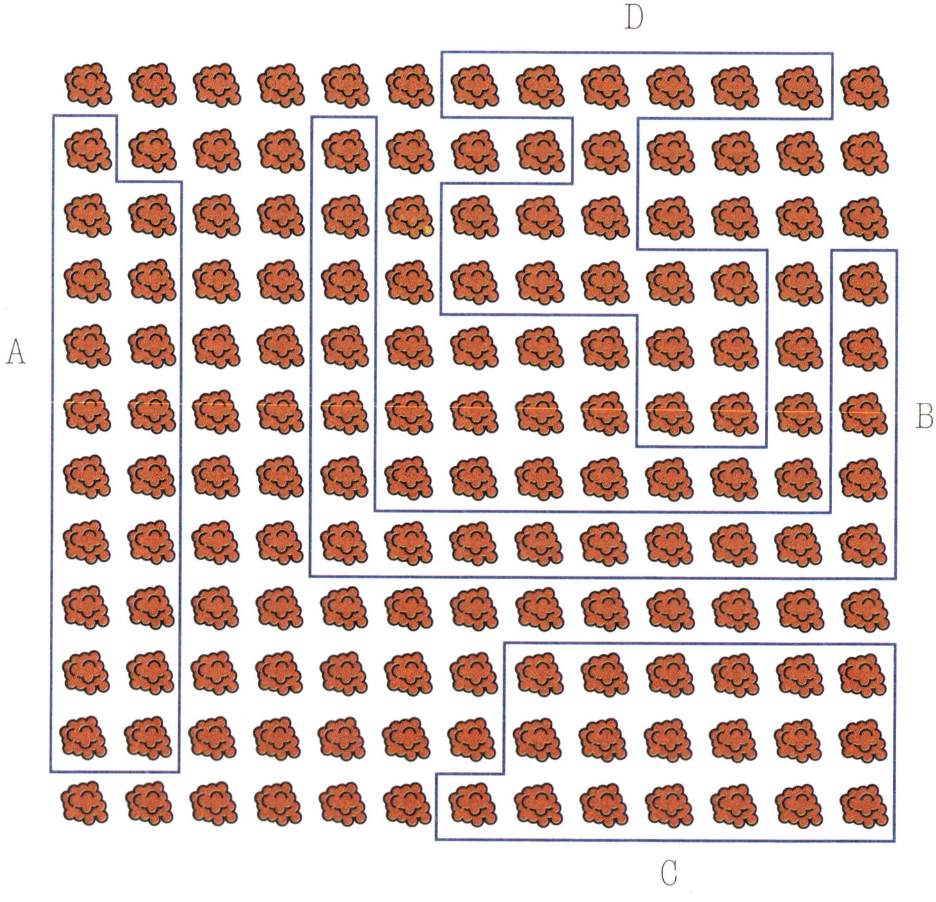

113 B，C，D，E，F中哪个立方体可以由 A 图折叠而成？

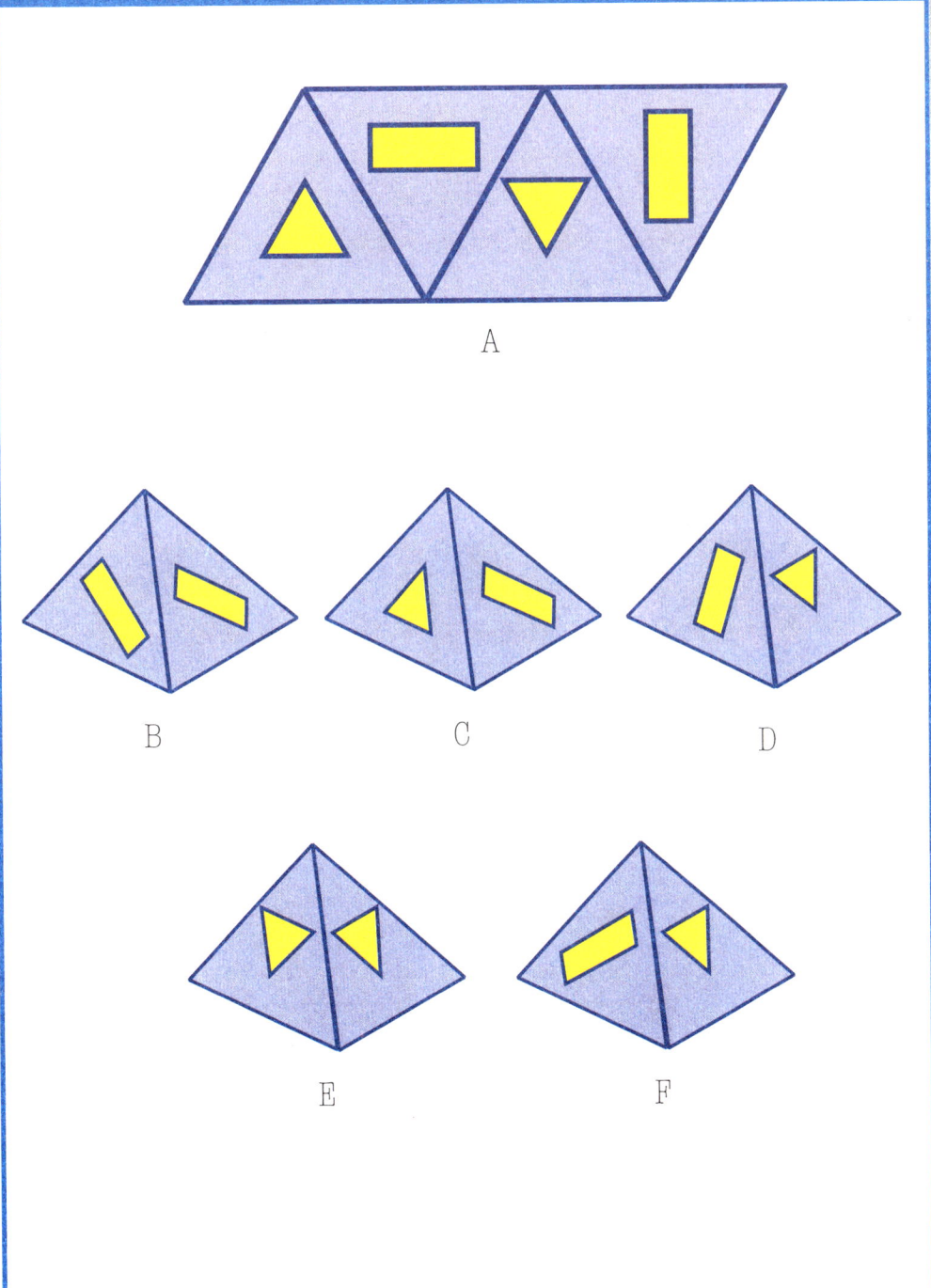

A

B　　　　C　　　　D

E　　　　F

如果 A 对应于 B，那么 C 应对应于 D，E，F，G，H 中哪个选项？

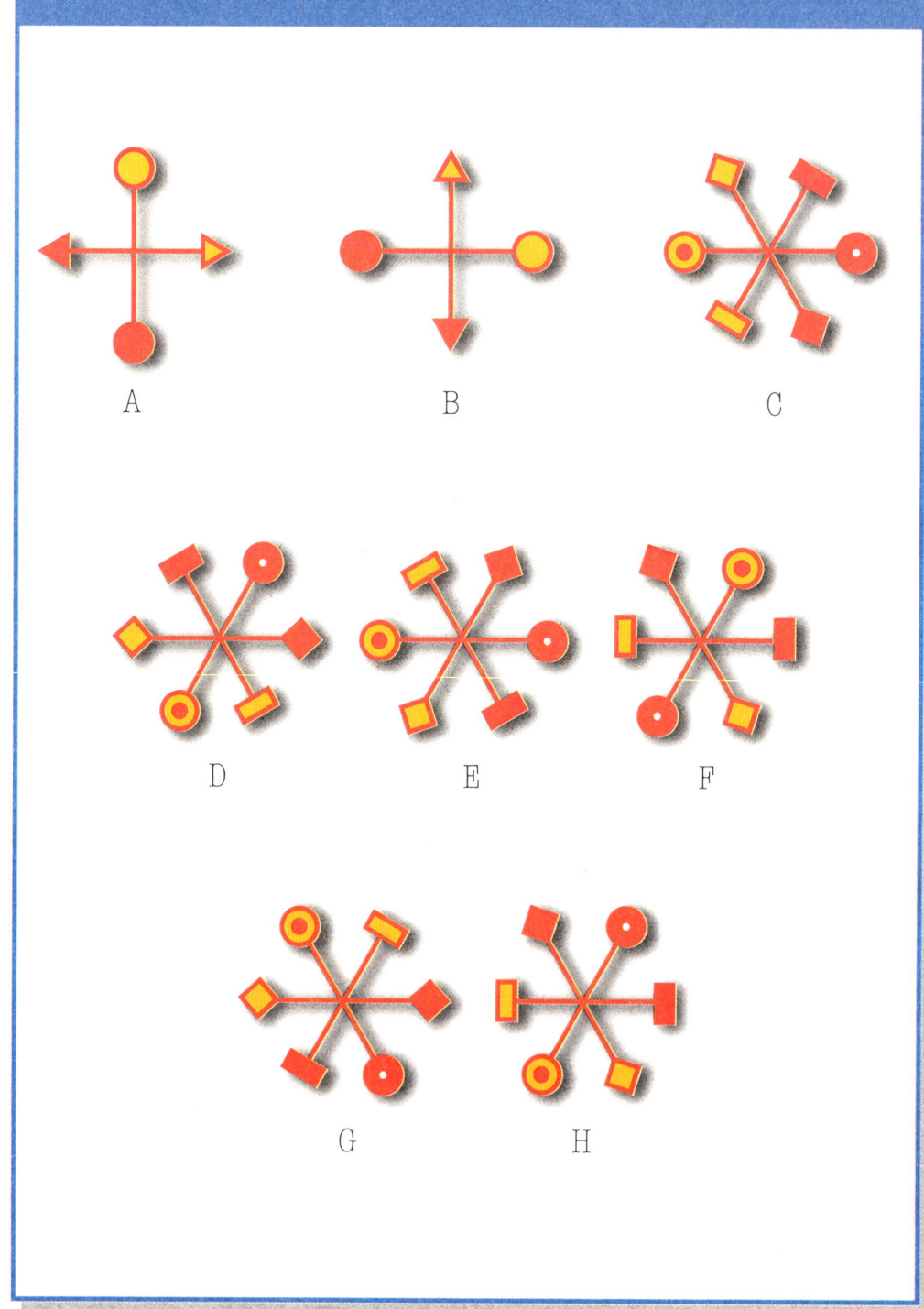

115 以下蝴蝶中只有两只是完全相同的，你能把它们找出来吗？

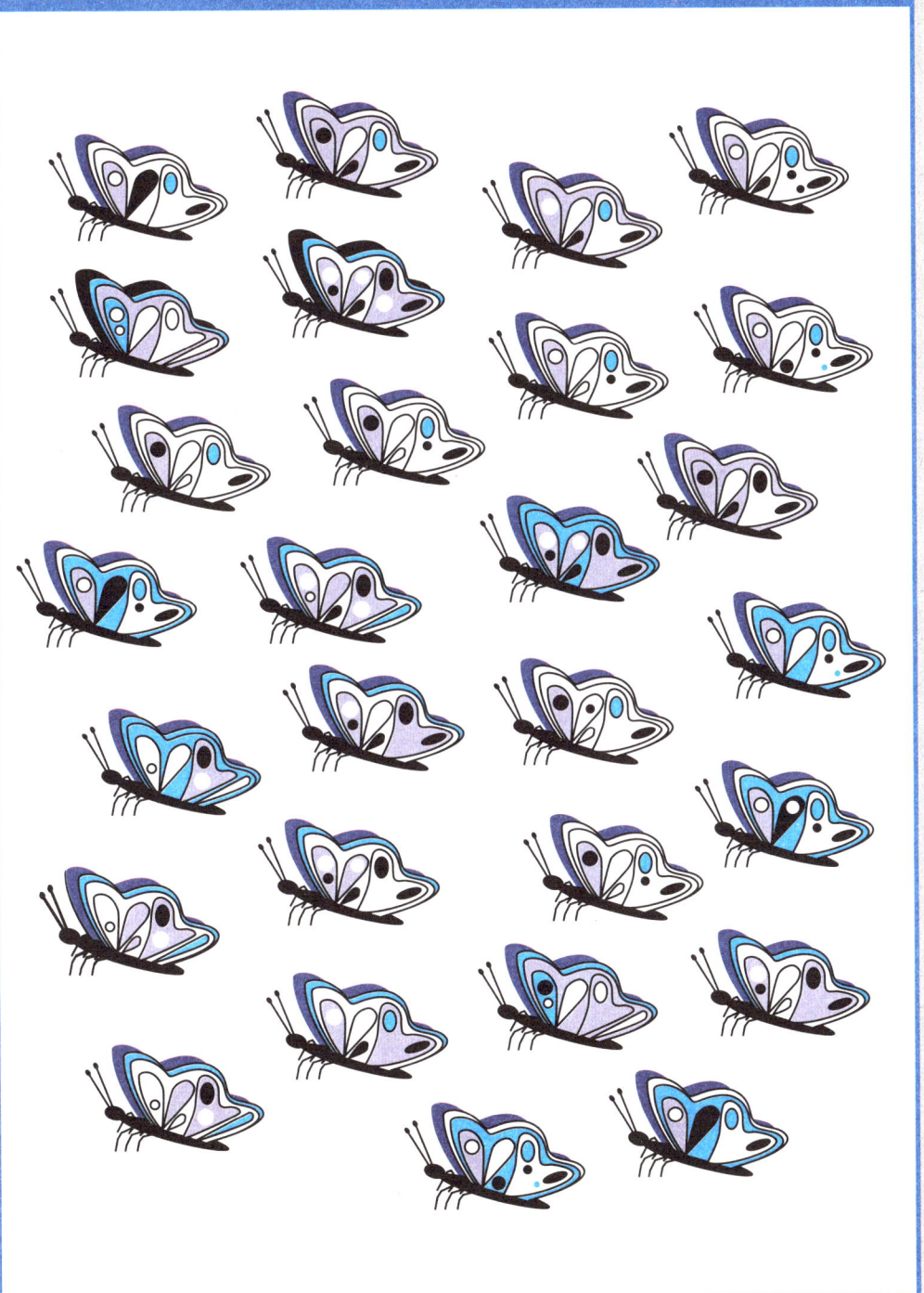

116

A，B，C，D，E 中哪一项符合第 1 行图形接下来的排列规律？

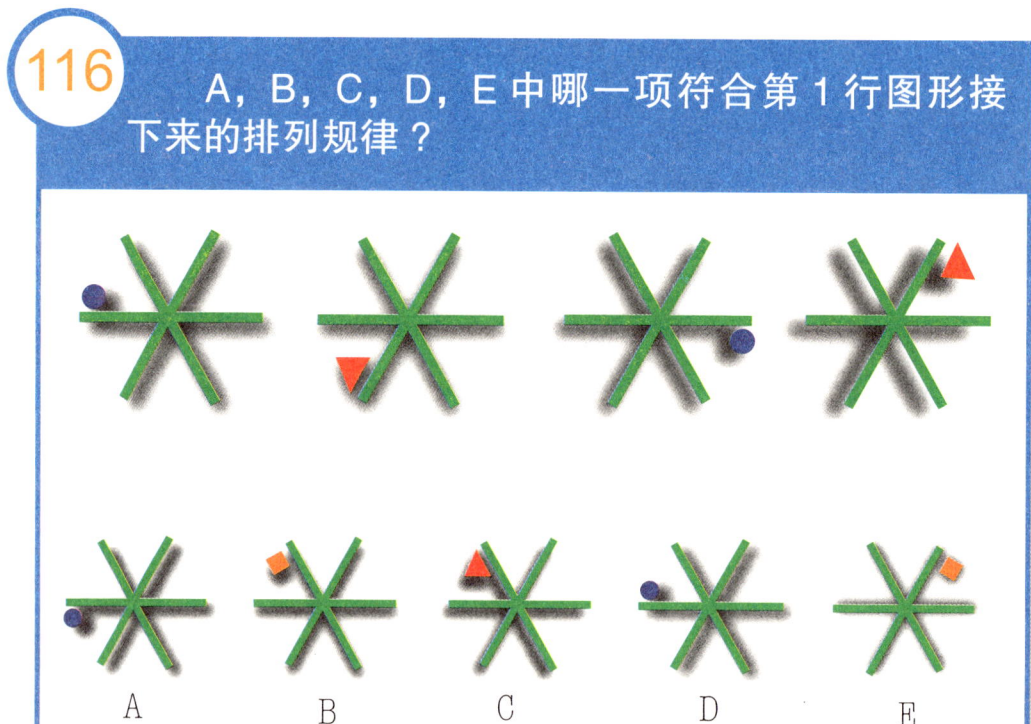

A   B   C   D   E

117

A，B，C，D，E 中哪一项符合第 1 行图形接下来的排列规律？

A   B   C   D   E

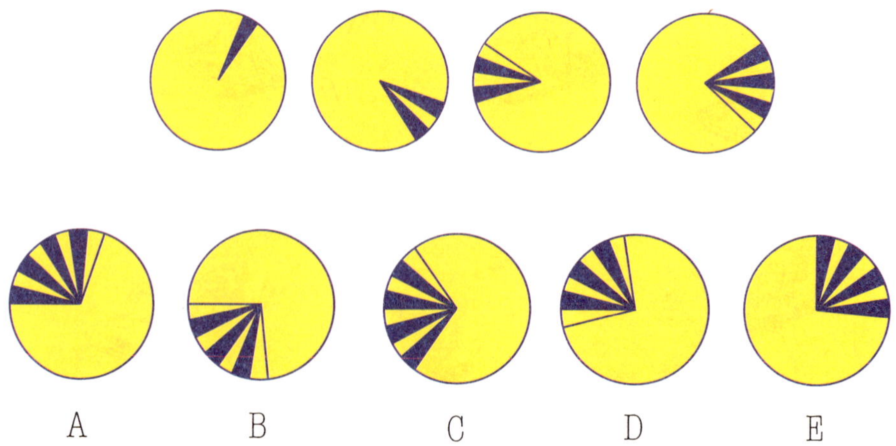

118 如果 A 对应于 B，那么 C 应对应于 D，E，F，G，H 中哪一项？

A

B

C

D

E

F

G

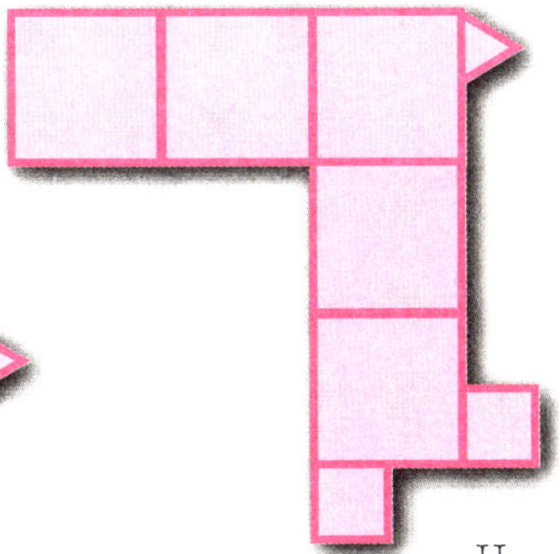

H

119

每个六边形底部 3 个球对应的数之和减去六边形顶端的 3 个球所对应的数之和，等于六边形中间相对应的这个数。请填出空白处对应的正确数字。

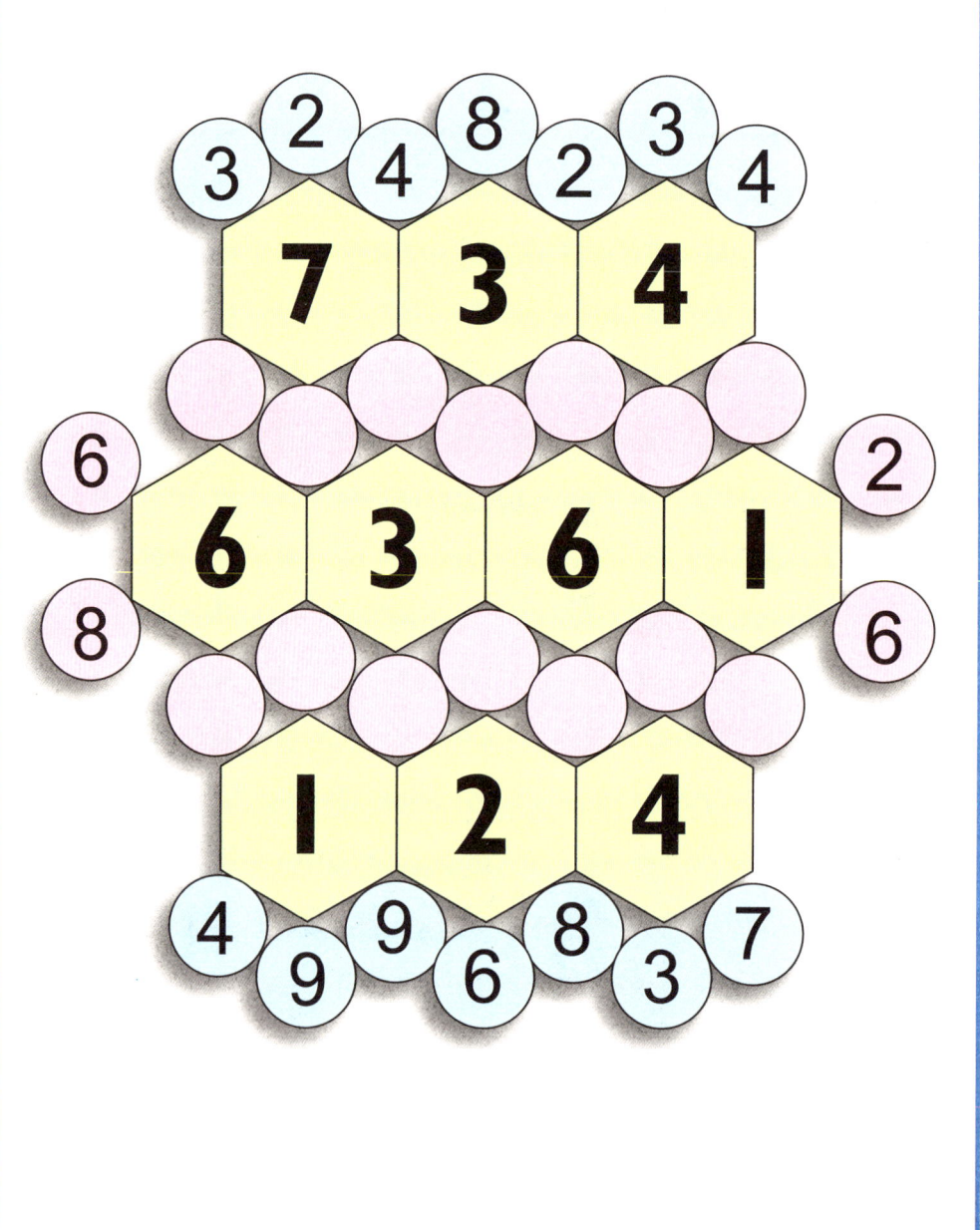

120 问号处应是 A，B，C，D，E 中的哪一个呢？

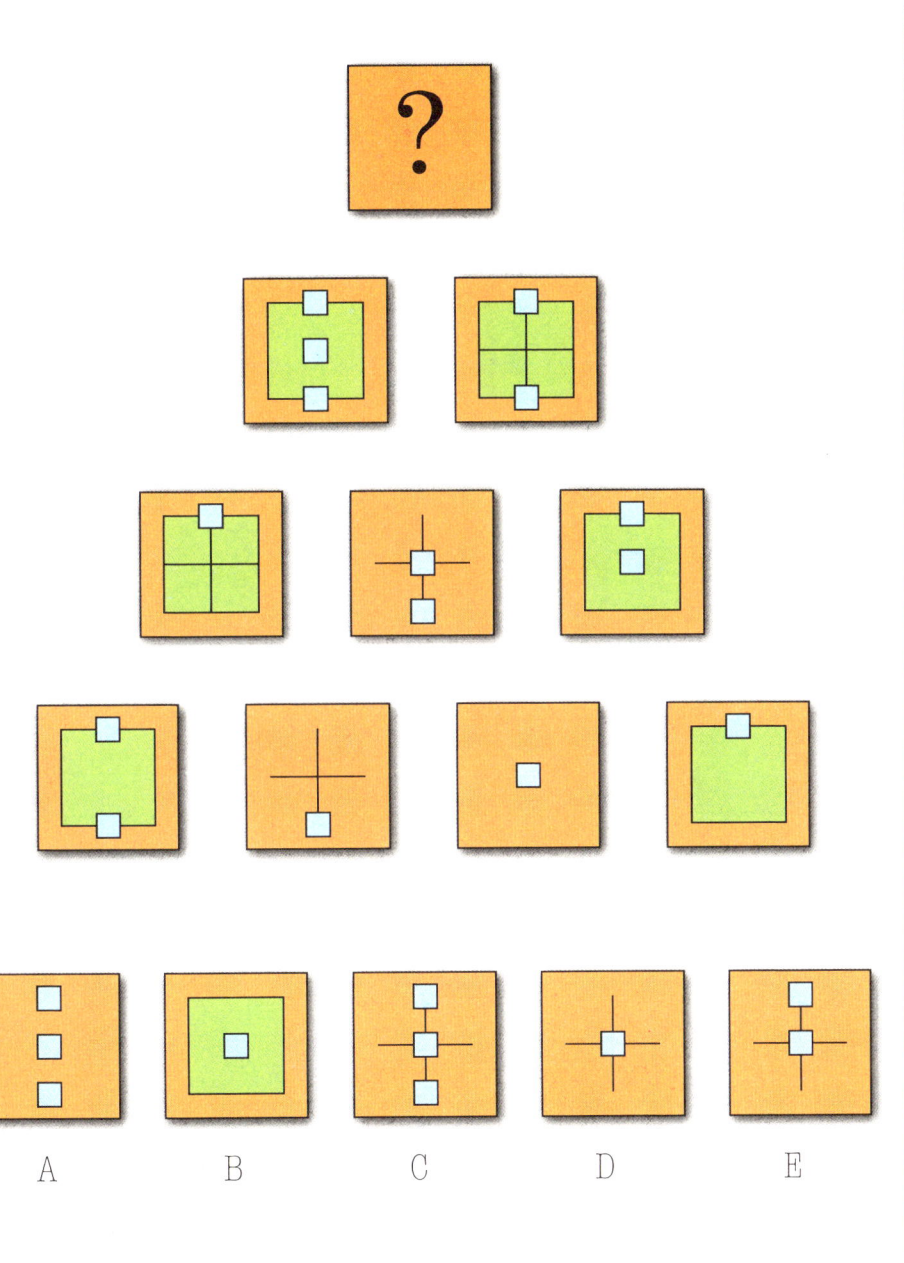

121

A，B，C，D，E 选项中，哪一个可以放在网格图片的中间？

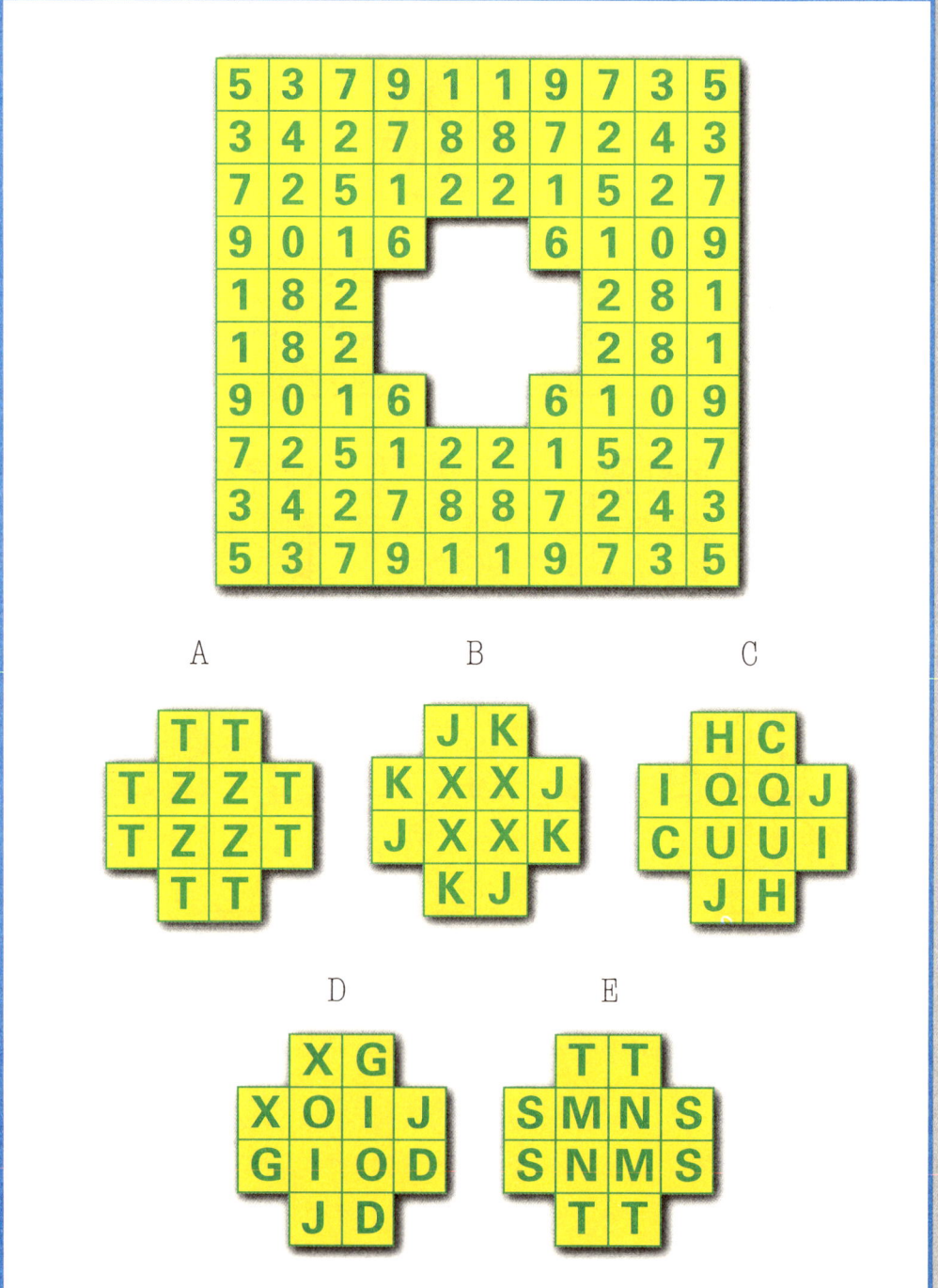

122 找出规律，为问号部分找一个合适的数字替代。

6   5

2   7

?   3

18   20

5   24   12   5

7   35

9   18   15   9

2   2

4   7

6   1

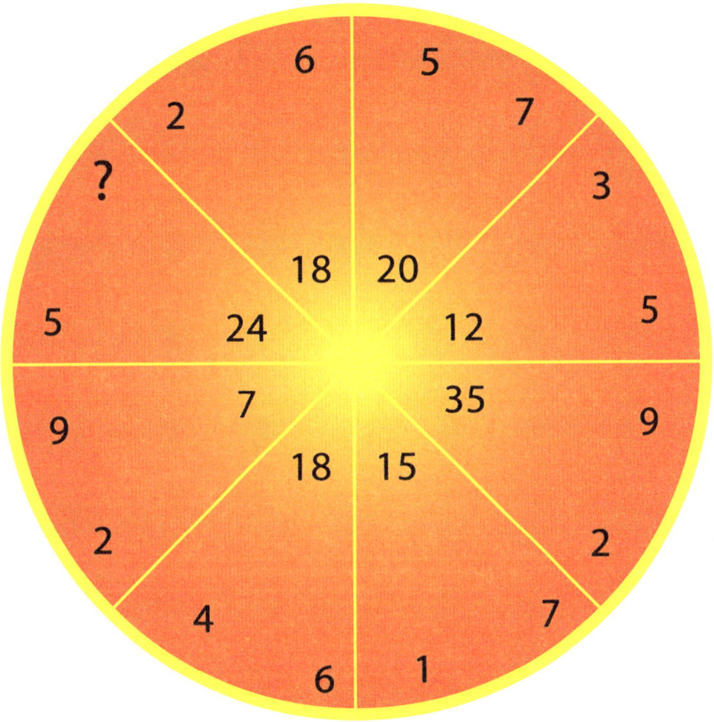

123 找出规律，为三角形 D 的问号部分找一个合适的数字替代。

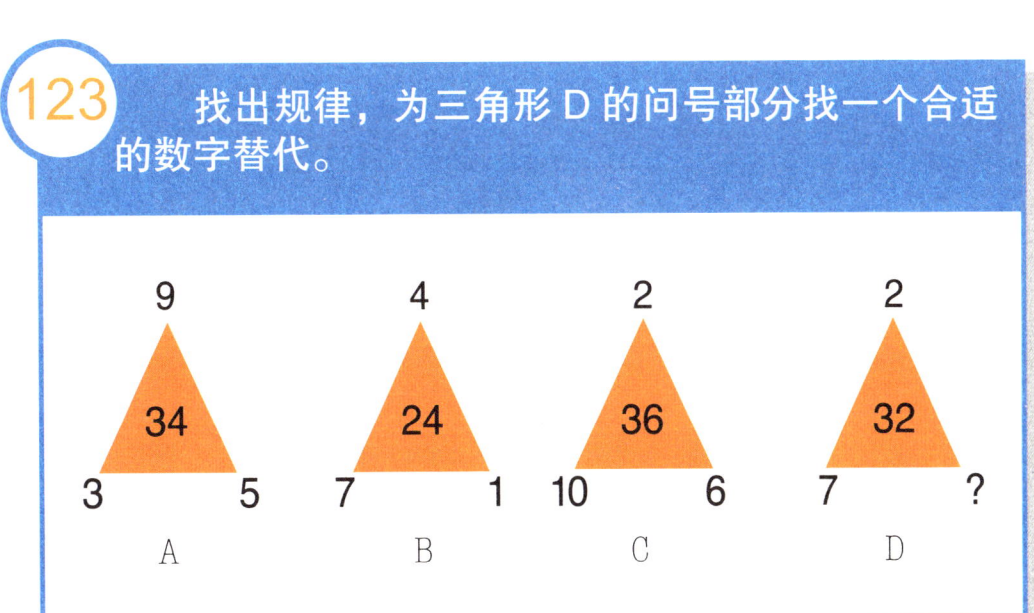

9	4	2	2
34	24	36	32
3 5	7 1	10 6	7 ?
A	B	C	D

124 根据规律，找出第 4 个钟上应该显示的时间。

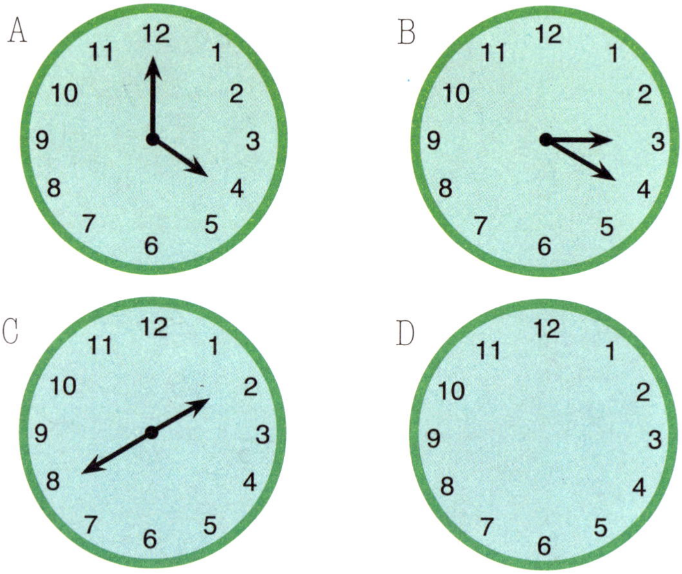

A

B

C

D

125 根据规律，找出可以使第 3 个天平保持平衡的图形。

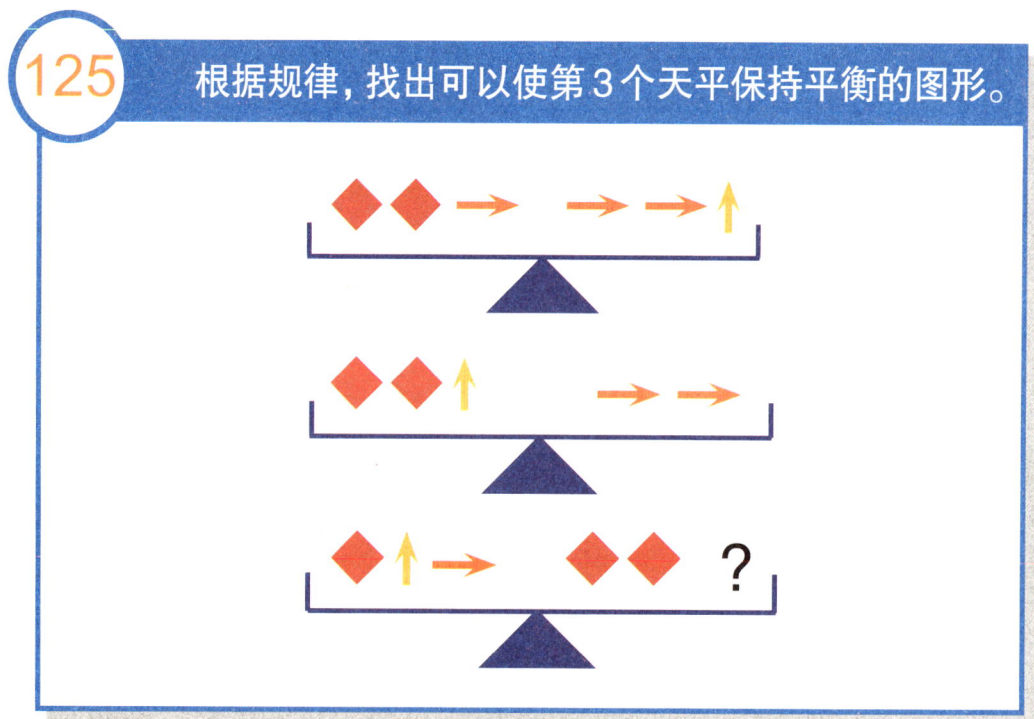

126 以下表情中，哪一个是不同的？

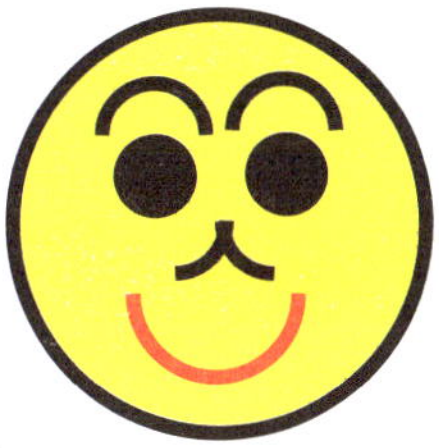

A

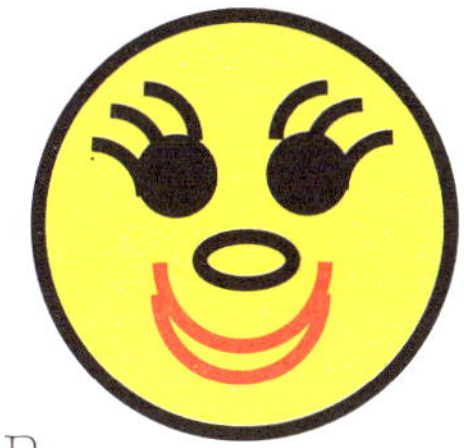

B

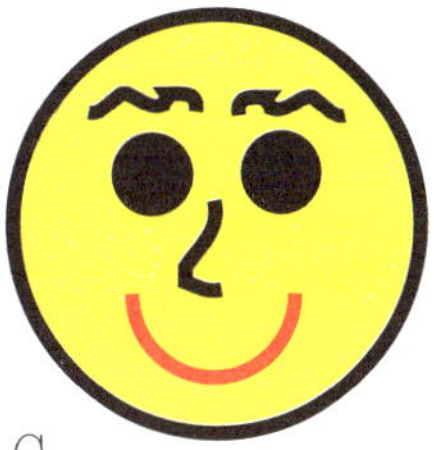

C

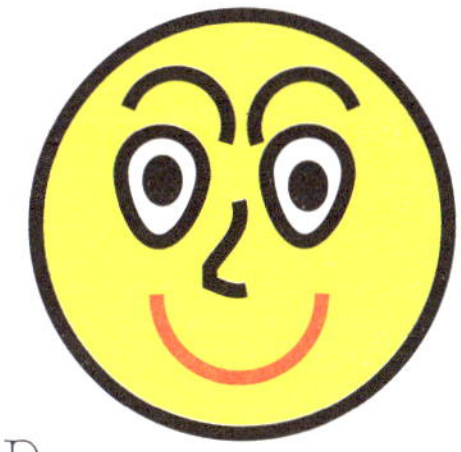

D

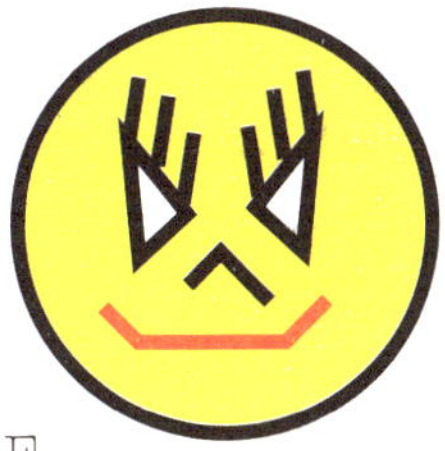

E

127 按照规律，找出问号部分应该使用的数字。

	3	2	3	4	5	3	2	6
	19		10		17		?	
	4	5	2	6	2	2	3	2
	A		B		C		D	

128 以下立方体中，哪两面上的数字相同？

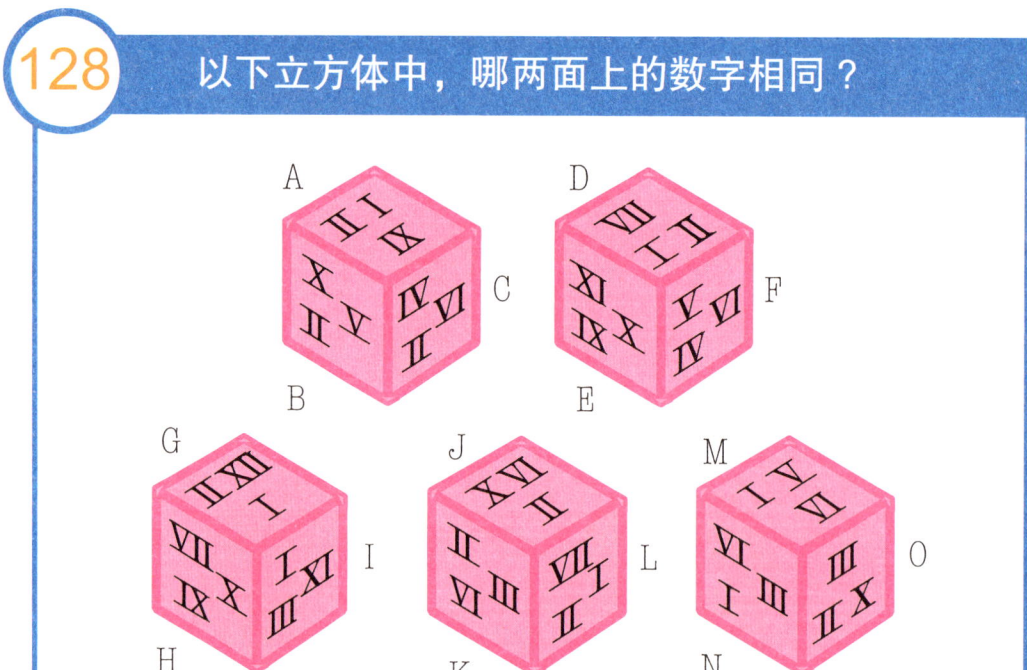

129

格子中的每一种标志都代表了一个数字，你能算出问号代表的数字是多少吗？

24	63	24	21	
✳	✳	✳	✓	33
✓	O	✓	X	?
X	O	X	X	33
✓	✓	✓	✳	27

130

方格中的每一种标志代表一个数字，你能算出问号所在处的数字吗？

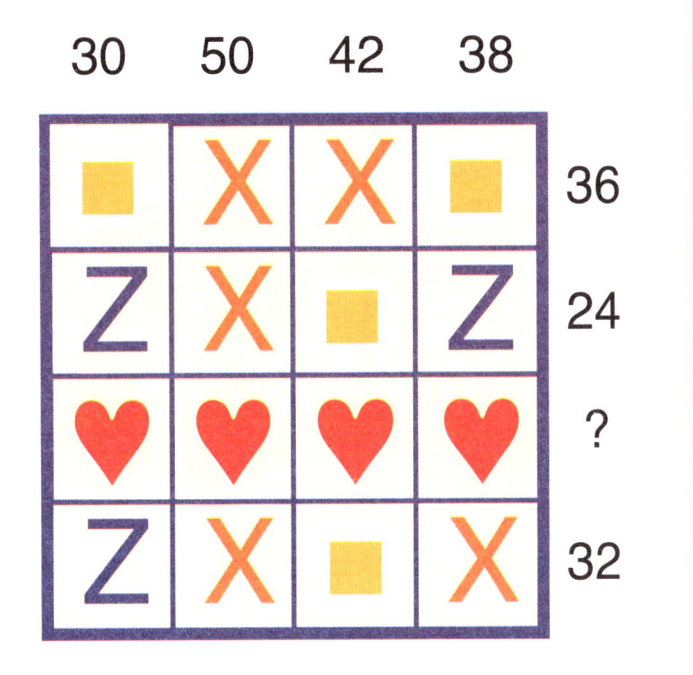

131

右边的瓷砖，如果按照正确顺序排列，可以组成一个方形，横向第 1 排的数字等同于纵向第 1 列的数字，以此类推。你能成功地组合吗？

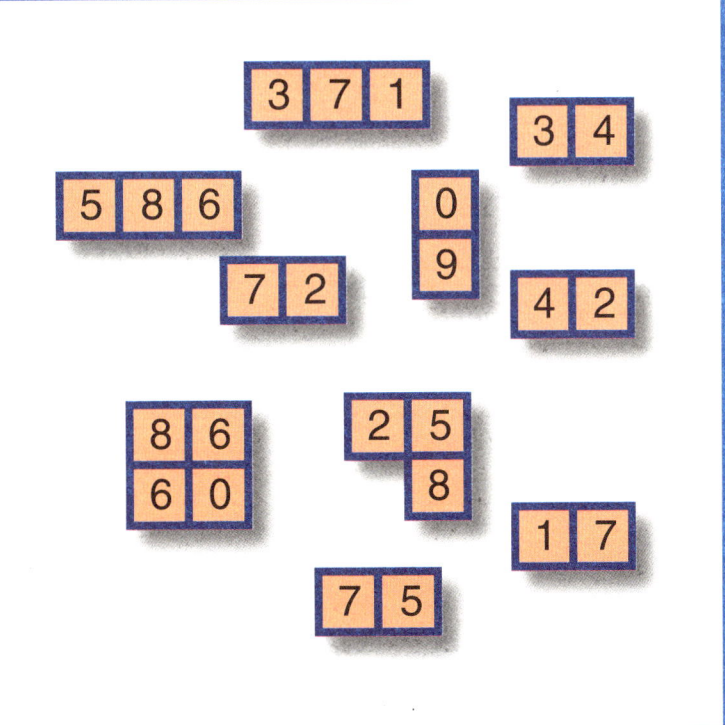

132 你能找出最后一个数字盘中问号处应当填入的数字吗？

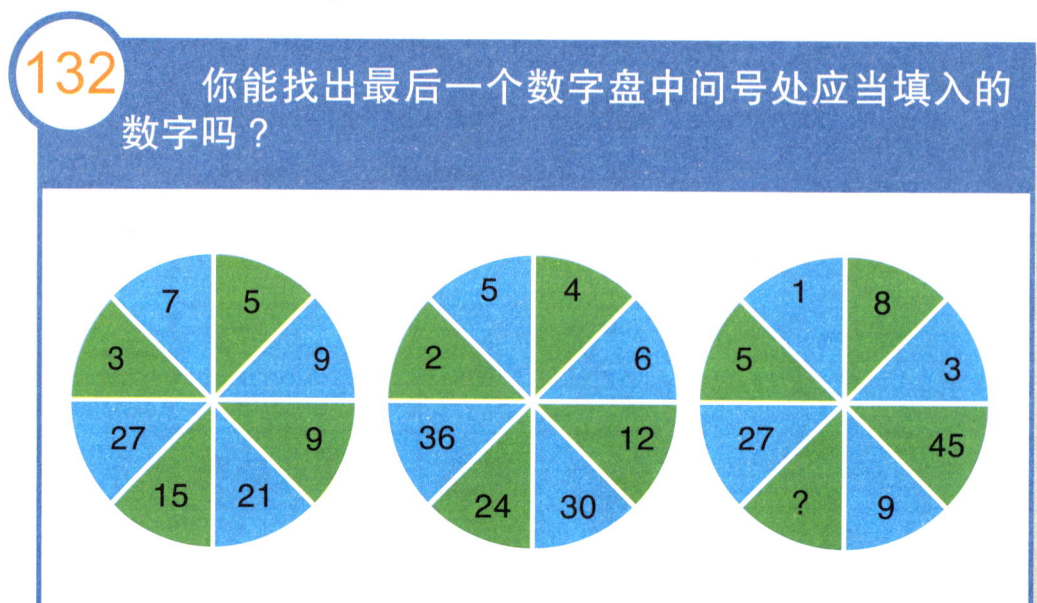

133 你能找出最后一个三角形中问号部分应当填入的图形吗？

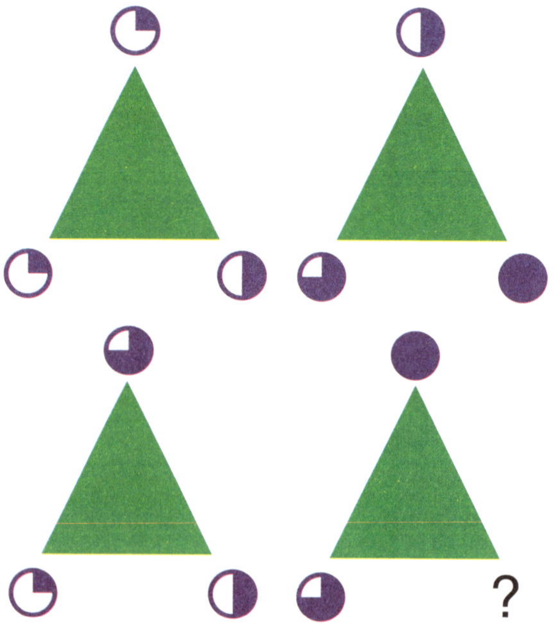

134

问号部分应当分别用什么数学符号替代才能使两个部分的值相同且大于1？你可以在"÷"和"×"之间选择。

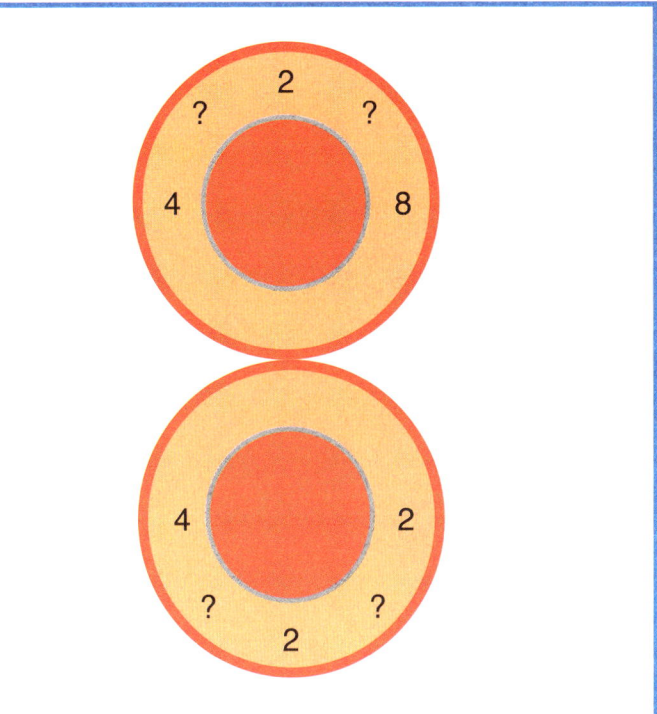

135

格子中的每一种符号代表一个数字，你能算出问号处应该填入的数字吗？

36	40	50	23	
✳	✓	✗	◯	38
✓	✓	✓	◯	41
✳	✳	✓	◯	?
✳	✳	✗	✳	37

136

四边形中有3个数学符号没有填入。从顶部开始顺时针计算，你能算出问号部分应当填入什么数学符号吗？

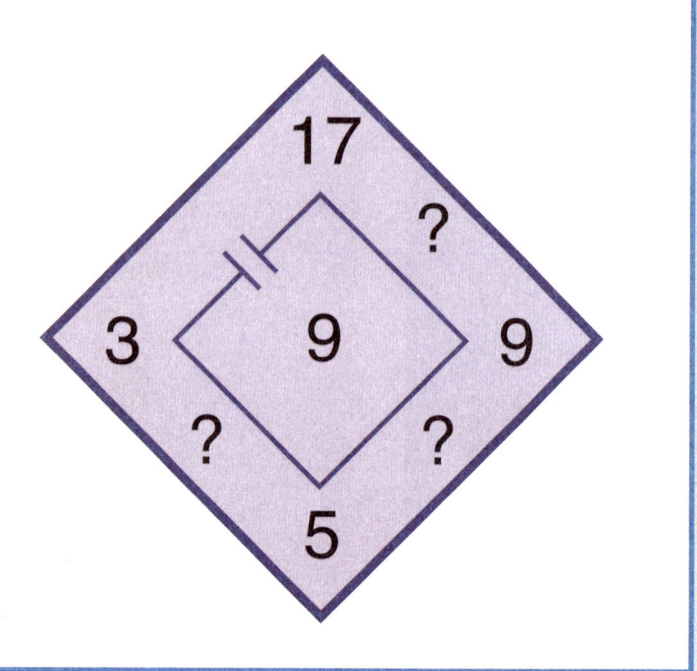

137

在以下立方体中找出含有相同符号的两个面。

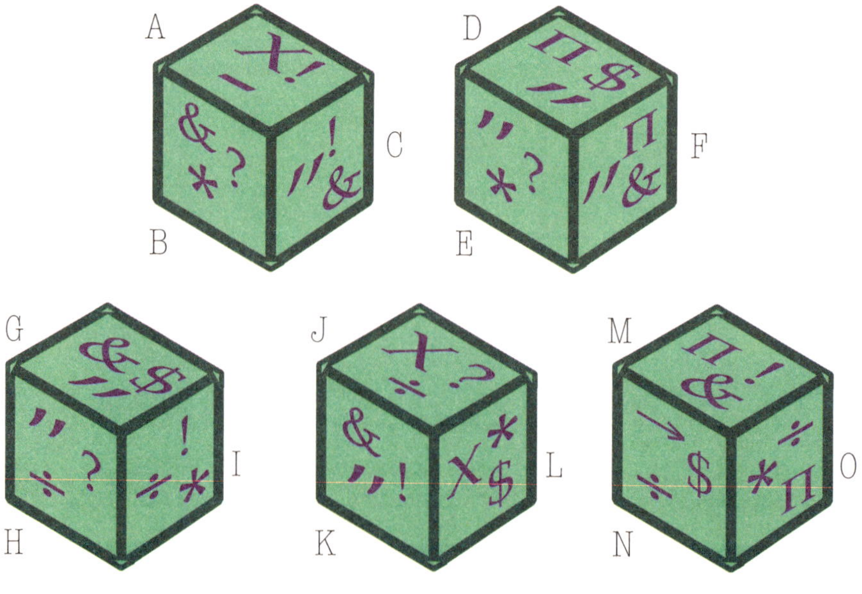

138

格子中的每种符号都代表一个数值，你能算出它们分别代表的数值以及问号部分应当填入的数字吗？

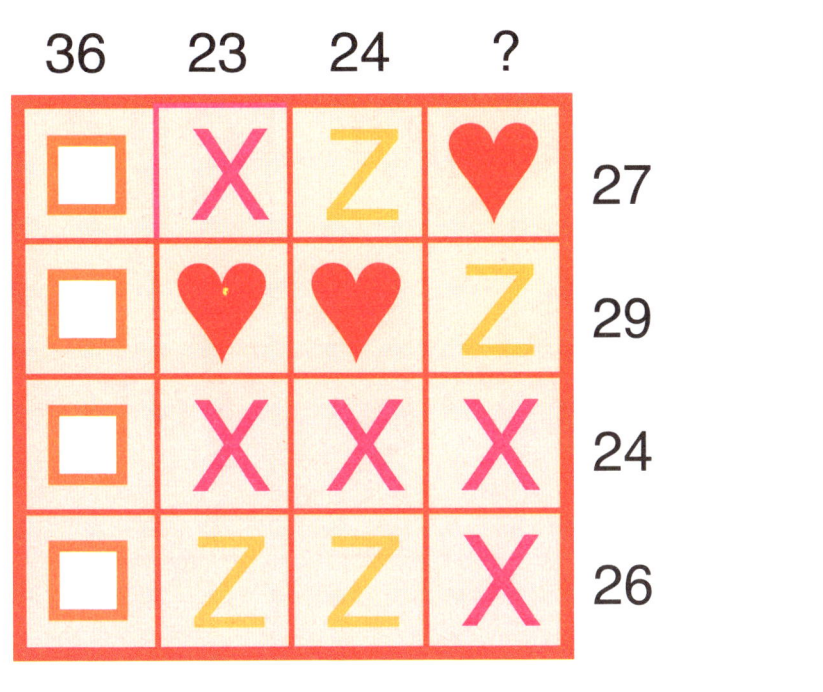

139

你能算出最后一个三角形中的问号部分应当填入什么数字吗？

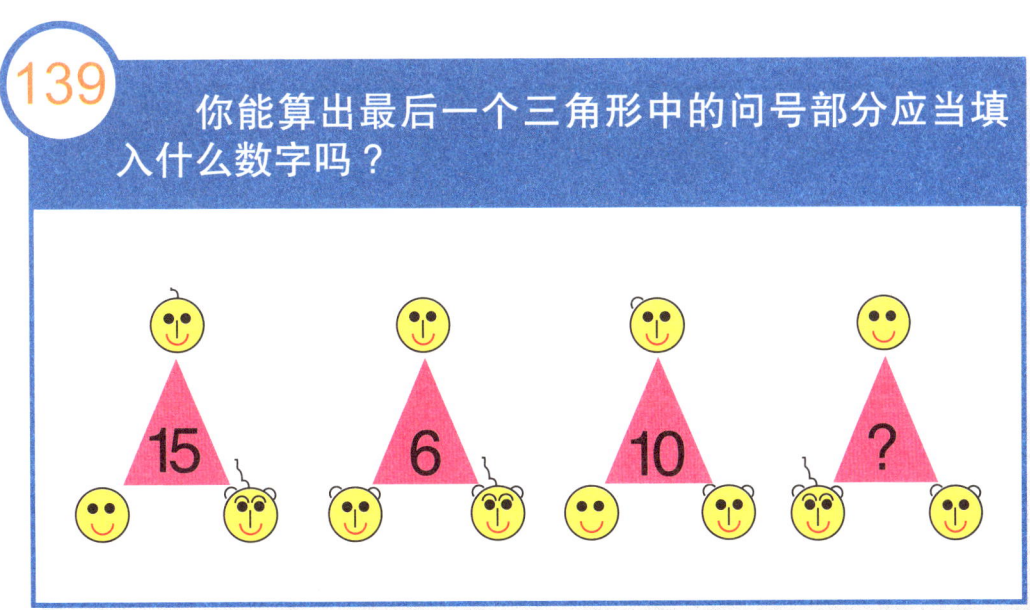

140

在以下立方体中找出含有相同符号的两个面。

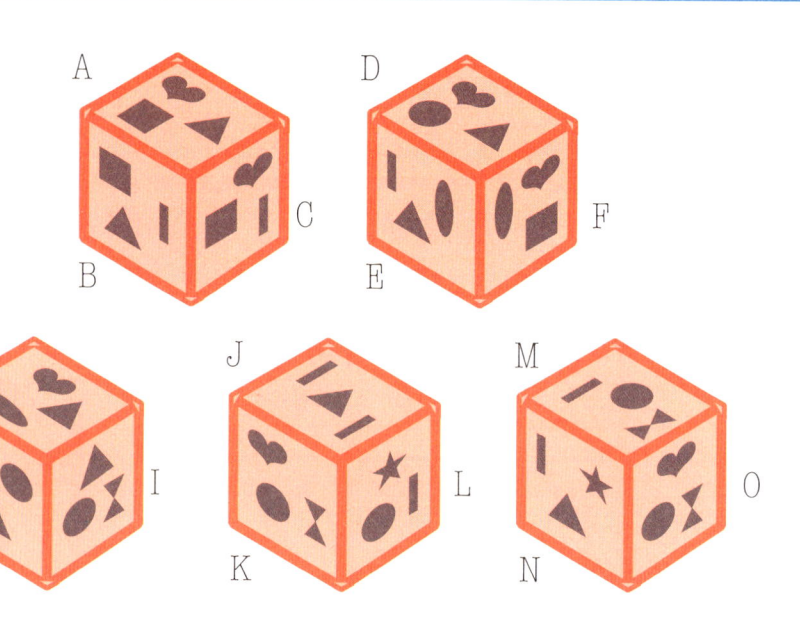

141

数字和图是根据一定的规律组合的。你能算出问号部分应当填入什么数字吗？

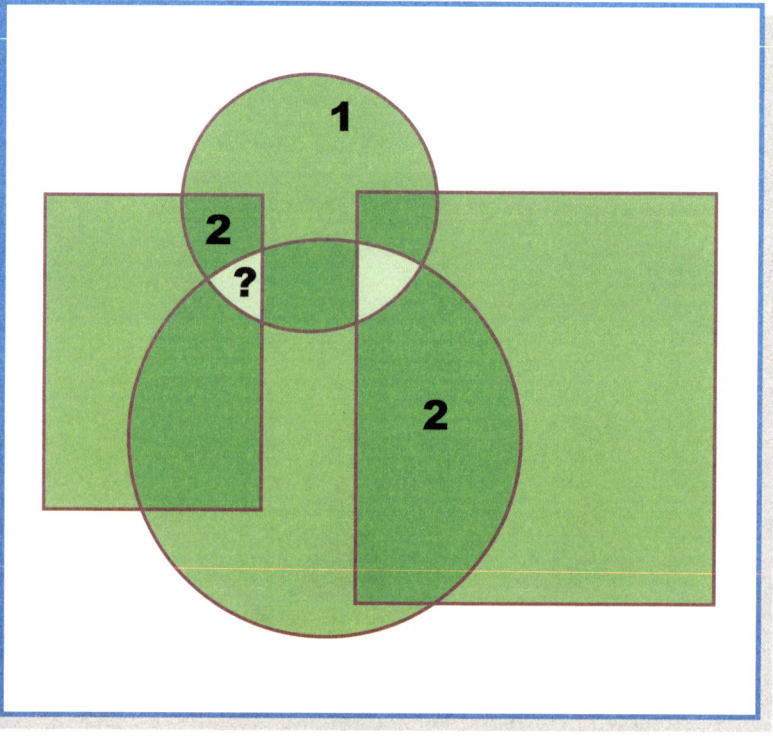

142

如果 A 对应于 B，那么 C 应对应于 D，E，F，G 中的哪一项？

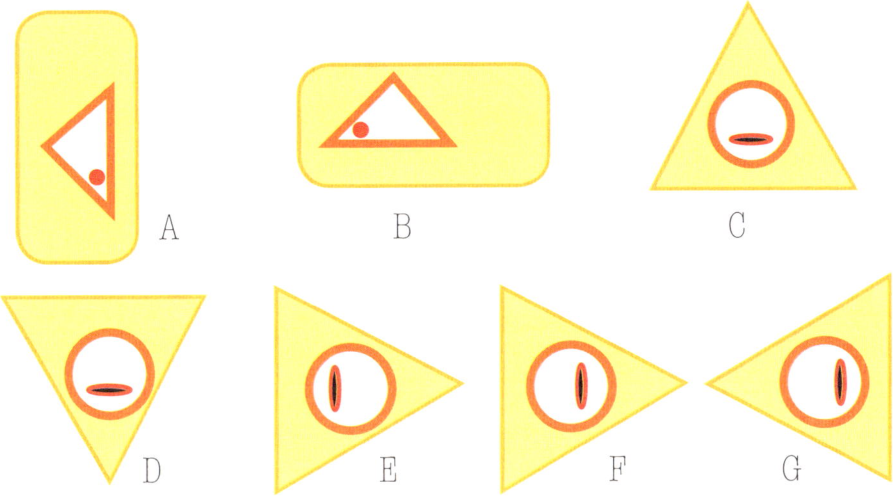

143

在颜色上你将如何继续这个数列？

144 在以下立方体中找出含有相同标志的 3 个面。

145 你能找出其中一个不同的图标吗？

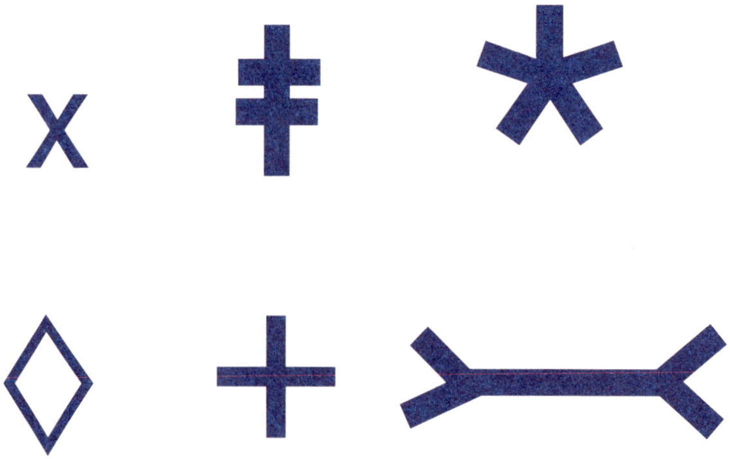

146

你能找出其中哪一个组图不同于其他各组的排列规律吗？

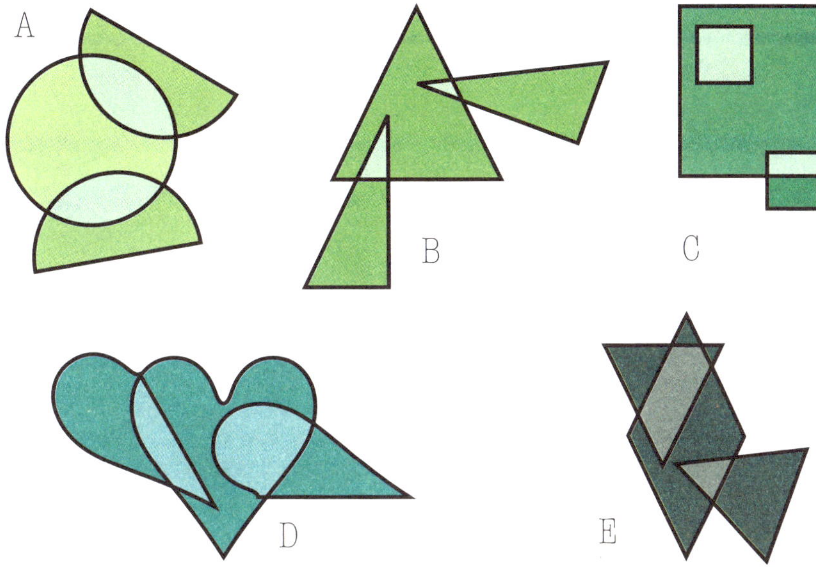

A

B

C

D

E

147

哪一幅图的排列规律不同于其他 4 幅图？

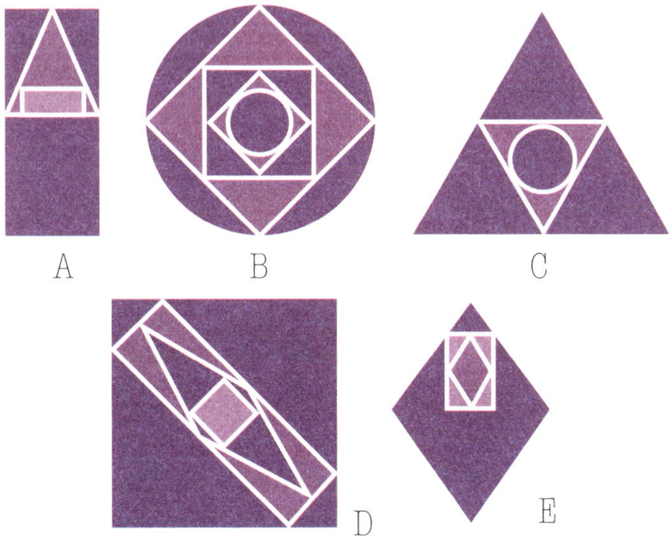

A

B

C

D

E

148 找出第 1 排中的时间排列规律，并从第 2 排中挑出一个时间用于填补第 1 排最后一个空白钟面。

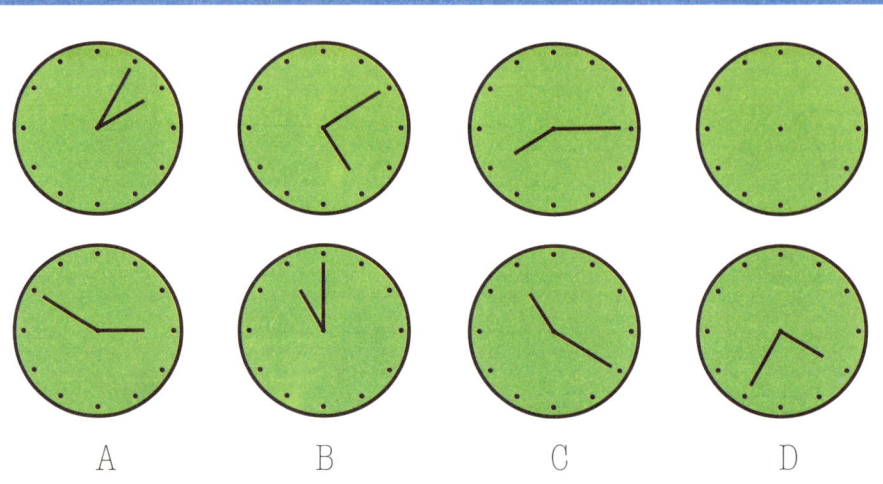

A　　　　B　　　　C　　　　D

149 图 B，C，D，E，F 中哪个图可以恰好和 A 图组成一个三角形。

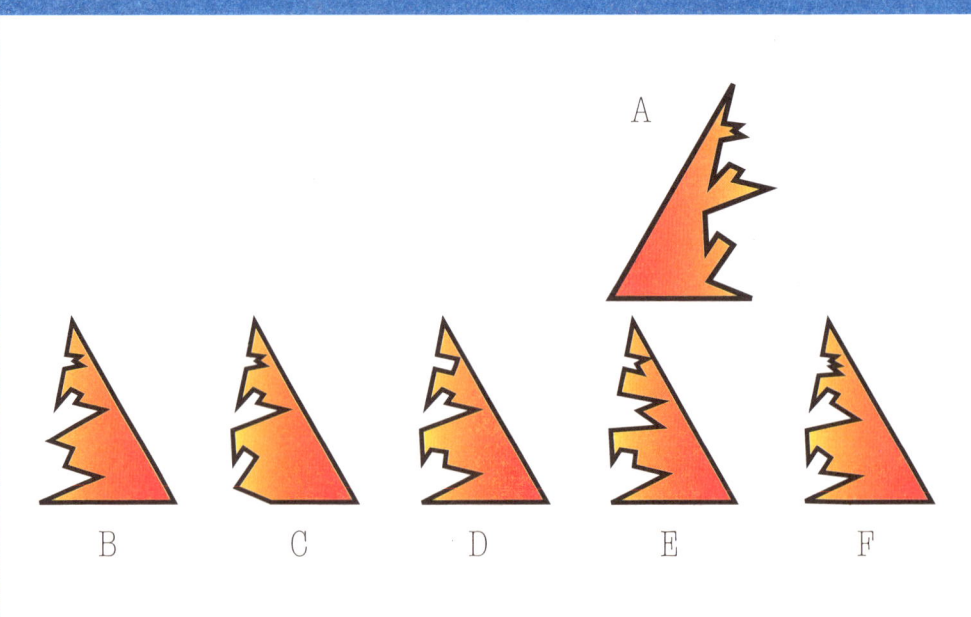

150 试着从下图中拿走4根火柴,留下8个小正方形。

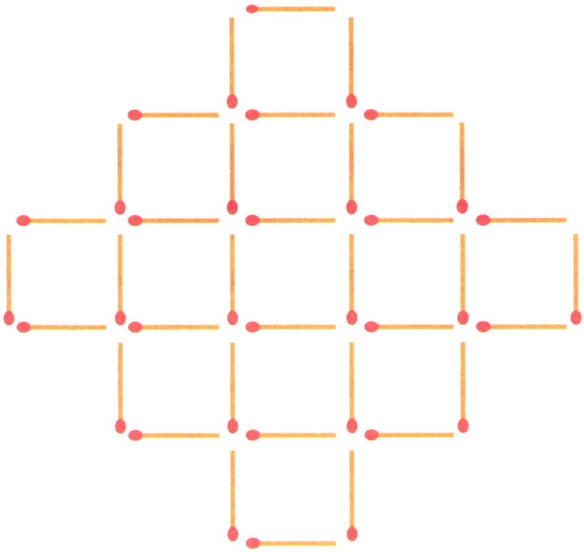

151 哪幅图不同于其他4幅?

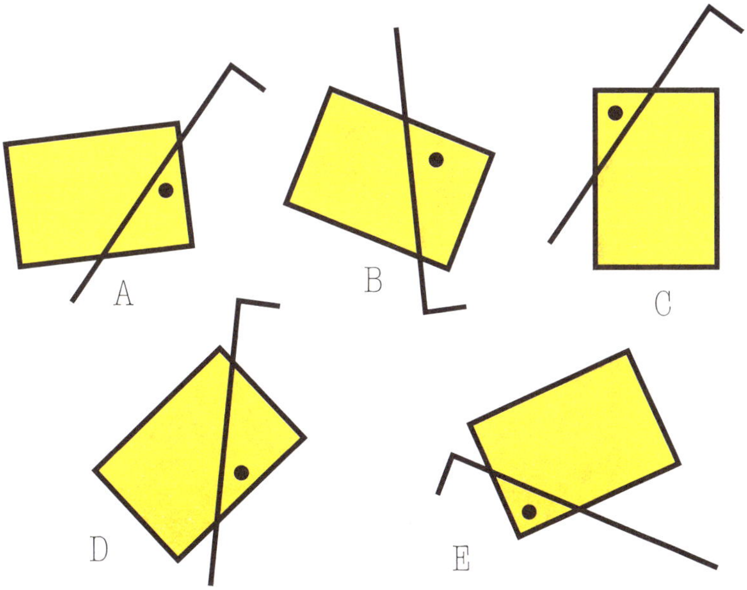

152

哪幅图不同于其他 4 幅？

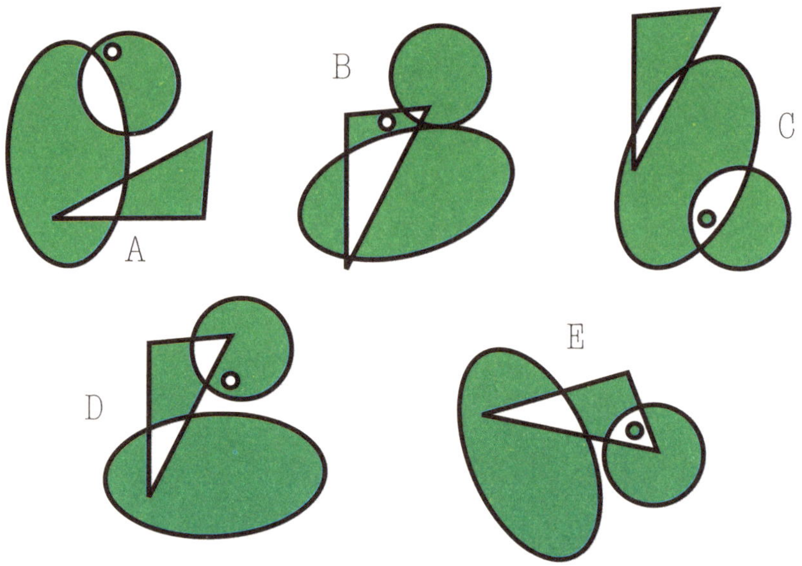

153

你能找出下图中点数的排列规律，并且在缺失部分填上适当的点数吗？

154　你能想象出下一个火柴人应该是什么样的造型吗？

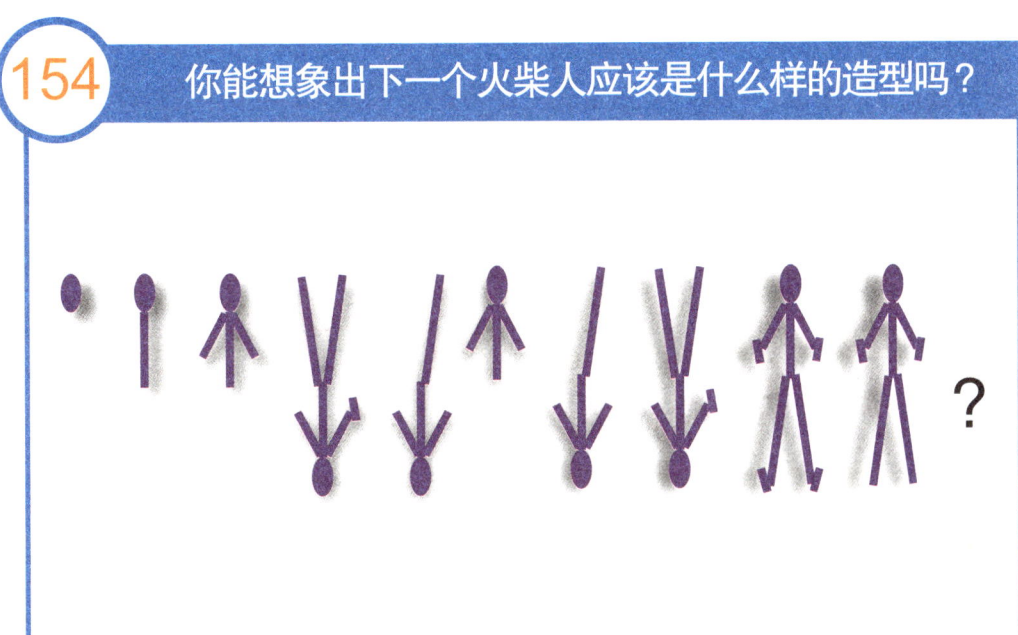

?

155

图中每一种颜色都代表一个小于 10 的 数字，根据规律找出问号部分应当填入的数字。

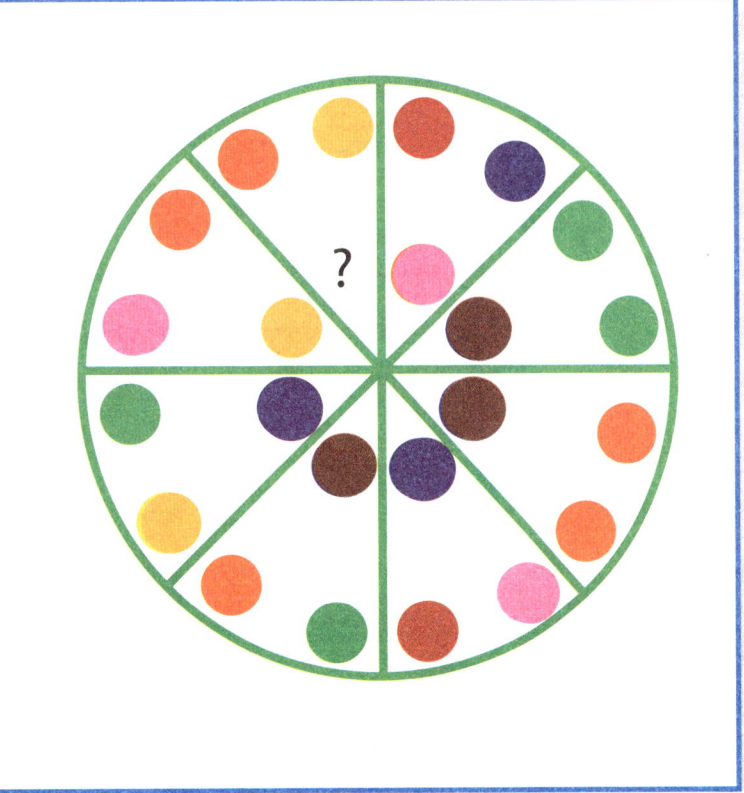

156

你能从 A，B，C，D，E 中找出不符合变化规律的一项吗？

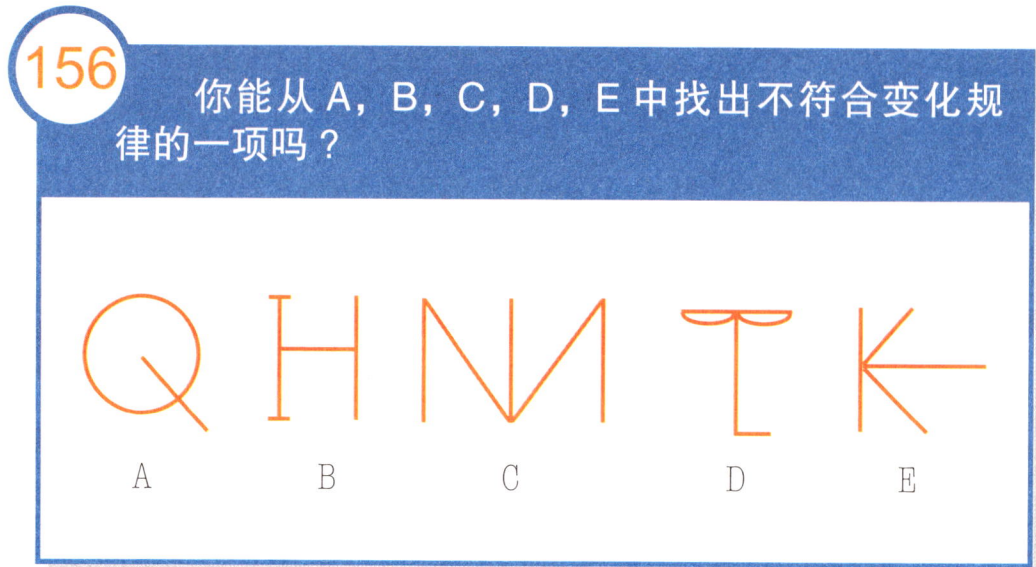

A　　　B　　　C　　　D　　　E

157

你能算出下图中问号部分应当填入的数字吗？

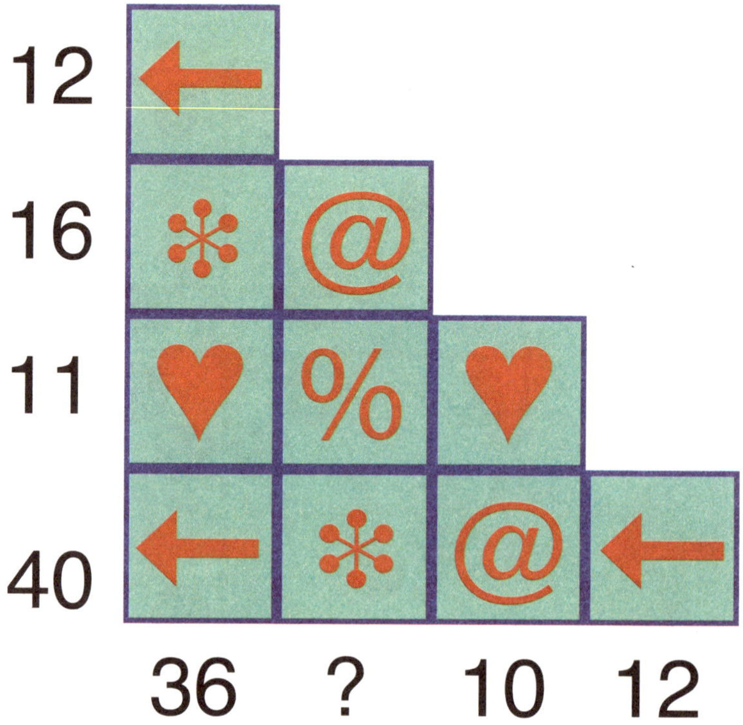

12	←		
16	✳	@	
11	♥	%	♥
40	←	✳	@	←
	36	?	10	12

158 你能找出右图的排列规律，并指出问号部分应当填入的图形吗？

159 下图哪一项是不符合规律的？

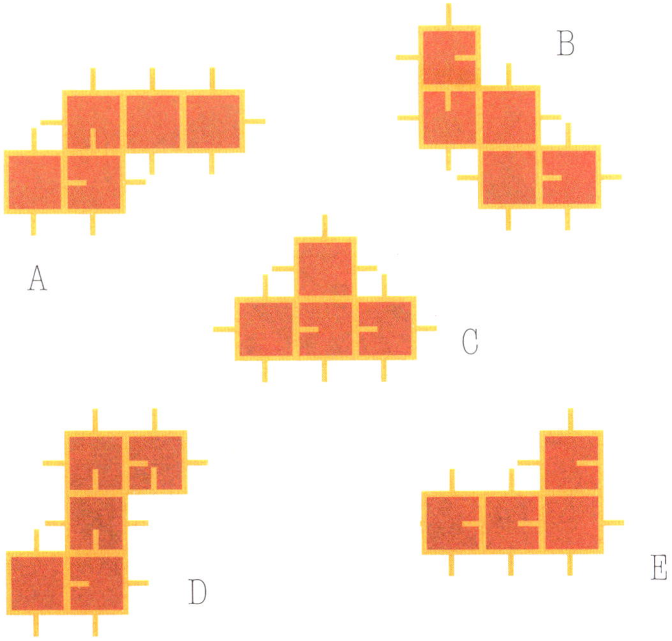

160 A，B，C，D 中哪一项是不符合排列规律的？

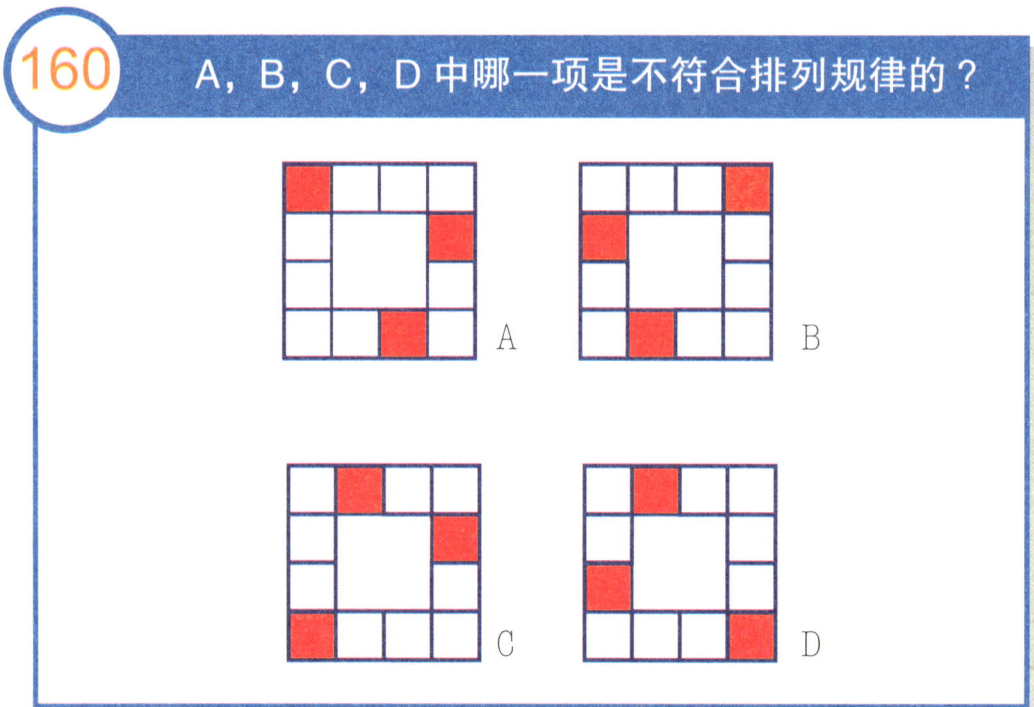

161 你能根据规律推断出问号部分应当填入的数字吗？

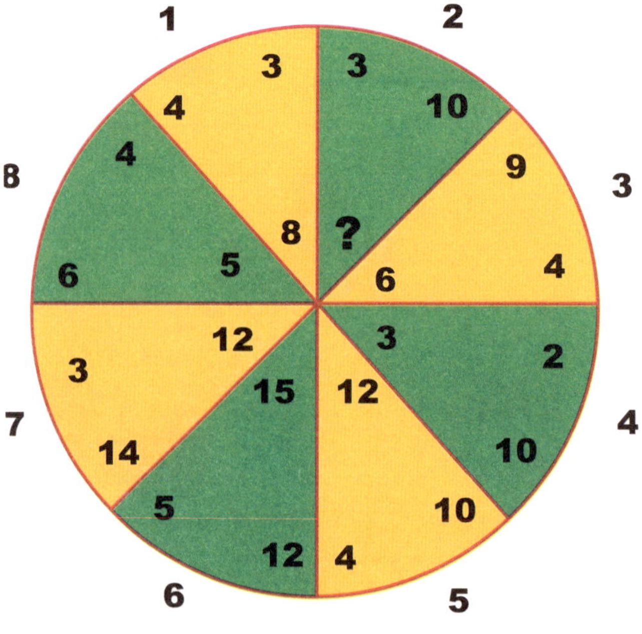

162 在这些序列中问号处应填哪些数？

A	7	9	16	25	41	?		
B	4	14	34	74	?			
C	2	3	5	5	9	7	14	?	?
D	6	9	15	27	?			
E	11	7	−1	−17	?			
F	8	15	26	43	?			
G	3.5	4	7	14	49	?		

163 以下哪一幅图不符合排列规律？

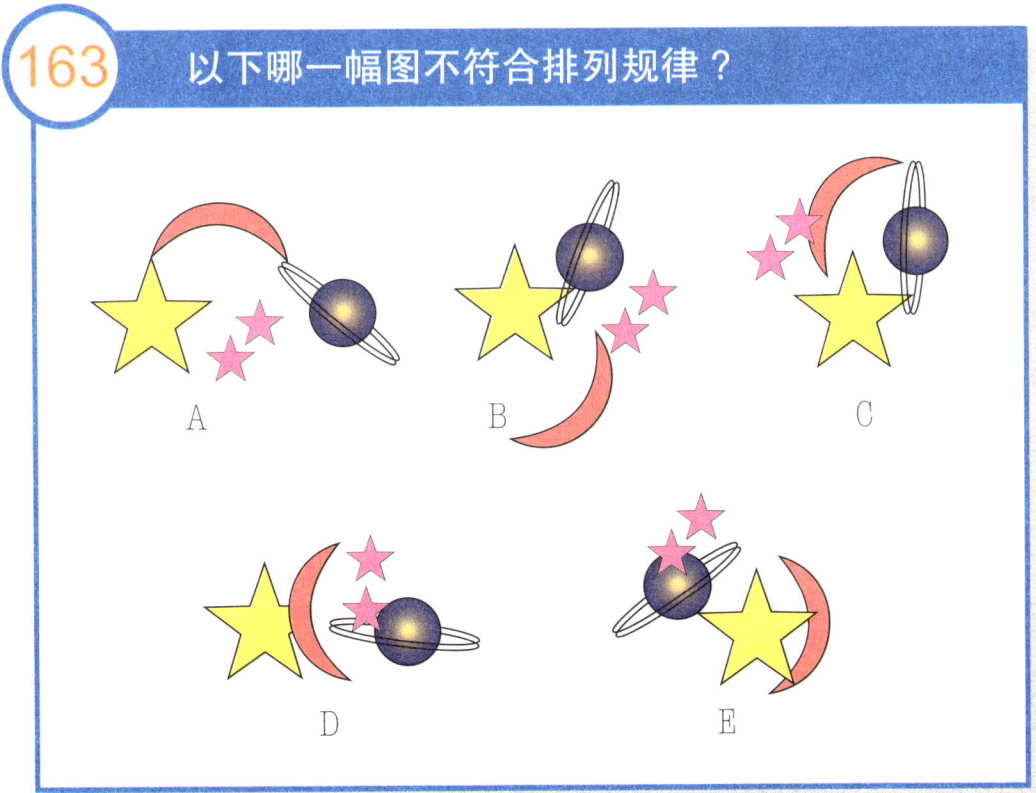

A

B

C

D

E

164

下面分别有黑白和彩色两组图案，每组有 4 幅图，每 4 幅中有 1 幅是蒙德里安（荷兰著名风格派画家）的原画，其他 3 幅都是用电脑制作的仿制品。请你分别找出这两组图案中的蒙德里安的原画。

165 如果将左下角的红色齿轮逆时针转动，图中的 4 个重物将分别怎样移动？哪两个向上，哪两个向下？

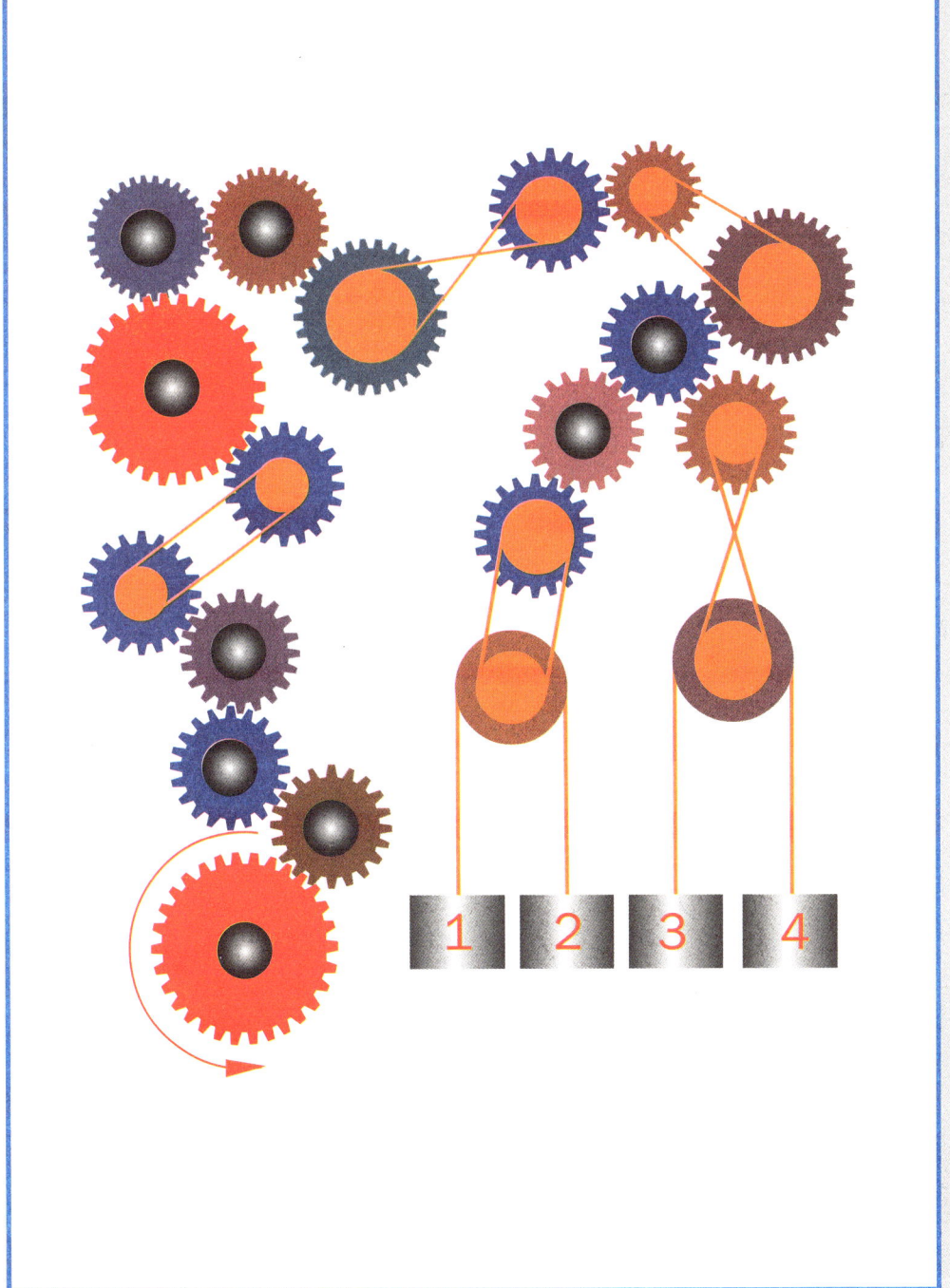

166 亚历山大城的希罗（公元前 10 年—公元 70 年）的机械发明堪称是古代最天才的发明，完全可以将希罗看作是自古以来第一个，也可能是最伟大的一个玩具发明家。

图中的开门装置是他所设计的很多种玩具和自动装置的典型代表，它最初是用于宗教目的。这个设计图复制于希罗的原图，它是一个使神殿大门能够自动开合的神奇装置。

你能说出这个装置的工作原理吗？

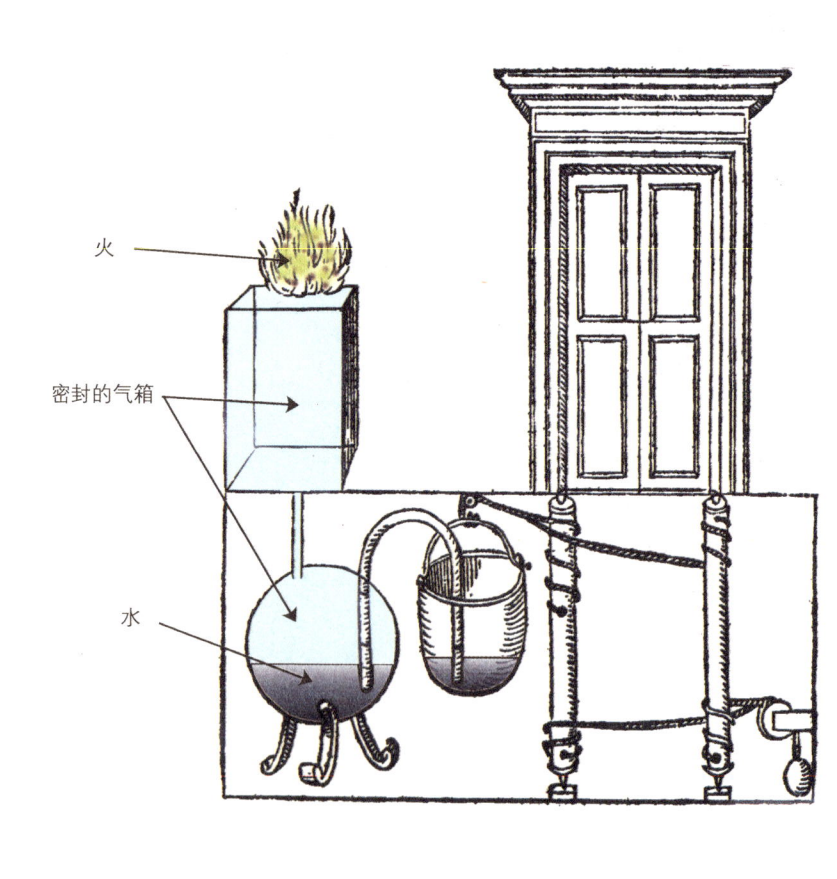

火

密封的气箱

水

167

在下边的一组面具中有一个带有生气表情的面具，看看你多久能够找出来。

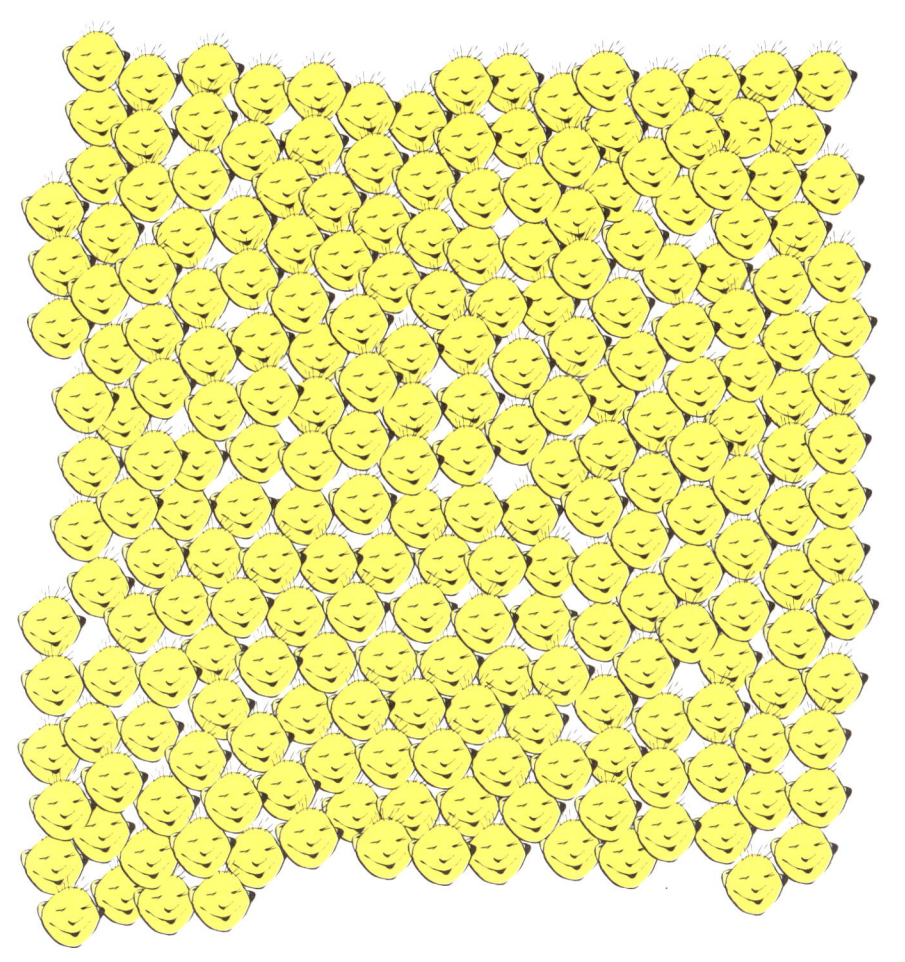

168

马蒂是一个艺术家，他的作品因能给人的视觉带来多样性而备受推崇。

如下图，请问马蒂在这 6 幅图中使用了多少种基本图形？

169

下图为 8 个相互契合的齿轮，转动其中的一个小齿轮多少圈，可以使这 8 个齿轮形成如下图中间所示的样子，即齿轮中间形成一个黑色的正方形？

图中的小齿轮都是 20 个齿，大齿轮都是 30 个齿。

170 下图是 9 个相互契合的齿轮，怎样转动可以使它们之间相接的 12 个交点处的颜色都相同？

171

　　如图所示，这 12 个相契合的齿轮周围分别都写有字母（每个齿轮中间的数字代表这个齿轮有多少个齿）。在多次旋转或者局部旋转之后，从左上方的大齿轮（红色）开始，这些齿轮连接处的字母将会顺时针拼成一句英文。

　　你能否告诉我们从现在开始到你能读出一句完整的话，最大的齿轮需要转多少圈？

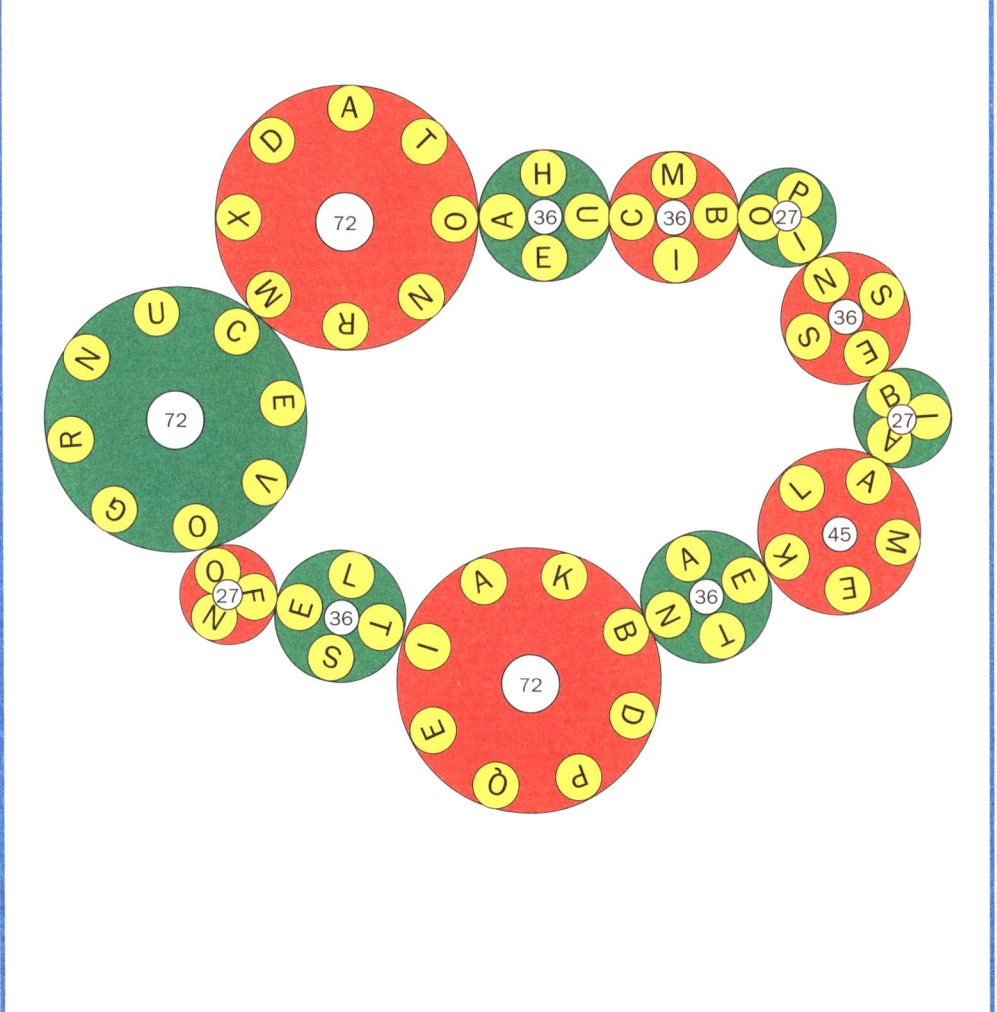

172 如图所示，每个齿轮中间的数字代表这个齿轮有多少个齿。左下方的红色小齿轮顺时针旋转一圈需要 12 分钟。2 个齿轮带可以通过移动打开 2 个开关。问这 2 个开关分别需要多久才能打开？

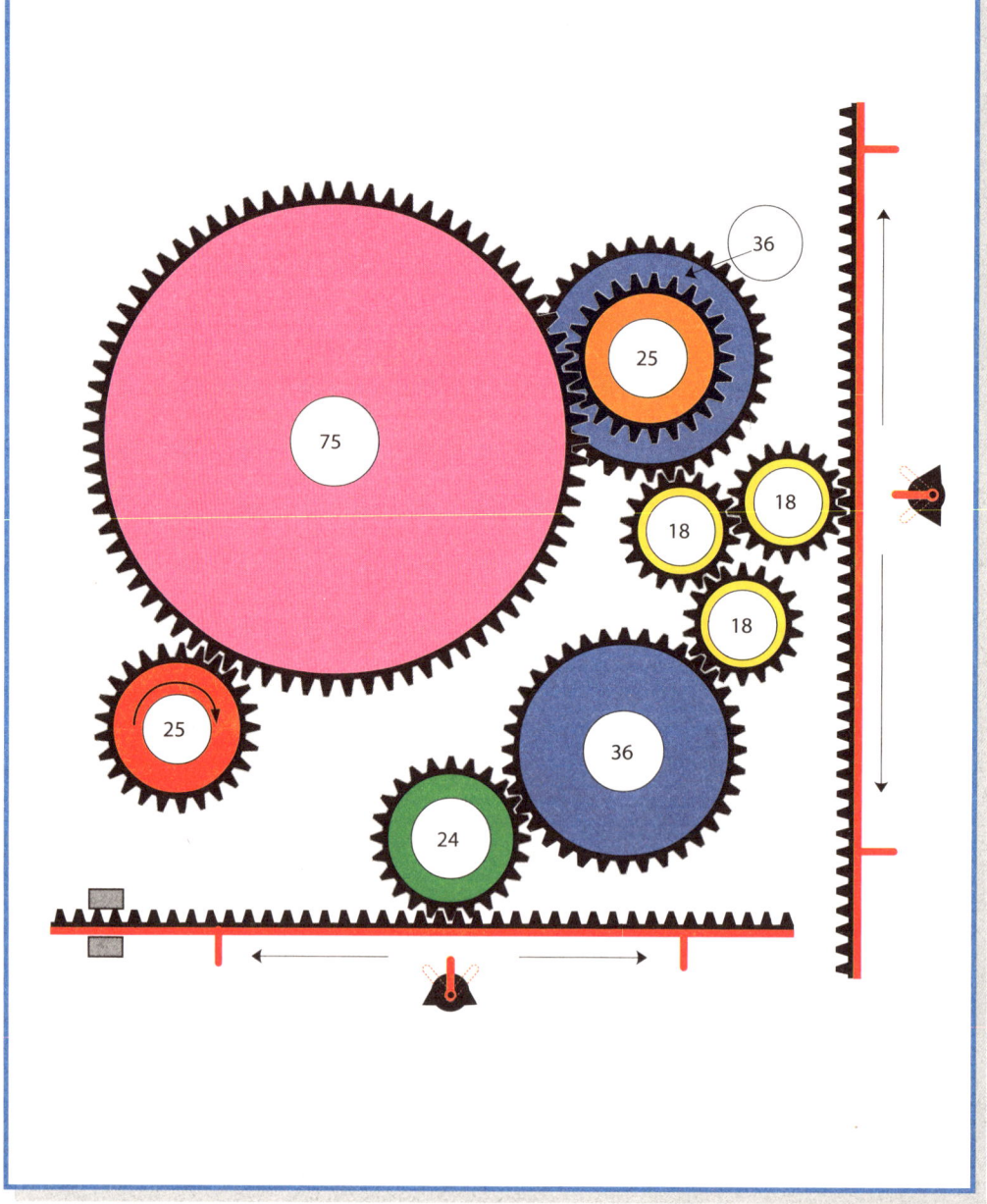

173 假设一个四面体的 4 个顶点都在一个球体内部（顶点不接触球体的边）。这个球体被沿着四面体 4 个面的平面分割成了几部分？是哪几部分呢？

174

下边的游戏界面上放了3只猫和2只老鼠，每只猫都看不见老鼠，同样老鼠也都看不见猫（猫和老鼠都只能看见横向、纵向和斜向直线上的物体）。

现在要求再放1只猫和2只老鼠在该游戏界面上，使上面的条件仍然成立，你可以做到吗？不能改变游戏界面上原有的猫和老鼠的位置。

175

　　36 个杂技演员（其中 21 个穿蓝色衣服，15 个穿红色衣服）组成了如图所示的金字塔形。这一表演需要极大的平衡力、极高的注意力，以及之前仔细精准的计划。按照某种规定，这个金字塔的组成必须包含以下几个条件：

　　1. 最下面的一排必须是 4 个穿蓝色衣服的演员和 4 个穿红色衣服的演员。

　　2. 穿蓝色衣服的演员必须要站在一个穿蓝色衣服的演员和一个穿红色衣服的演员身上。

　　3. 穿红色衣服的演员必须要站在两个穿红色衣服或者两个穿蓝色衣服的演员身上。

　　你能将他们正确地排列吗？

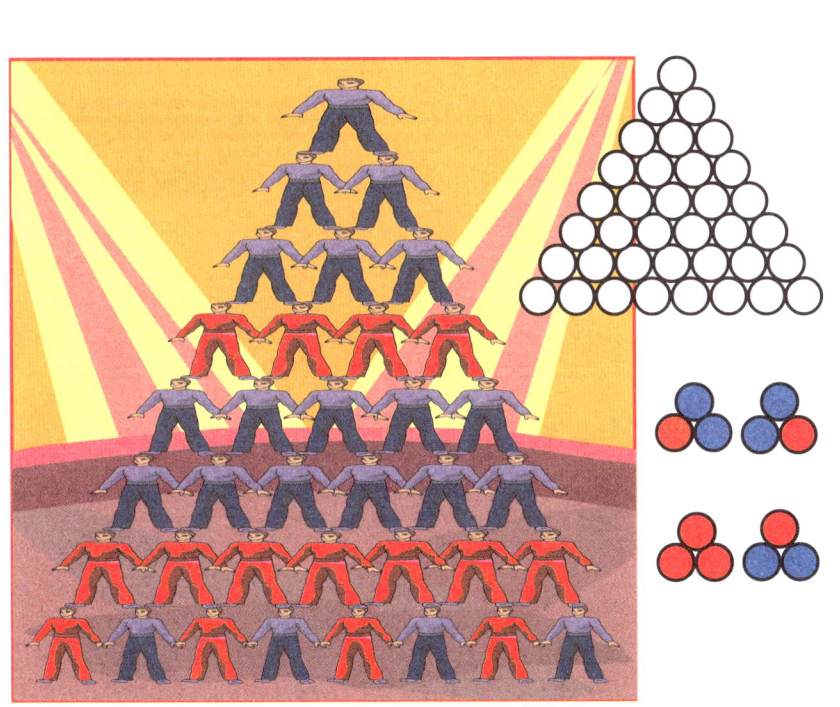

176

请你数出下图中有多少个圆点，你需要多少时间？
你能在 30 秒之内完成这个任务吗？

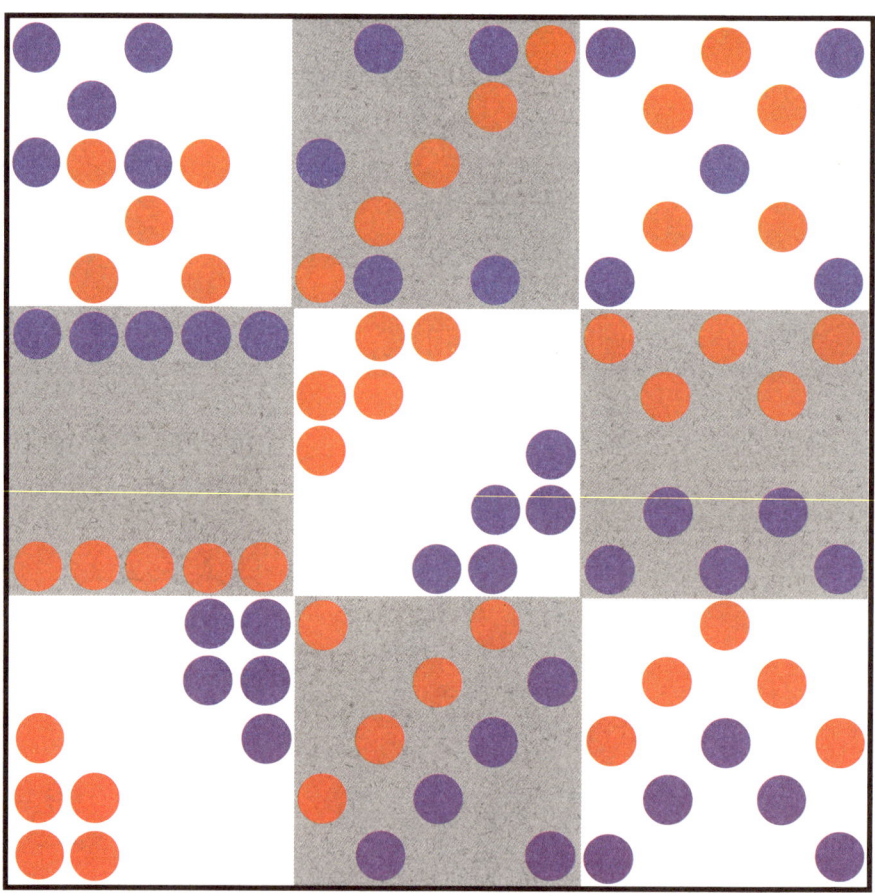

177 你能将数字 1~13 填入下图的灰色圆圈中，使得每组围绕彩色方块的 6 个圆圈之和相等吗？

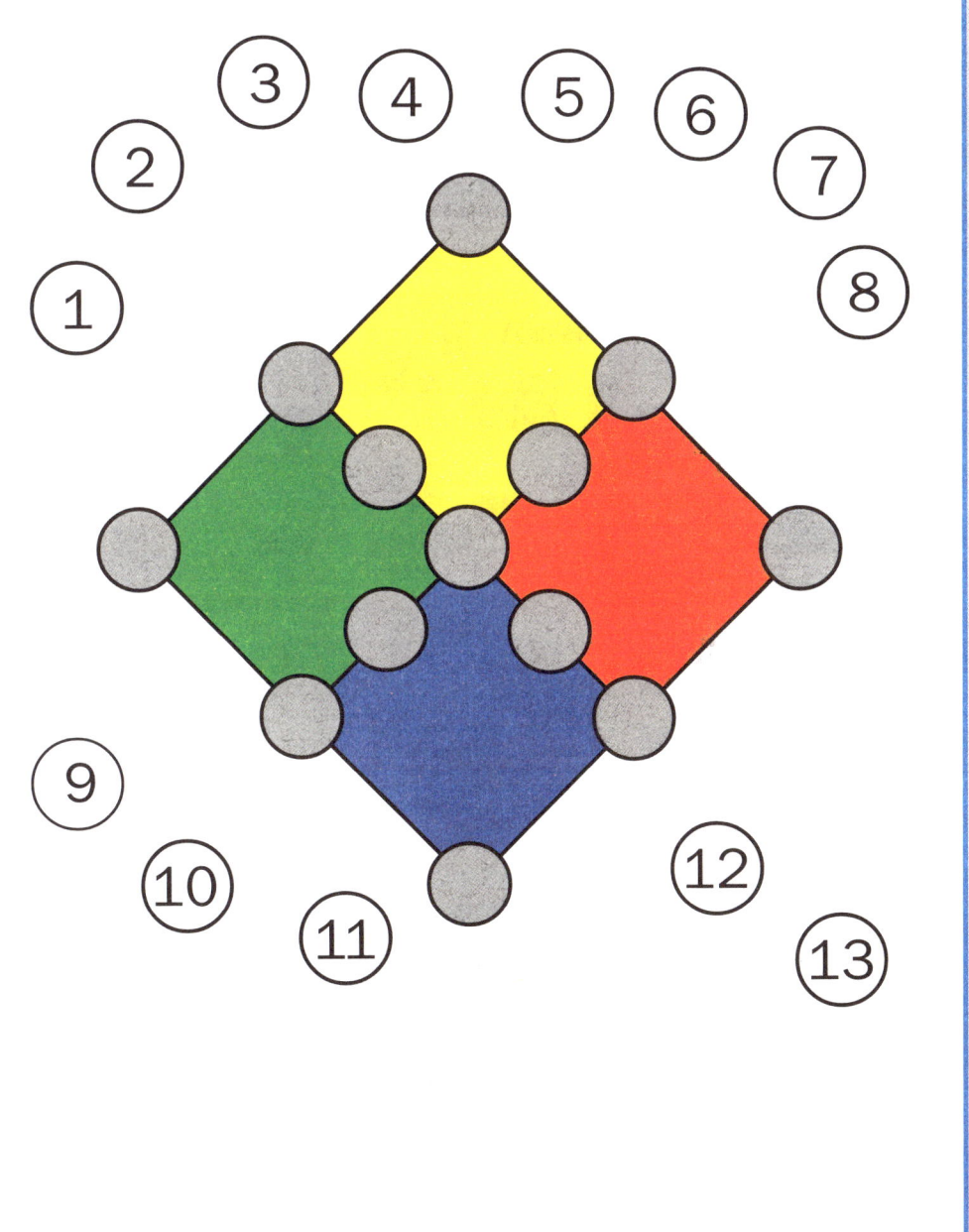

178

如图所示，红色方框里有 3 对图案，其中的每对图案中，右边的图案是左边图案的底片，也就是说每一对的两个图案应该是相互反色的。

现在把蓝色方框里 A，B，C 图案中的 1 个覆盖在红色方框每对图案中右边的图案上，都能够使红色方框里的图案满足上面的条件，即每一对的两个图案相互反色。

问：应该是 A，B，C 中的哪一个？

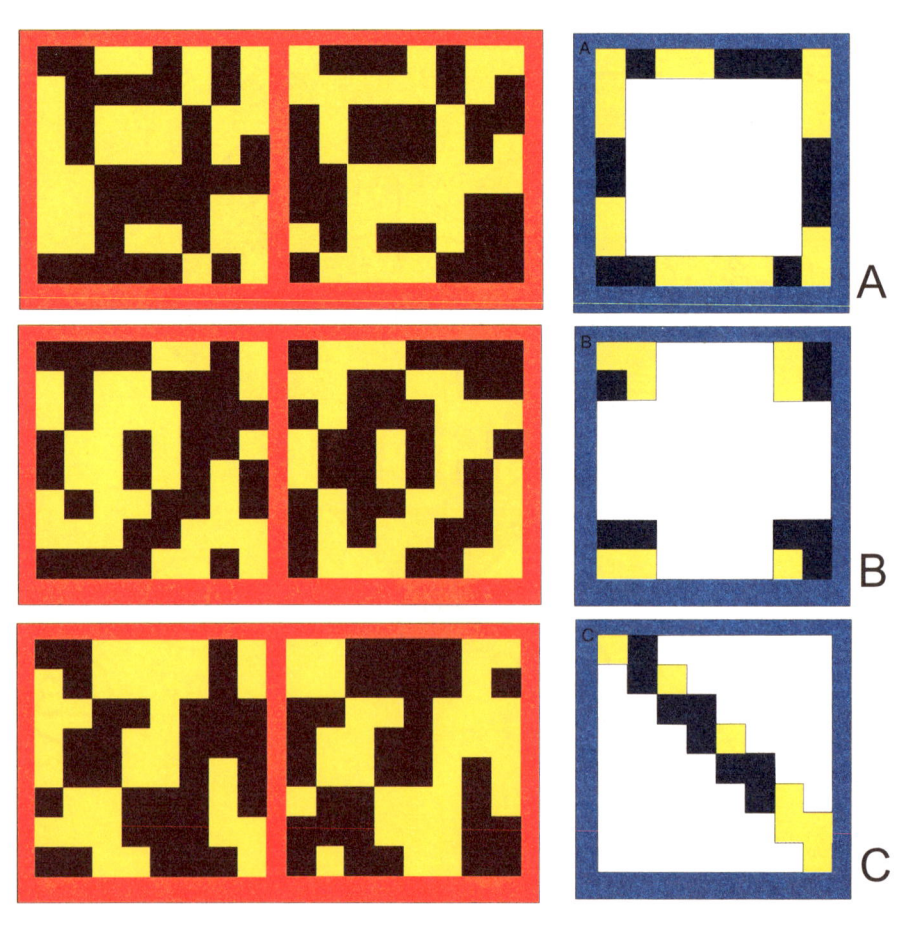

179

你可以用七巧板拼出 1 个三角形、6 个四边形、2 个五边形，还有 4 个六边形吗？

这 13 个多边形的轮廓现在已经给出了。

正方形已经拼好，你能用七巧板拼出另外 12 个图形吗？

180 下边的所有图形都是用七巧板拼起来的。你可以拼出来吗？

181

如图所示，有 8 个多格拼板，其中有 1 个多米诺拼板（即由 2 个大小相同的正方形组成）、2 个三格拼板和 5 个四格拼板。

5 个四格拼板的总面积为 20 个单位面积。请问你能将它们正好放进 4×5 的长方形中吗？

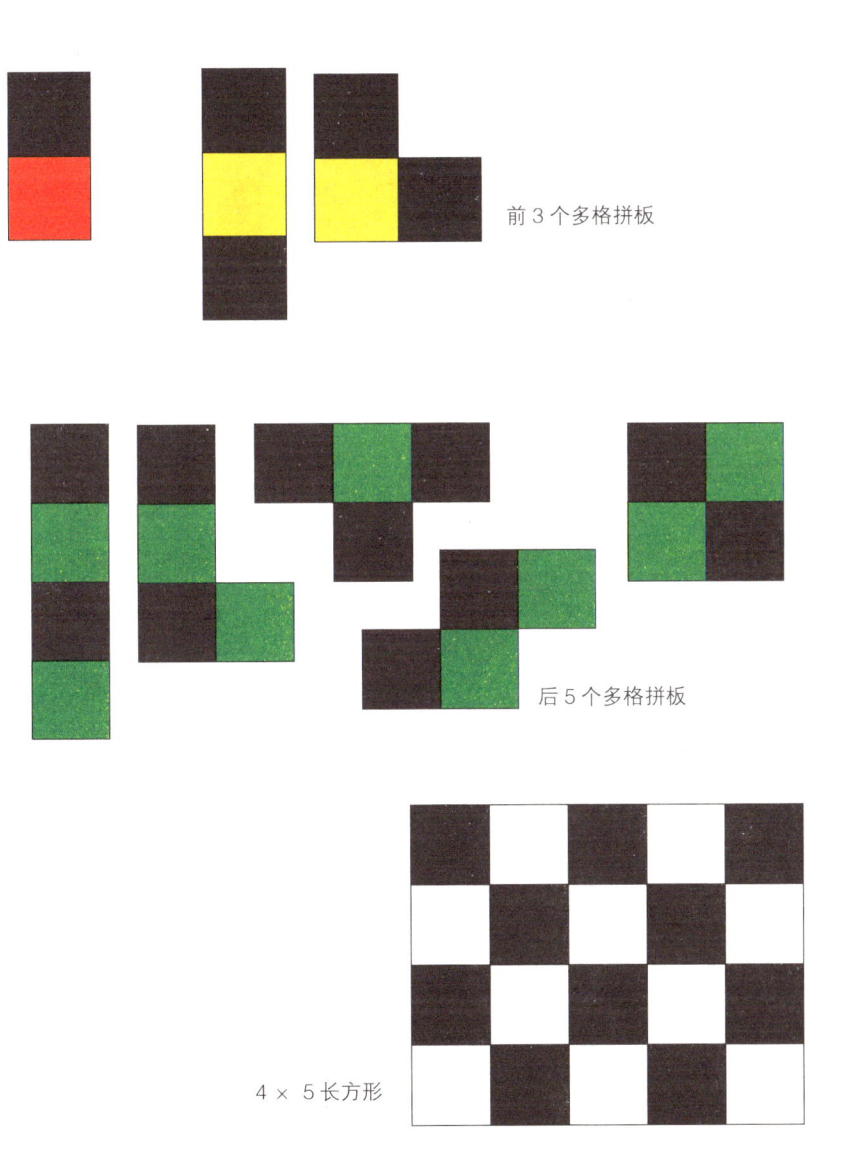

前 3 个多格拼板

后 5 个多格拼板

4 × 5 长方形

182

一个立方体的底被分成了 6×6 的格子，格子有黑白两种颜色。

通过从 4 种不同的角度看这个立方体（如图所示），你能够把完整的格子图案画进空白格子里吗？

183

试着将下边这 7 个拼板重新组合成一个大正方形，使这个正方形每一行和每一列的 7 个小正方形颜色都不同。

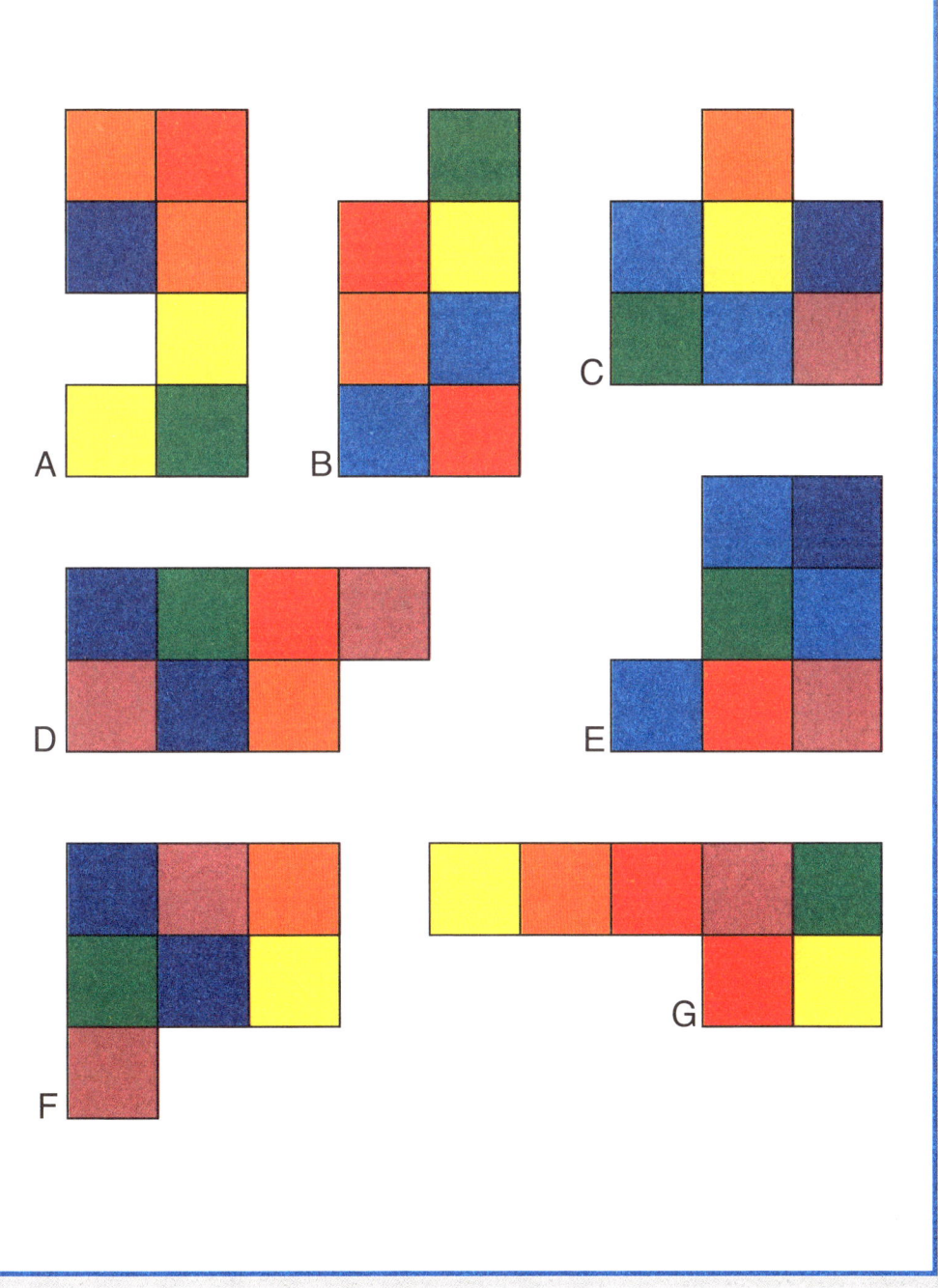

184

让 8 位骑士围坐在圆桌边，每个人每次都要与不同的人相邻，满足这一条件的座位顺序一共有 21 种。现在已经给出了 1 种。用 1~8 这 8 个数字分别代表 8 位骑士，请你画出其他的 20 种座位顺序。

185

　　现在你手上有 3 种颜色的珠子——红、绿、黄。将这些珠子串成项链，每条项链由 5 颗珠子组成，这 5 颗珠子中有 2 颗是同一种颜色，2 颗是另一种颜色，剩下 1 颗是第 3 种颜色。

　　按照这一规则一共可以串出多少条符合条件的项链？

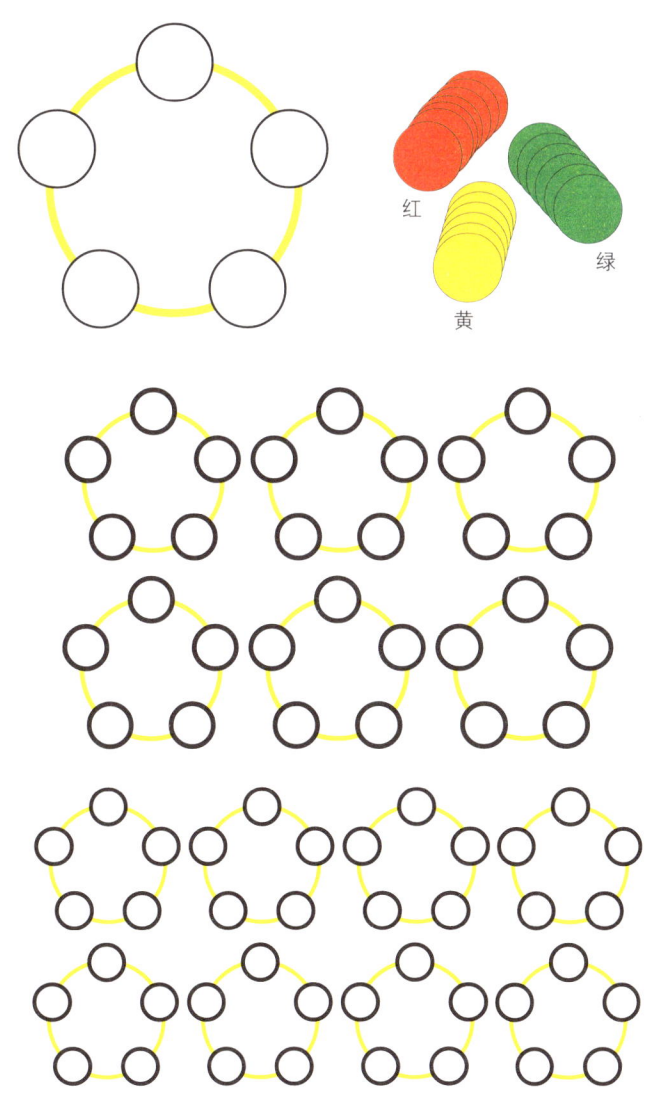

186

现在你有 4 种颜色的珠子，要求你将这些珠子串成一条项链，使你无论沿着顺时针方向还是逆时针方向，图 2 所示的 16 种珠子组合都会在项链上出现一次。

图 1 的项链是由 32 颗珠子组成的，但是你会发现在这条项链上 16 对珠子组合中的好几对都出现了不止一次。现在的问题是，满足条件的项链最少应该由多少颗珠子组成？

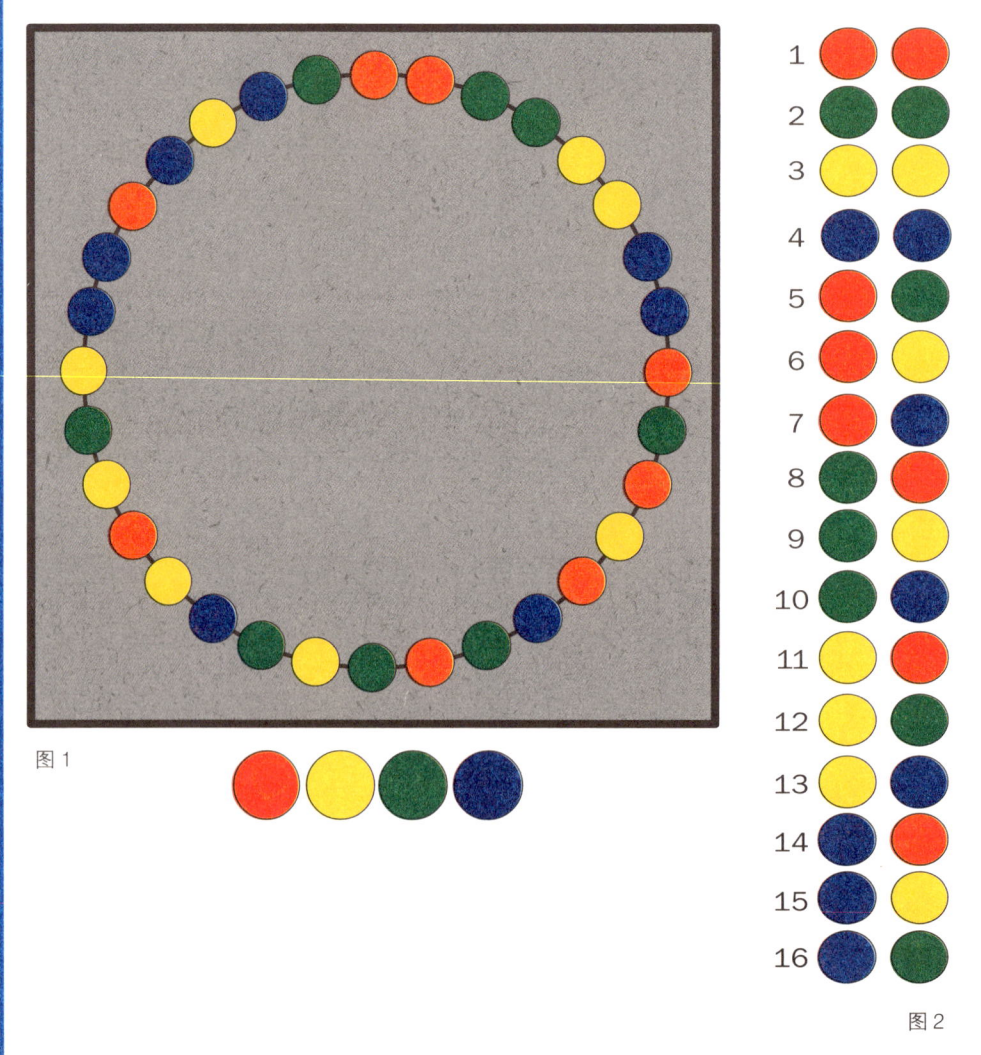

图 1

1
2
3
4
5
6
7
8
9
10
11
12
13
14
15
16

图 2

187

常常可以在儿童游乐场看到平衡游戏板，它非常有趣。我们这里的思维游戏就和它有关。

相等的重物（这里用红色圆圈表示）放在游戏板上的某些空白处（用白色圆圈表示）。

请问如果该游戏板的支点在它的中心（图中黑色圆点处），那么还需要在游戏板的哪些空白处增加多少个重物才能使它保持平衡？

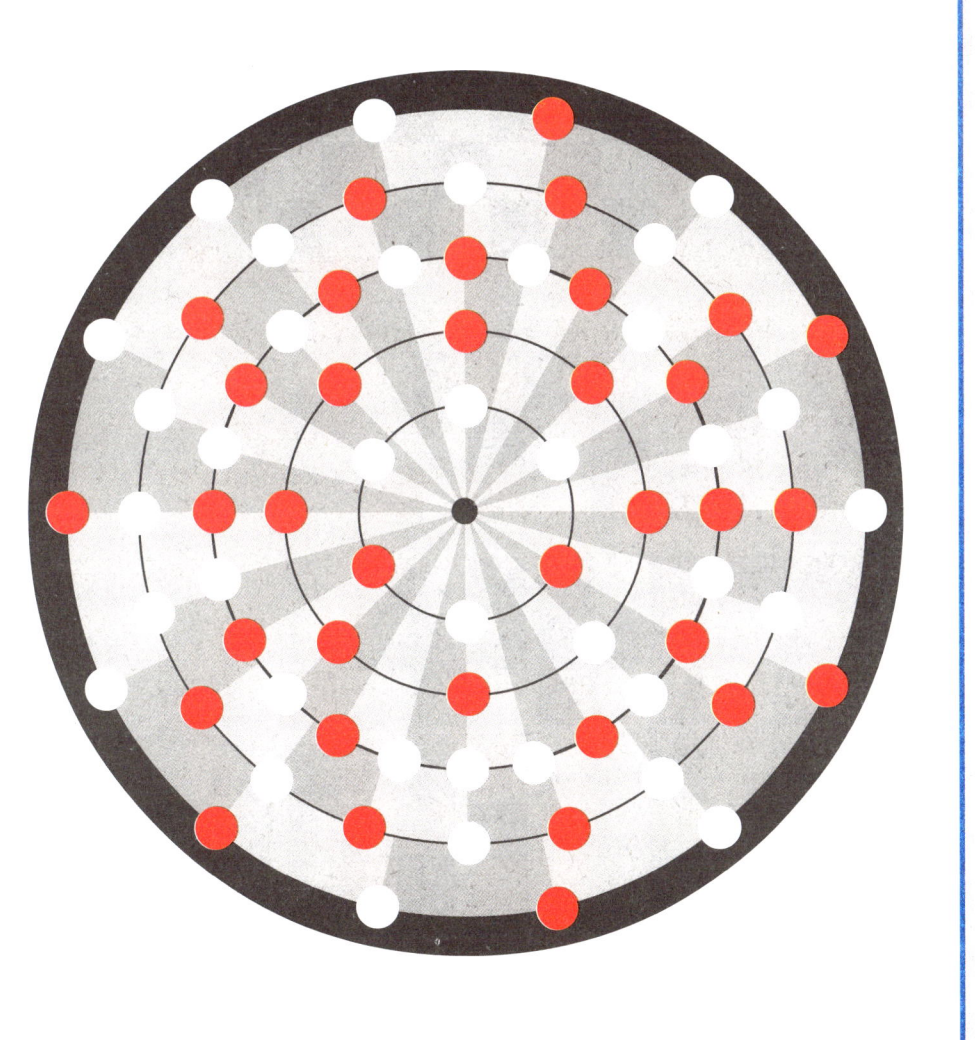

188 把棋盘分割开，用分出来的碎片拼出下面的英文单词，并且，每个单词后面都有一个小圆点。

189

将下面的单格拼板、T 形的四格拼板和 L 形的三格拼板拼成一个对称的图形，见图 1。

拼出的图形既可以是轴对称图形也可以是中心对称图形，用这 3 个拼板你能拼出多少个对称图形？ 一共可以拼出 17 个对称图形，是不是超出了你的想象？在另外的 16 个图形中，我们已经给出了单格拼板的摆放位置，你能否将这些图形补充完整？注意：拼板格的颜色不用对称。

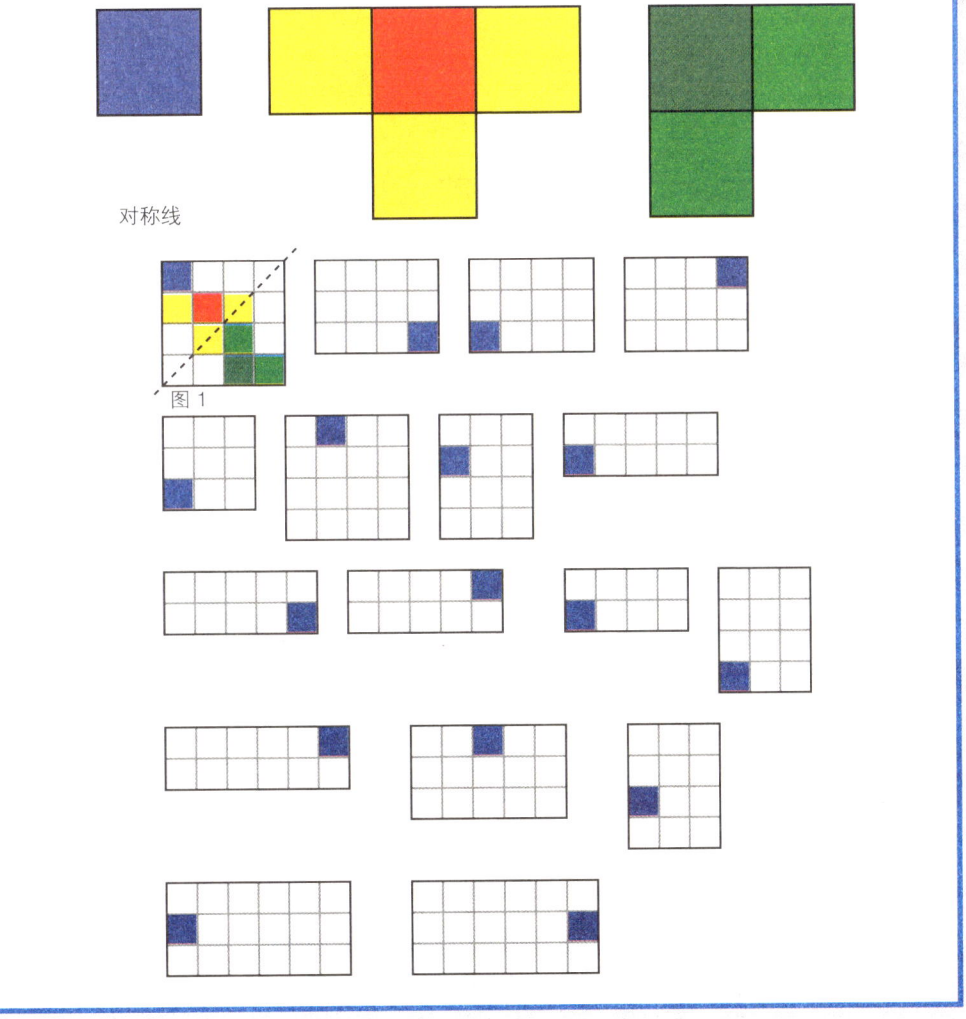

对称线

图 1

190

六格拼板是包含 6 个格子的多格拼板。

六格拼板一共有 35 个，它们可以覆盖一个 15×15 的正方形，中间留下一个 3×5 的矩形（黑色部分）。

你能将所给出的 12 个六格拼板填入下面的拼图中，将拼图补充完整吗？

191

下面是 12 个五格拼板，你能否将它们正好放进右边的表格中，只留下中间 4 个黑色的格子？允许旋转拼板。

192

如图所示，8 个可以滑行的小球悬在一个横框下面，它们可以滑行到 11 个齿的任何一个下面。一共有 4 种不同重量的小球：

黄色小球：1 单位重量；

红色小球：2 单位重量；

绿色小球：3 单位重量；

蓝色小球：4 单位重量。

在下面的 4 个问题中，横框的右边已经分别悬了 3 个小球。请你将左边的 5 个小球悬到横框的左边（包括横框中间的齿），使横框保持平衡。红色实线右边不允许再悬挂小球。

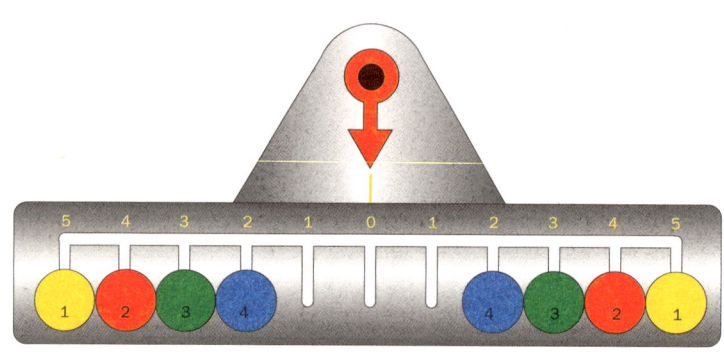

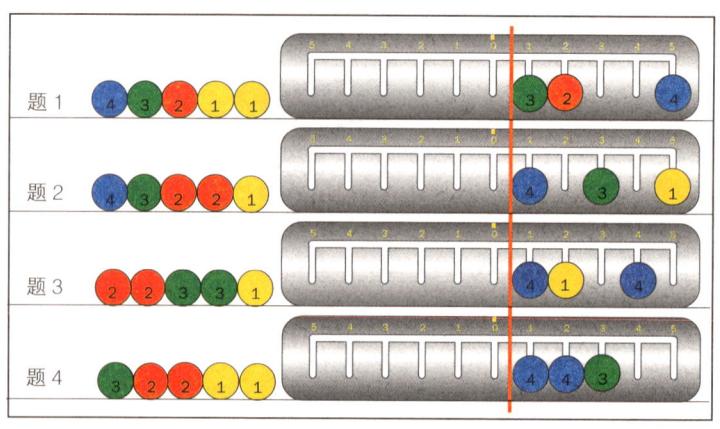

193

如图，这个转盘的外环有 11 种动物。请在转盘的内环也分别填上这 11 种动物，使这个转盘能满足下列条件：无论转盘怎么转动，只可能有一条半径上出现一对相同的动物，而其他的半径上全部是不同的动物。问满足这种条件的排序一共有多少种？

194 如图所示，请你把游戏板外面的 16 个六边形放入游戏板中，使游戏板内的黑色粗线连成一个封闭的图形。各个六边形都不能旋转。更具有挑战性的是，16 个六边形中每两个相邻的六边形颜色都不能相同。

195

对于古希腊人来说，数字就是一切。在我们今天的艺术展览中，数字就是艺术。

有些艺术家喜欢偶数，另外一些则喜欢奇数。

看下边的这几幅作品，不通过计算，仅凭直觉，你能否说出哪些是偶数，哪些是奇数？

196

请你选出 10 个小于 100 的正整数。然后从这 10 个数中选出两组数，使得它们的总和相等。每一组可以包含一个或者多个数，但是同一个数不能在两组中都出现。请问是否无论怎样选择，这 10 个数中总是可以找到数字之和相等的两组数呢？

下面是一个例子：

1　**2**　4　6　11　24　**30**　**38**　69　99

　　2　　　　　＋　　　　**30 ＋ 38**　　　　＝ **70**

1　　　　　　　＋　　　　　　　　69　　＝ 70

197 按如下规则填满这个魔方网格：每种颜色在每一行、列中只出现一次，你能办到吗（可以有多种解法）?

198 你可以用几种方法把 1 个正方形分割成 6 个相似的等腰直角三角形?

有 27 种不同的答案,其中的一些已经列出来了。你还可以找到其他的吗?

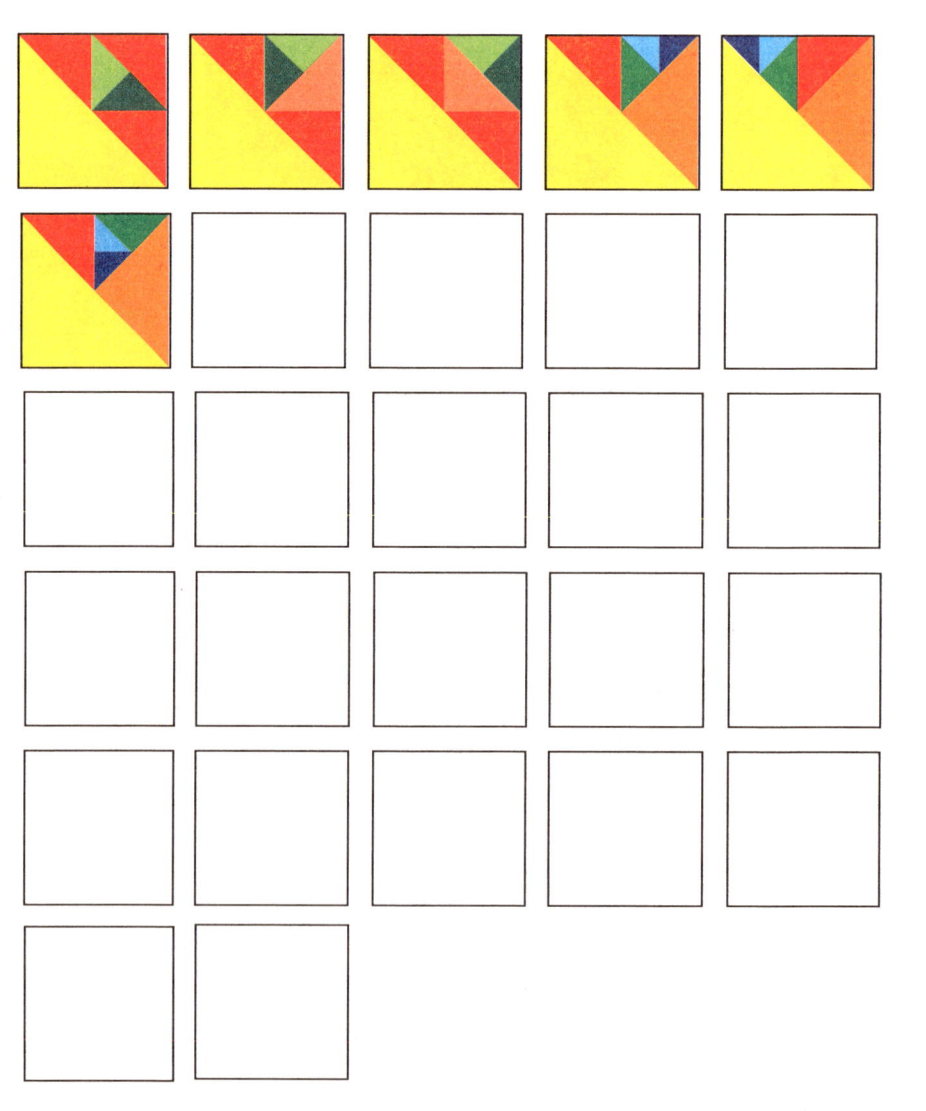

199

这个风铃重 144 克（假设绳子和棒子的重量为 0）。
你能计算出每一个装饰物的重量吗？

200

我的电脑桌旁边的一面墙上有一些小的木柜子，平时可以放一些小东西，我就把自己的收藏分别放在这些柜子里。放的时候我按照了英文字母的排列顺序，如图所示，这个顺序能够提示我记住密码。

你能猜出我的密码是什么吗？

201

这个表格中，坐标的各交点位置的值为其周边 4 个数字之和。回答下面这些问题：

（1）交点值为 100 的 3 个交点分别是哪几个？

（2）哪个（些）交点的值为 92？

（3）有多少个交点的值小于 100？

（4）交点的最大值是多少，共出现几次？

（5）哪个交点的值最小？

（6）哪个（些）交点的值为 115？

（7）有多少个交点的值为 105，分别为哪几个？

（8）有多少个交点的值为 111，分别为哪几个？

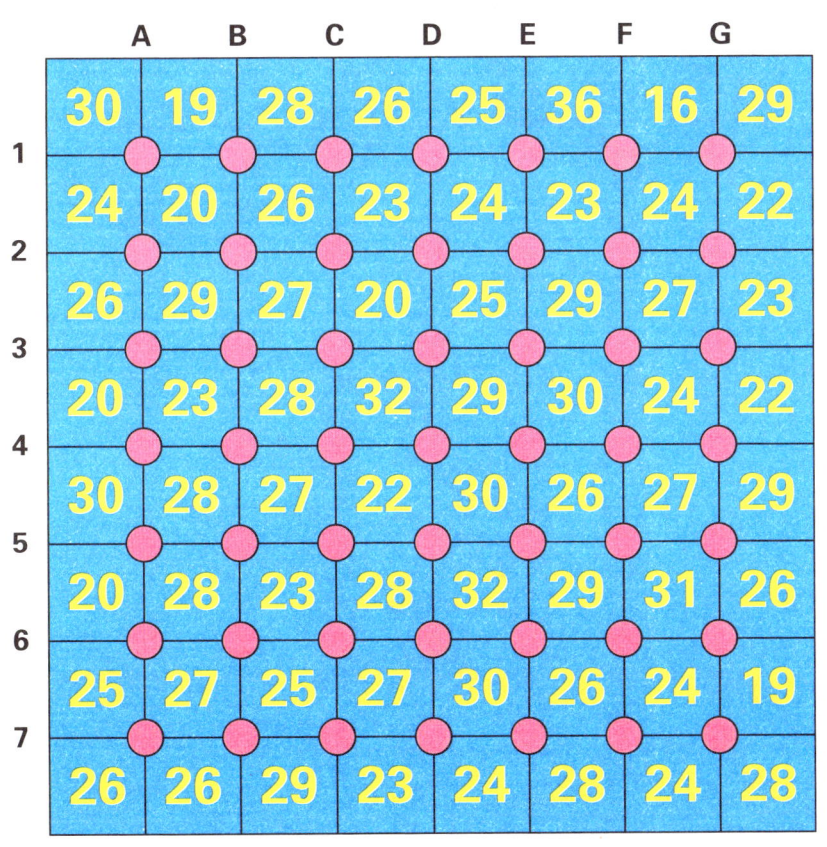

202 将内魔轮与外魔轮以同心圆的方式咬合（结果如图 1 所示），必要时可以转动魔轮，使得任何一条直径上的数字和都相等。

图 1

外魔轮

内魔轮

203 有 37 种不同的方法把一个 6×6 正方形分成 4 个全等的部分（旋转和反射不可以看作是新方法）。你能把它们都找出来吗？

204

如图2所示，在圆上取6个相互之间等距离的点，这6个点用不同的连线方式可以画出不同的星形，如图1所示。

请问：你能找出图1中众多星星中与众不同的那一个吗？

图1

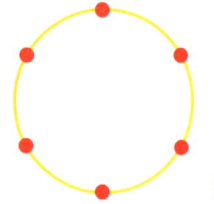

图2

205

循环图形是由一个移动点的运动轨迹所组成的几何图形。你可以把它想象成是一只小虫根据一定的规则爬行：

这只小虫首先爬行 1 个单位长度的距离，转弯；再爬行 2 个单位长度，转弯；再爬行 3 个单位长度，转弯；依此类推。每次转弯 90 度，而它爬行的最大的单位长度有一个特定的极限 n，之后又从 1 个单位长度开始爬行，重复整个过程。

你可以在一张格子纸上玩这个游戏。

我们已经给出了 $n=1，2，3，4，5$ 时的循环图形，你能画出 $n=6，7，8，9$ 时的循环图形吗？

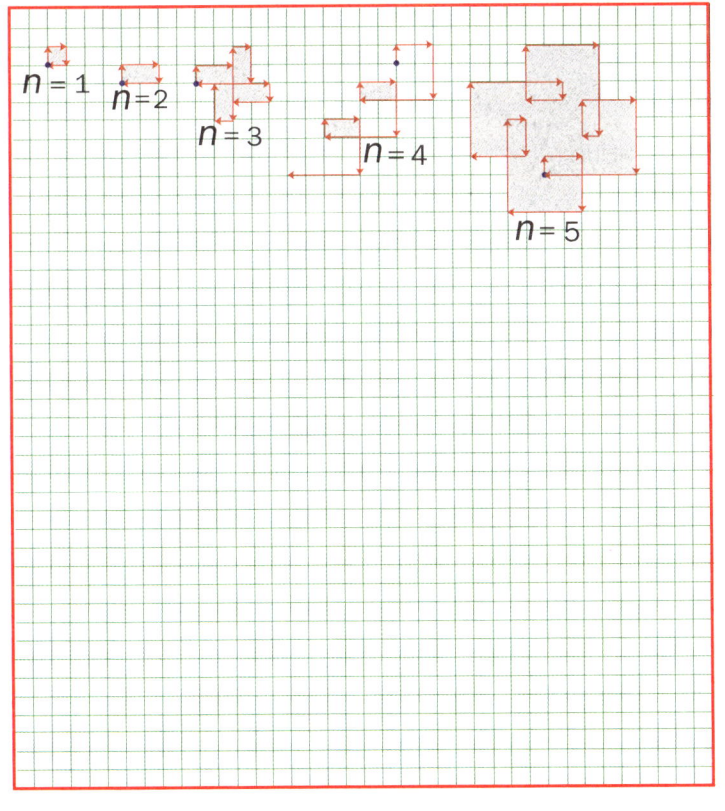

206 时钟在滴答作响，你必须在它爆炸之前拆除炸弹的引信，可以把它的线剪成两部分，即从底部的蓝线到顶部的绿线，穿过中间错综复杂的红色线网，剪尽可能少的次数。你可以剪断这些线，但是不要剪到中间的连接结点（黄色的圆点）。

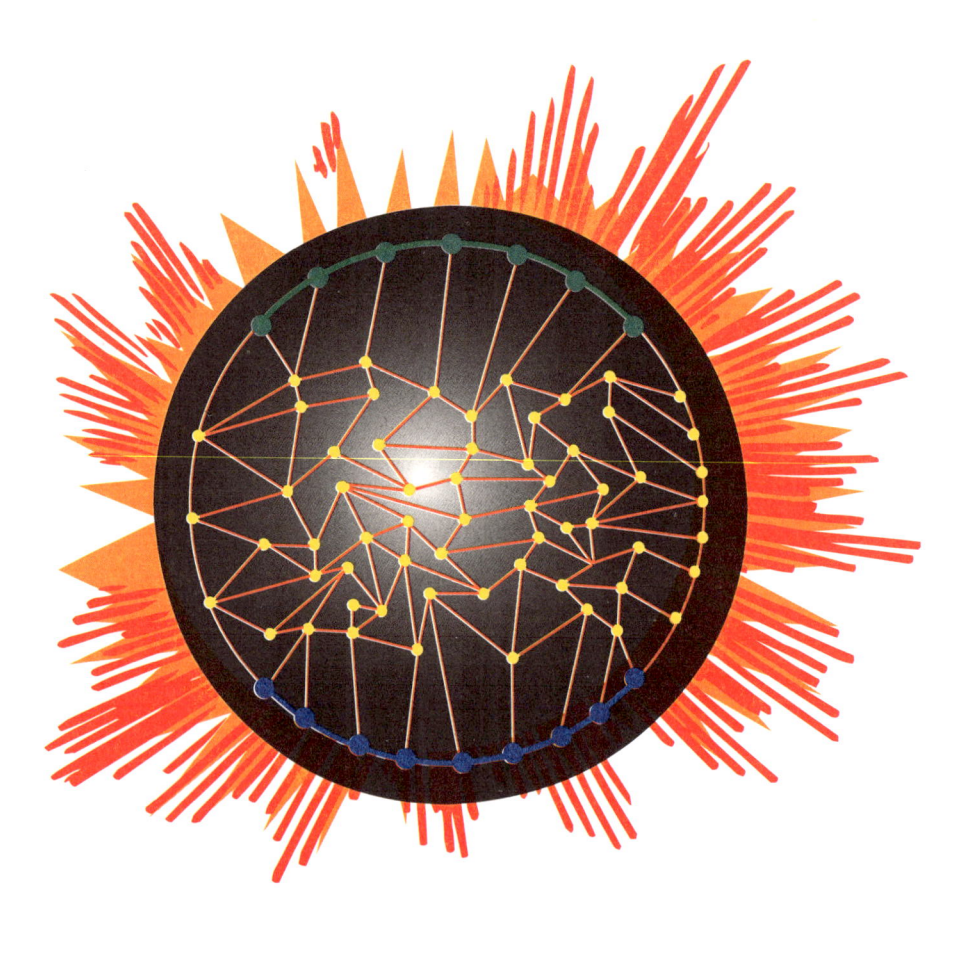

207

这是一个镜像问题，参照所给例子的解决方法，找出所给选项中错误的一个。

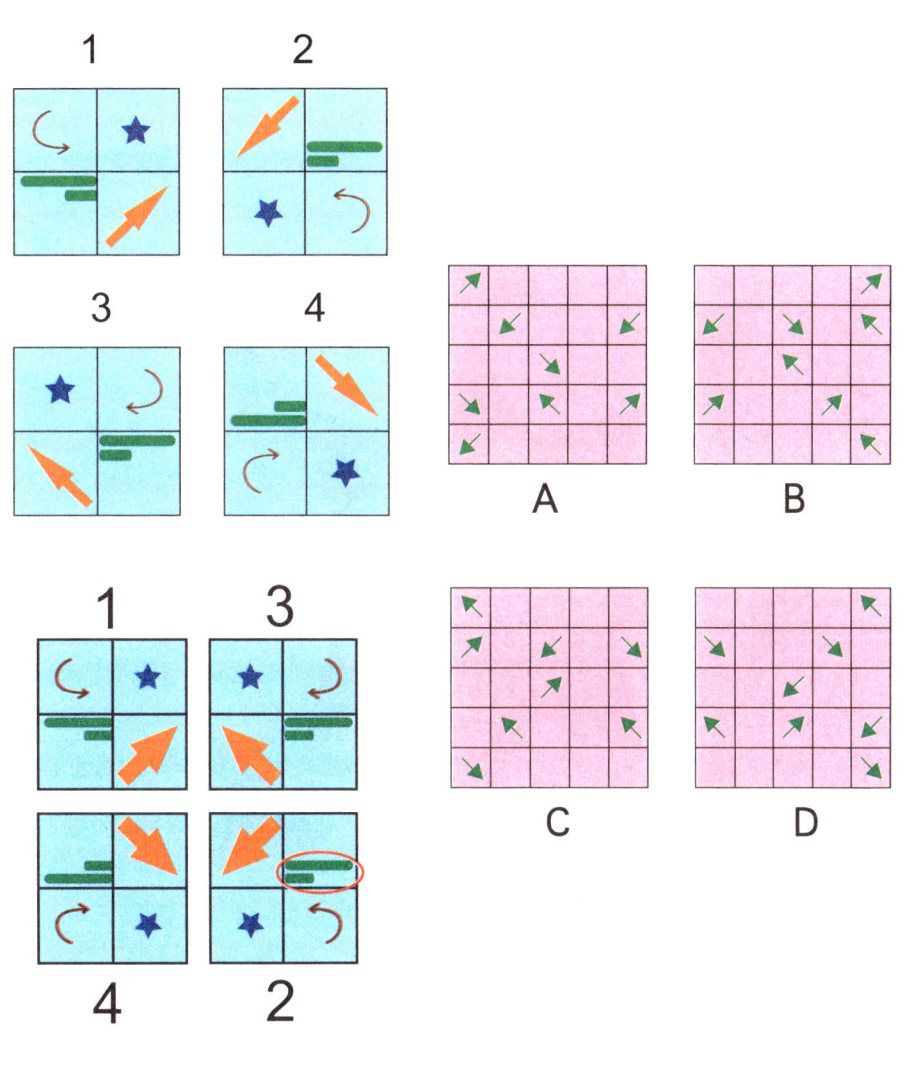

208

这是一个很特殊的保险箱。最后一个按钮上标有"F"，根据所给的提示，找出密码的第一位。比如 1i 指向里移一格，1o 则向外移一格，1c 表示顺时针移动一格，1a 表示逆时针移动一格。注意：每个按钮只能按一次。

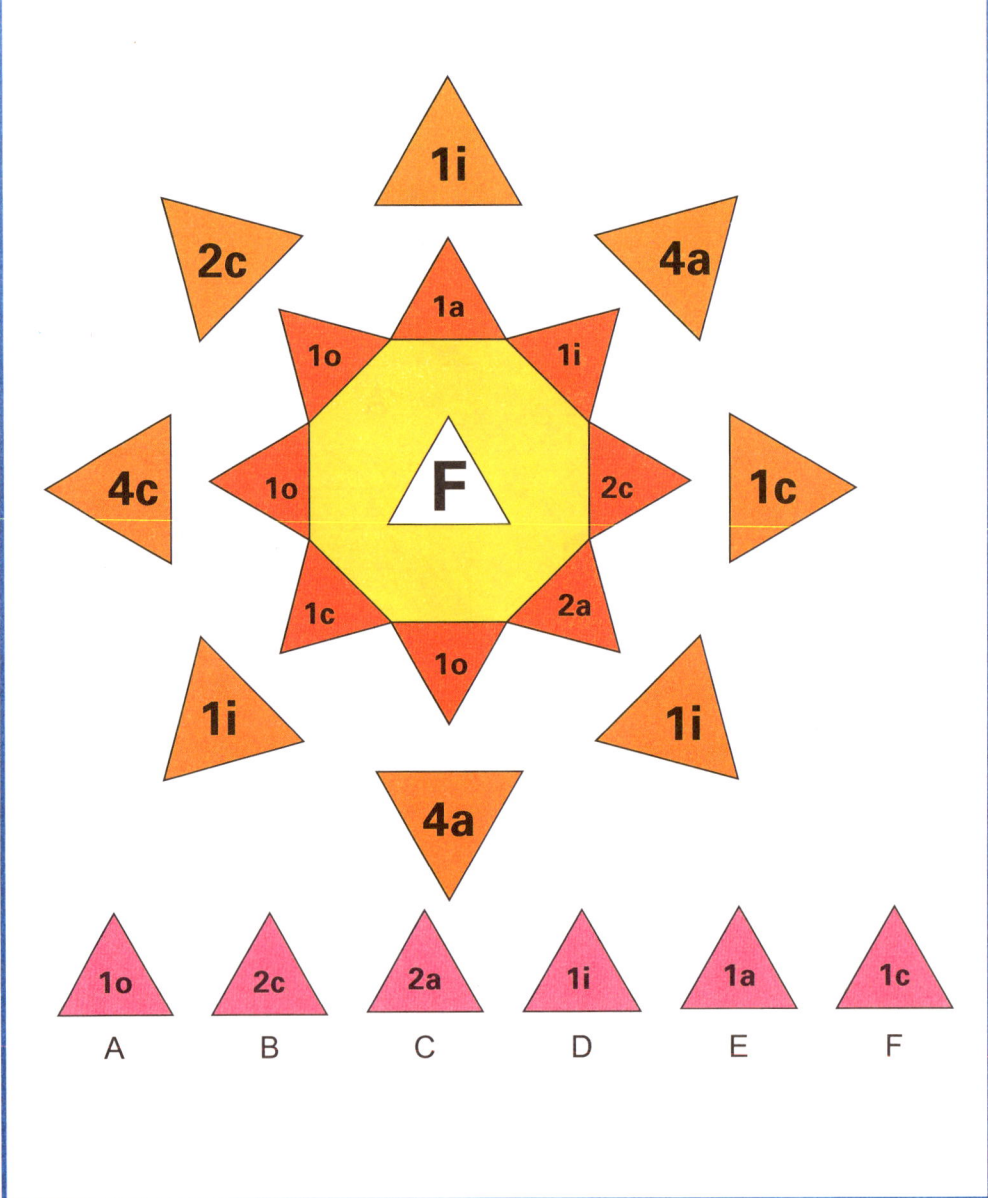

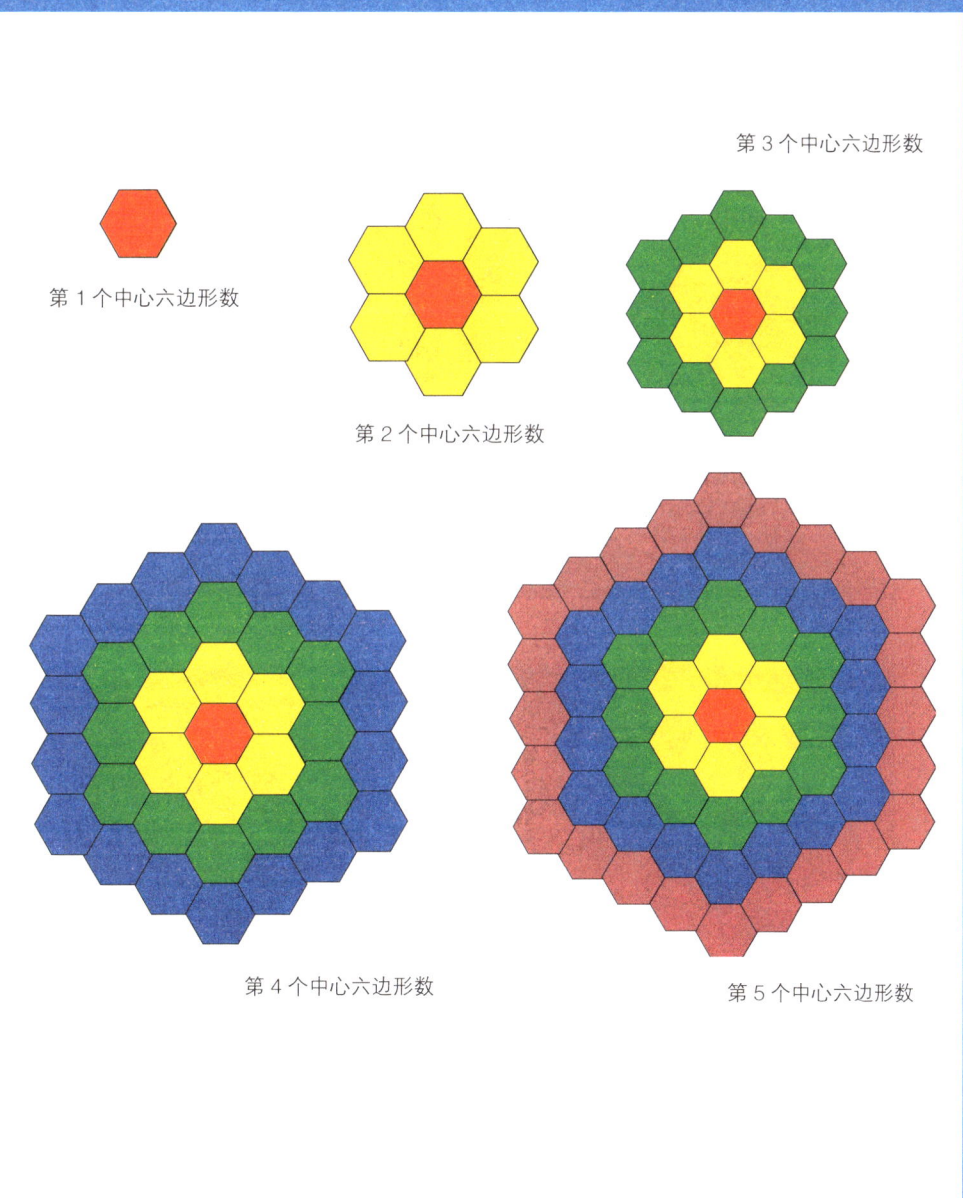

209

下面分别是前 5 个中心六边形数。之所以叫中心六边形数，是因为它们都是从中心向外扩展的。你能否算出第 6 个中心六边形数？

第 1 个中心六边形数

第 2 个中心六边形数

第 3 个中心六边形数

第 4 个中心六边形数

第 5 个中心六边形数

210

请你给下面这 4 幅图里的曲线上色，使每两条在图中灰色的节点相接的曲线颜色都不同。请问最少需要用多少种颜色来上色？

1

2

3

4

211

这个游戏需要通过连续的移动从起点到达终点，移动时按照每次移动 1，2，3，4，5，⋯个格子的顺序，最后一步正好到达终点。同时，必须是横向或是纵向移动，只有在两次移动中间才可以转弯，路线不可以交叉。

下面分别是连续走了 4 步和 5 步之后的例子。你能做出这道题吗？

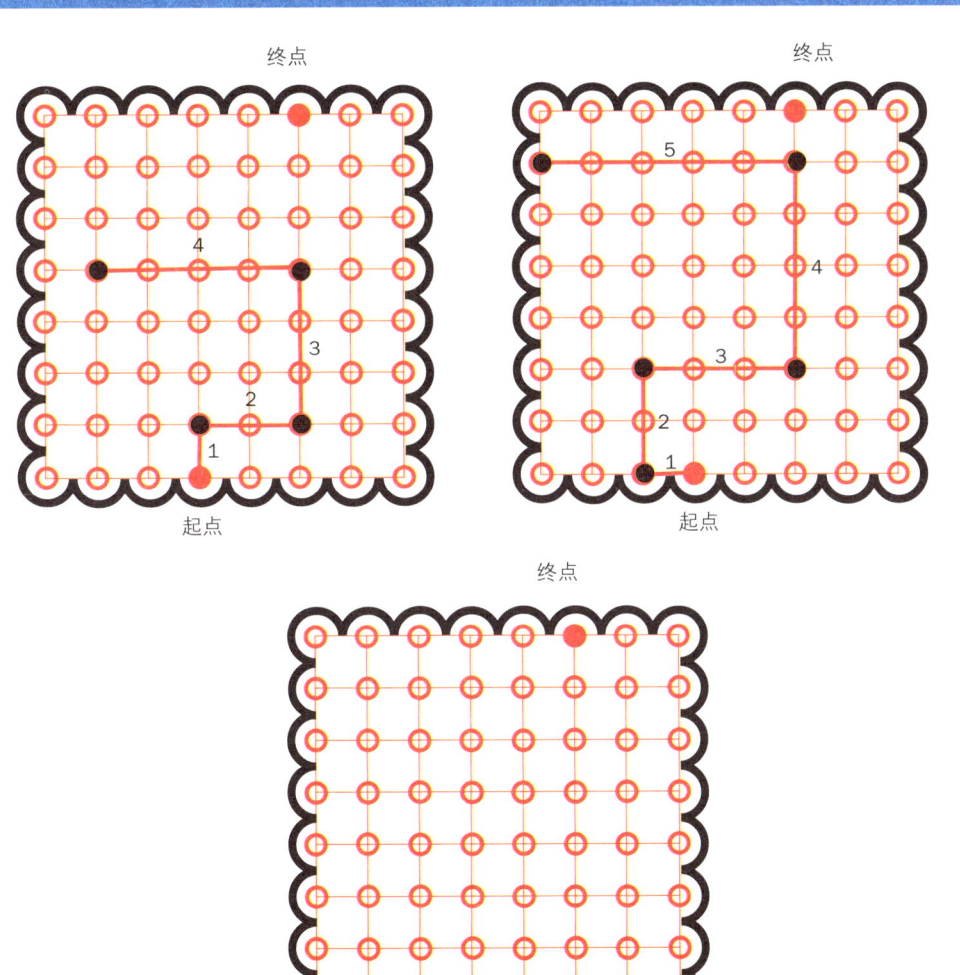

212

我有 10 个朋友住在同一条街上，如图所示。现在我想在这条街上找一个点，使这一点到这 10 个朋友家的距离最近。

请问这一点应该在哪里呢？

213

如果这 3 门大炮在同一时间开火。最上方的大炮沿着地平线在同一高度平行发射，左下方的大炮与地平线成 45°角发射，右下方的大炮垂直与水平线成 90°角发射。

哪一个炮弹最先接触到地面？剩下的将以什么顺序降落？

214 如图所示，一个正方形被分成了 6 部分。
把它们复制并剪下来，拼成一个规则的六角星。

215

沿着图中的白色边线把所有的色块连接起来，
注意各条连接线不能相交。

216

下面的这些木框可以一个一个地移走，并且它们之间互不干扰。

请问应该按照什么顺序移走这些木框？

如果你答对了这道题，那么这些木框上的字母将会组成一个英文单词（按照你移走木框的顺序）。

217

8 个士兵已经埋伏在森林中，他们每个人都看不到其他的人。

如图，每个人都可能埋伏在网格中的白色小圆处，通过夜视镜每个人只能看到横向、竖向或斜向直线上的东西。

请你在图中把这 8 个士兵的埋伏地点标出来。

218

将这 4 张正方形的穿孔卡片复印并剪下来,然后把卡片上的白色部分挖空,作为"窗户"。

请你将这 4 张卡片重叠起来,并且使卡片上每一个小正方形的 4 个圆圈分别呈现出 4 种不同的颜色。试试看,应该怎么做呢?

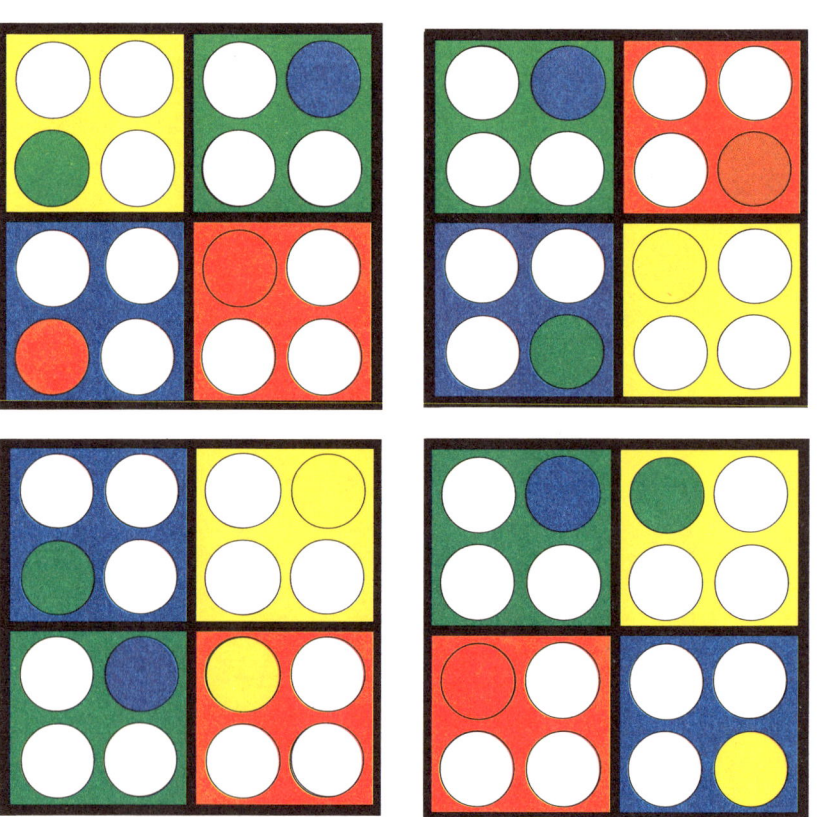

219

你能否找到穿过这个蜂巢的最短路线?

220 如图所示，从迷宫中心的菱形开始，你能否走出这个迷宫？

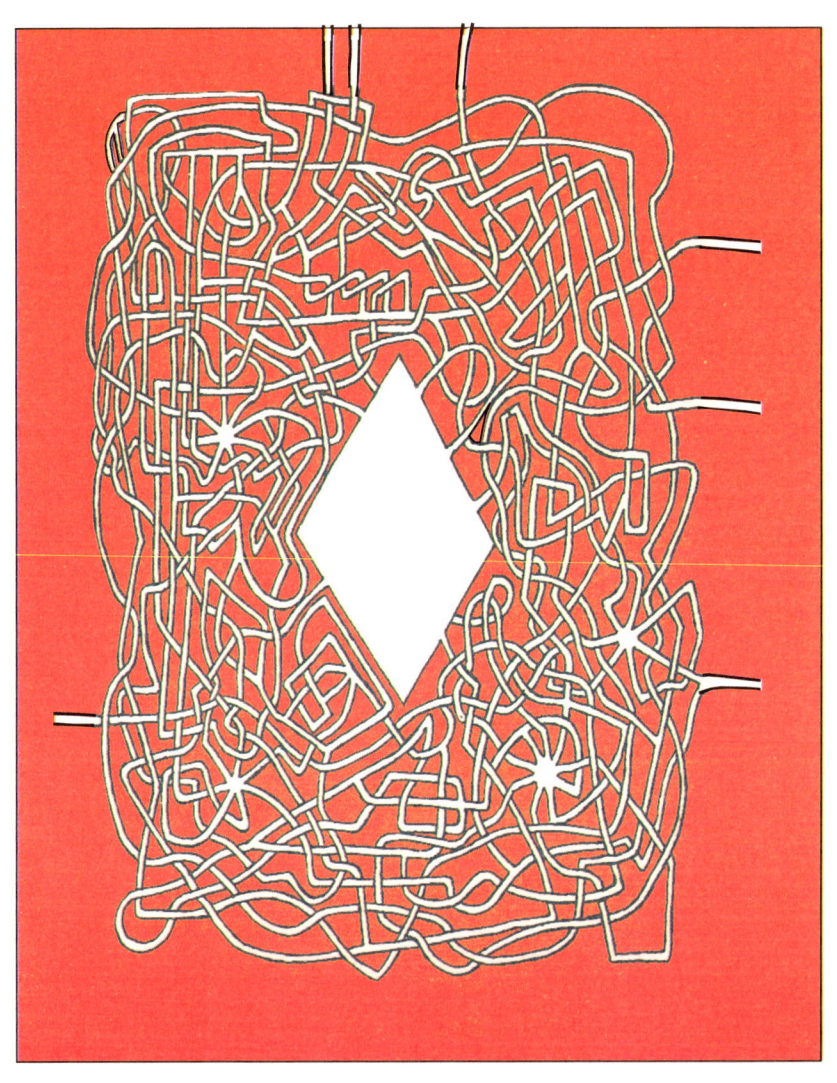

221 这 6 幅图分别是由 6 根纸条绕成。请问哪一幅图与其他 5 幅都不同？

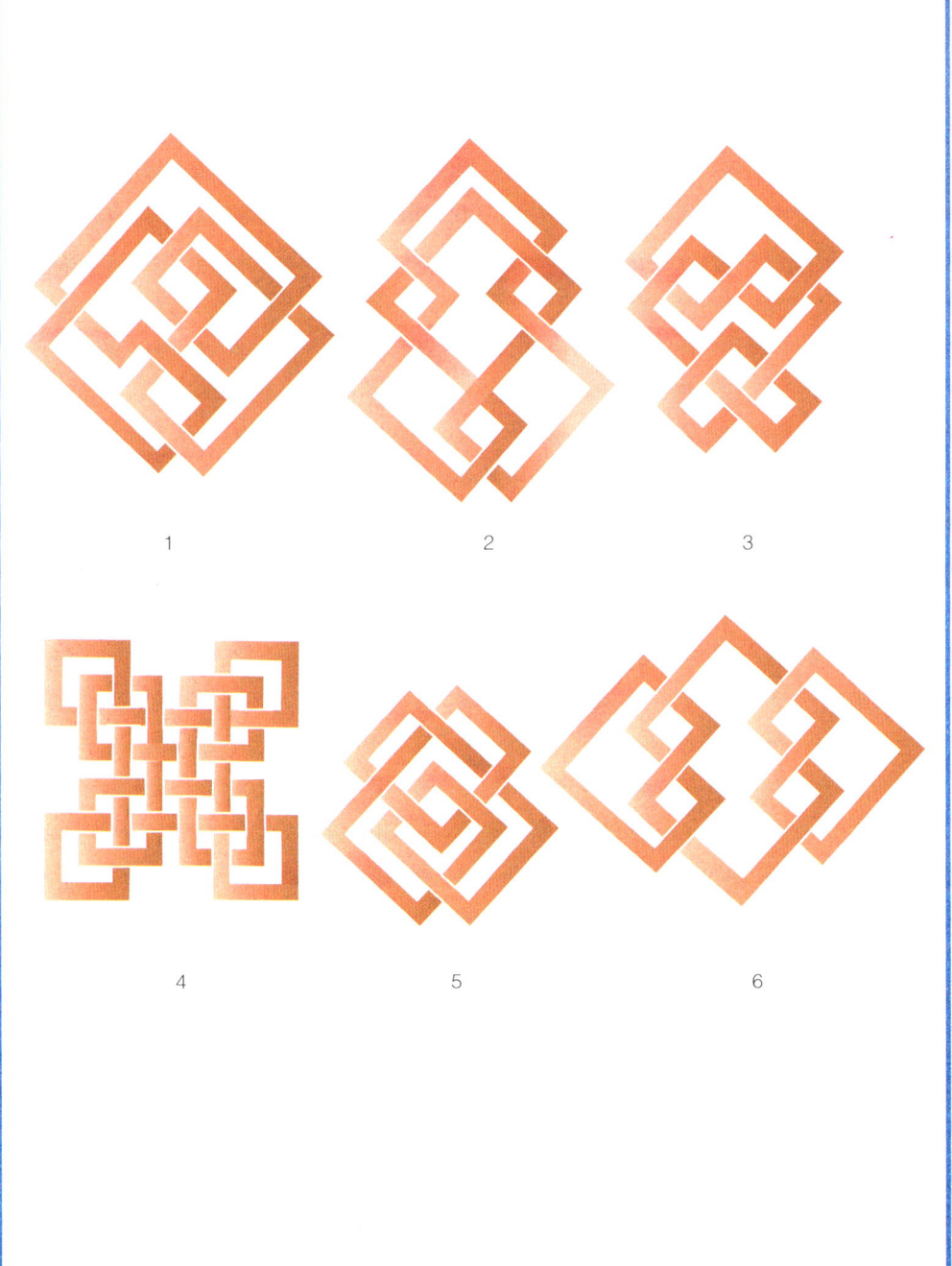

1

2

3

4

5

6

222

如图所示，15 张扑克牌摆成一个圆形，其中两张已经被翻过来了。

这 15 张牌中每相邻 3 张牌的数字总和都是 21。你能否由此推出每张牌上的数字？

21

223
这里有 7 个倒放着的玻璃杯，要求你把这 7 个杯子全部正过来，但是每次都必须同时翻转 3 个杯子。请问最少需要几次才能完成？

224

假设你有一面平面镜，将镜子置于其中一条标有数字的线条上面，并放到原始模型上。每一次操作你都会得到由原始模型未被遮盖的部分和镜面反射产生的镜像组成的对称模型，镜子起着对称轴的作用。

图中 A~J 的模型就是由 5 条对称线按这一方法得到的。

你能辨别出制造每个模型的线条分别是什么吗？

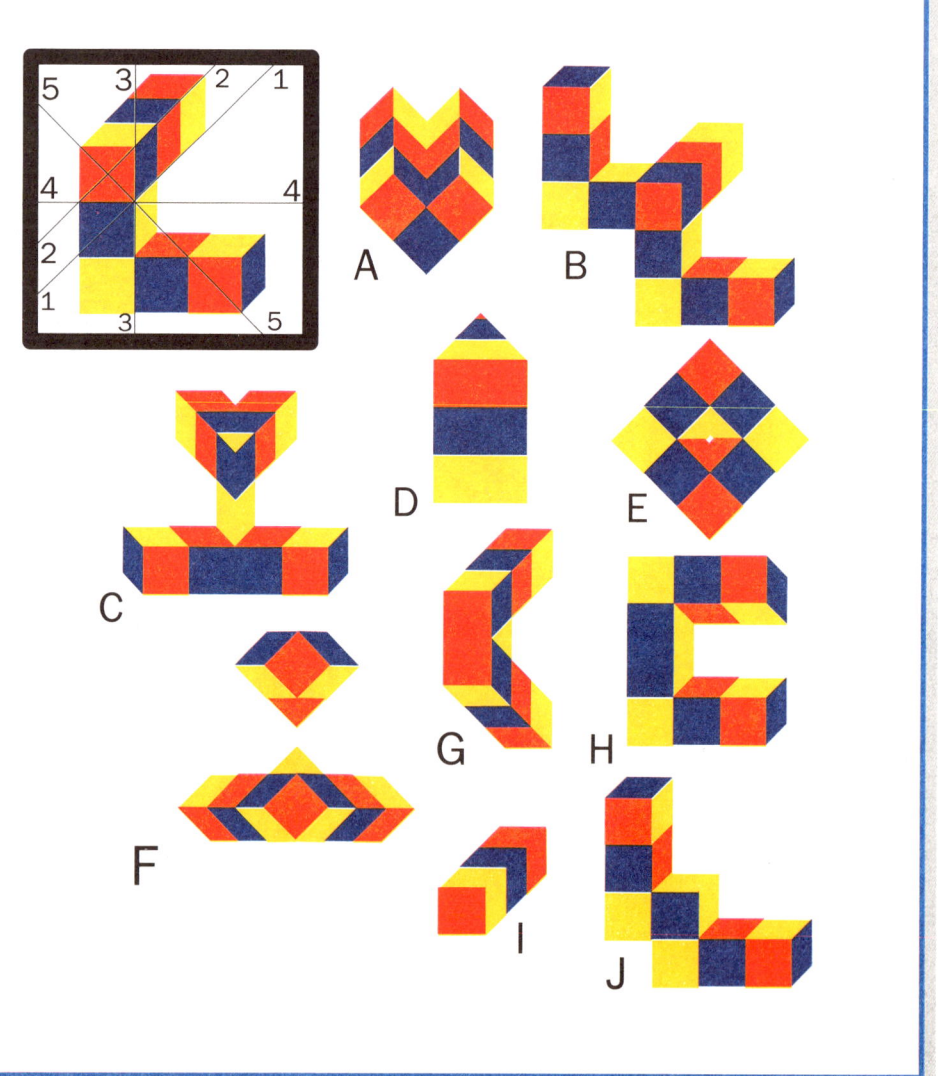

225

如图所示，使用一套奎茨奈颜色棒可以组合出几种总长度为 10 的形状。如果使用多套奎茨奈颜色棒就可以组合出更多总长度为 10 的形状。

请问可以组合出多少套呢？

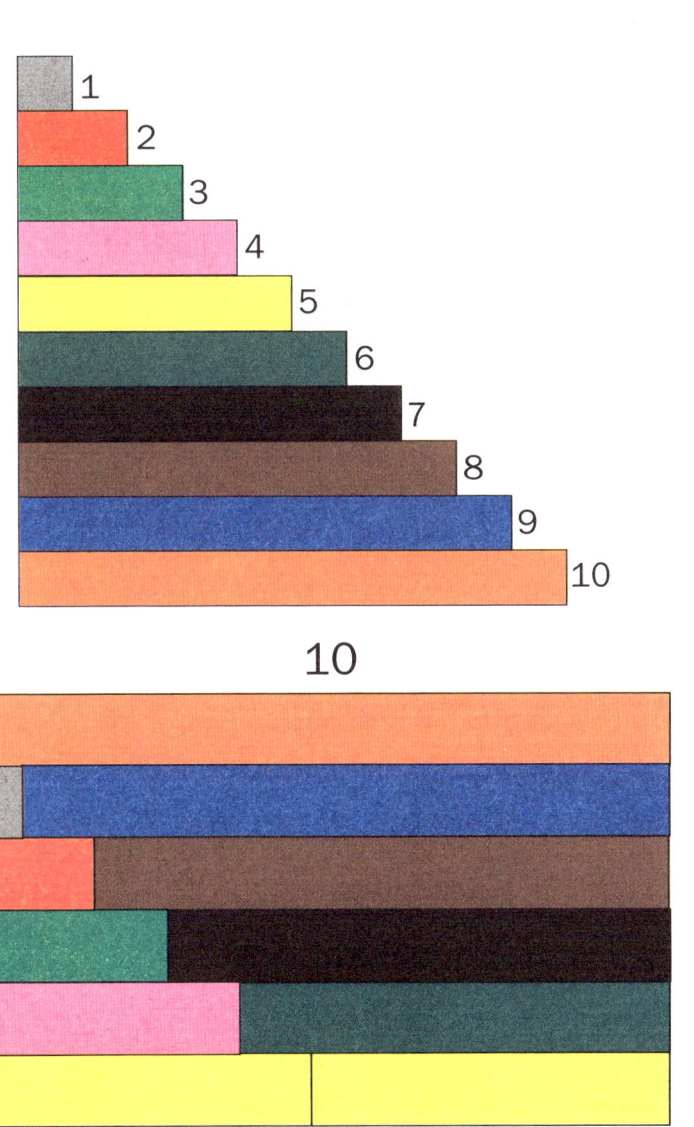

226

这里的数是按照一定的顺序排列的，你能否在画有问号的方框内填上一个恰当的数？

如果你做到了，图中缺少的那块蛋糕就是你的了！

227

如图所示，用一根橡皮筋在右边的小钉板上围出一个红色的四边形，假设图中每一个小正方形的边长为1个单位，你能算出这个红色的四边形的面积吗？

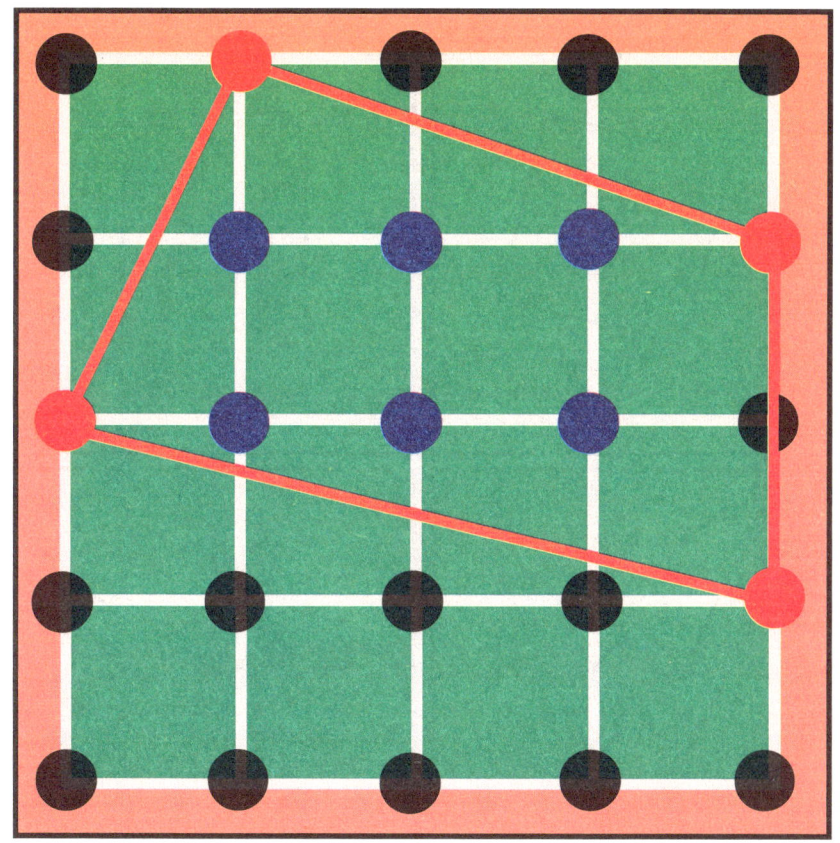

228

如图所示，假设每一个小正方形的边长为 1 个单位，你能够算出下面这 4 个图形的面积吗？

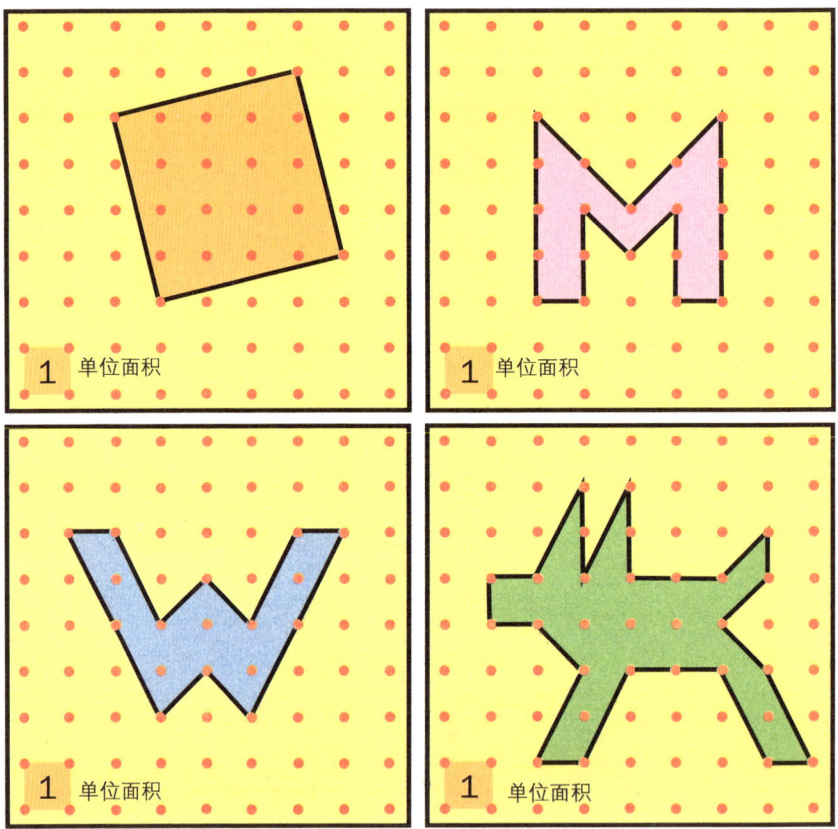

1 单位面积

1 单位面积

1 单位面积

1 单位面积

229

一个完全哈密尔敦路线是从起点 1 开始，到达所有的圆圈后再回到起点。你能不能将 1~19 这些数字依次标进图上的圆圈中，完成这样一条路线呢？

你每次只能到达一个圆圈，并且必须按照图中的箭头方向前进，不准跳步。

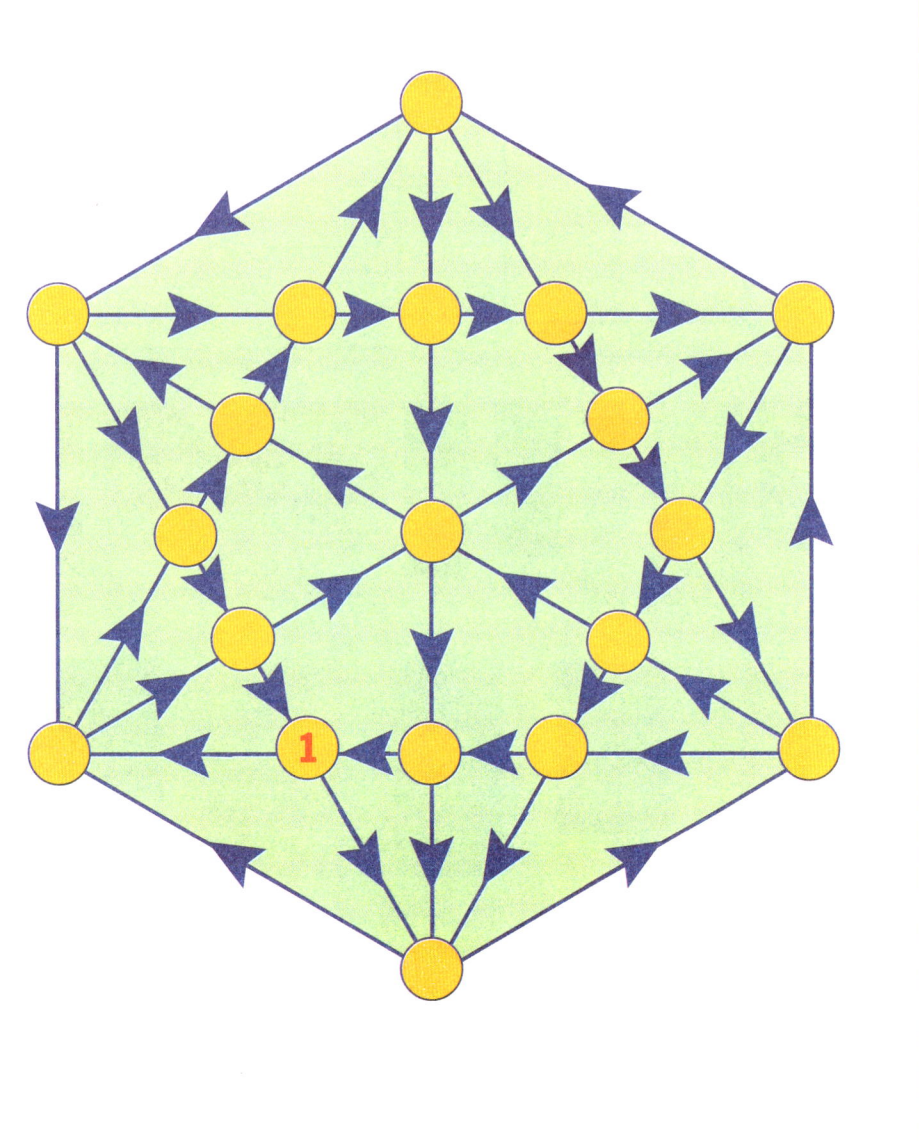

230

从给出的一组长方形中做出选择，拼出 4 个正方形，两个边长为 11，两个边长为 13（长方形可以重复使用）。

这 4 个正方形中的每一个都必须由这样的长方形组成：这些长方形的边长从 1~10，每个数字各出现一次。

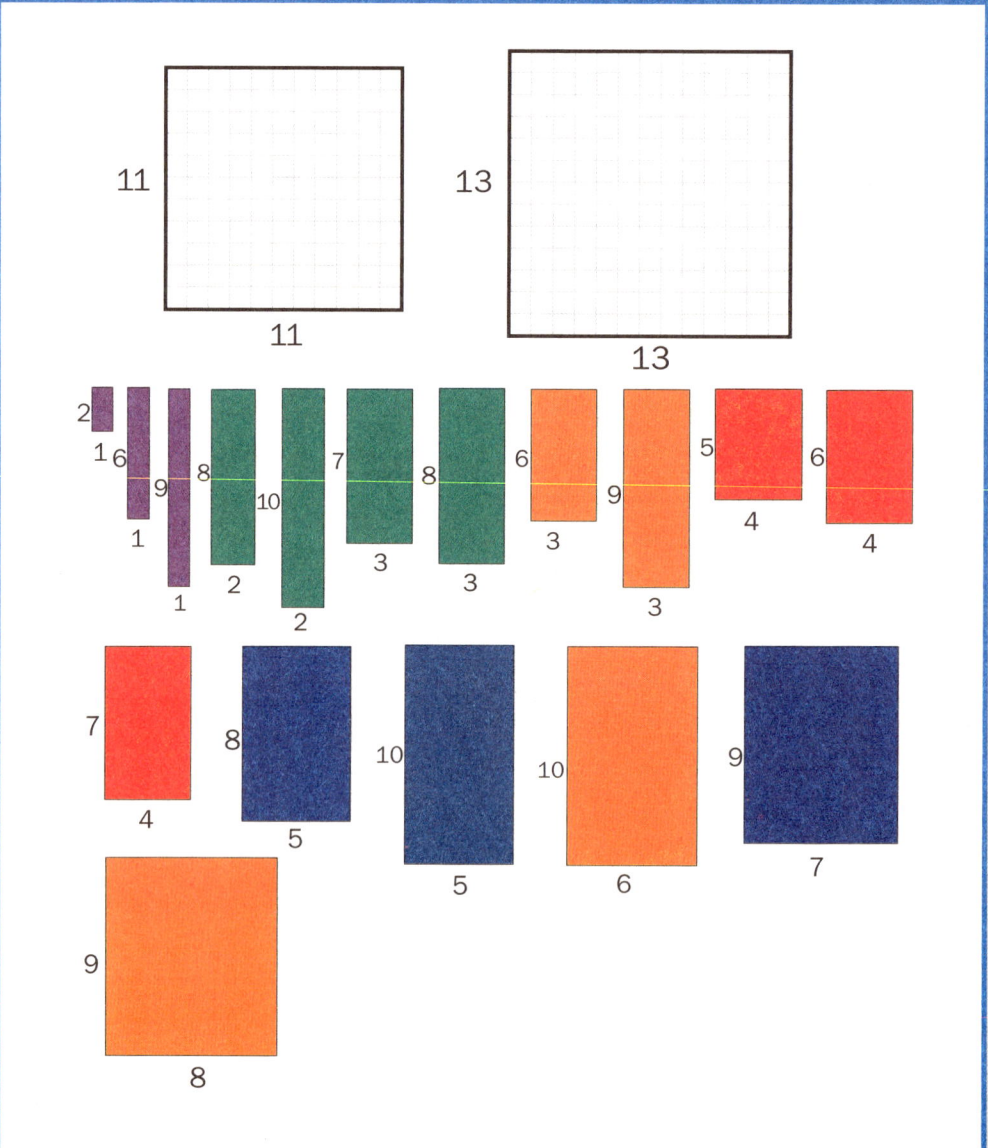

231

图中的问号处应该分别填上什么动物?

232

所有黑色方块里的图形都能在与它同一横行或者竖行的灰色方框内找到一个与它一模一样的图形。

现在灰色方块内少了一个图形，你能把它找出来吗？

233

一共有 19 个不同大小的瓢虫，其中 17 个已经被分别放入了下边的图形中，每个瓢虫均在不同的空间里。

现在要求你改变一下图形的摆放方式，使整个图中多出两个空间，从而能够把 19 个瓢虫全部都放进去，并且每个瓢虫都在不同的空间里。

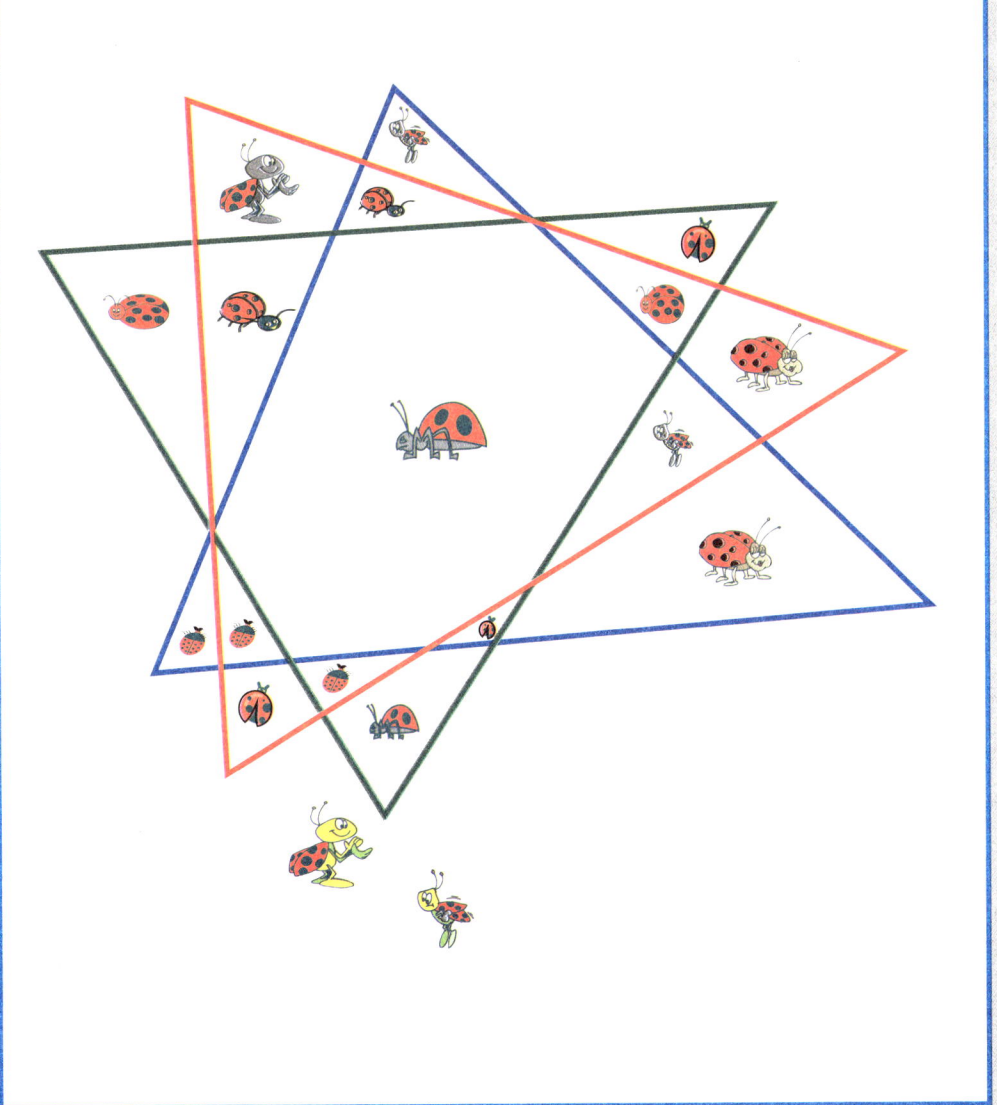

234

在下面的格子里一共藏有 13 只瓢虫，请你把它们都找出来。

方框里的每朵花上面都写有一个数字，这个数字表示的是它周围的 8 个格子里所隐藏的瓢虫的总数，见图 1。

有花的格子里没有藏瓢虫。

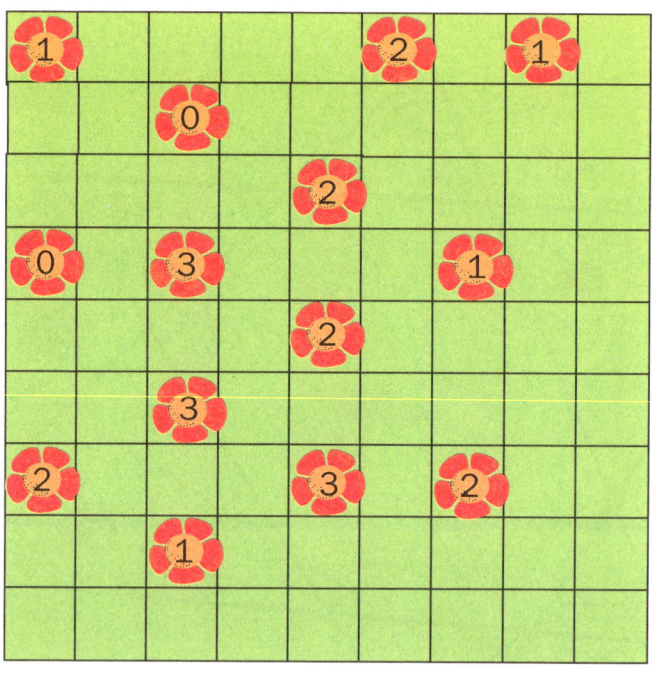

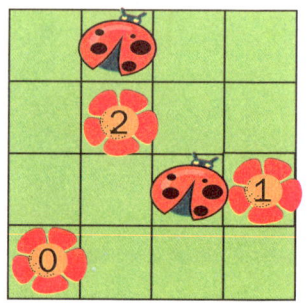

图 1

235

一个数的"持续度"表示的是通过把该数的各位数字相乘，经过多久可以得到一个一位数。

比如，我们将 723 这个数的各个数位上的数字相乘，得到 $7 \times 2 \times 3 = 42$。然后再将 42 的各个数位上的数字相乘，得到 8。这里将 723 变成一位数一共花了 2 步，所以 2 就是 723 的"持续度"。

那么持续度分别为 2，3，4，5 等的最小的数分别为多少？

是不是每个数通过重复这个过程都可以得到一个一位数呢？

236

玩具头展示了统计学的"通过一部分样本来推导整体"的方法。

一个玩具头（如图1所示）里面装了60个小球，分别为绿、黄、蓝、红4种颜色。我们不知道各种颜色的小球分别有多少个。

转动一下玩具头，它就会旋转，里面的小球也会重新混合。每次转动停下来时，它的眼睛、鼻子和嘴巴所显示的都是不同的10个小球的组合。

下面是6次转动玩具头后所得到的结果。

你能够由此推导出里面各种颜色的小球分别有多少个吗？

图1

237

3 只猫和 3 只老鼠想要过河，但是只有一条船，一次只能容纳 2 只动物。无论在河的哪一边，猫的数量都不能多于老鼠的数量。

它们可以全部安全过河吗？

船最少需要航行几次才能将它们全都带过河？

238 将一个大正方形两边对折，折成它 1/4 大小的小正方形，然后在小正方形上打洞，如图所示。

将小正方形展开，会得到一个对称图形。

你能说出 A，B，C，D 这 4 个小正方形对应的展开图分别是哪个吗？

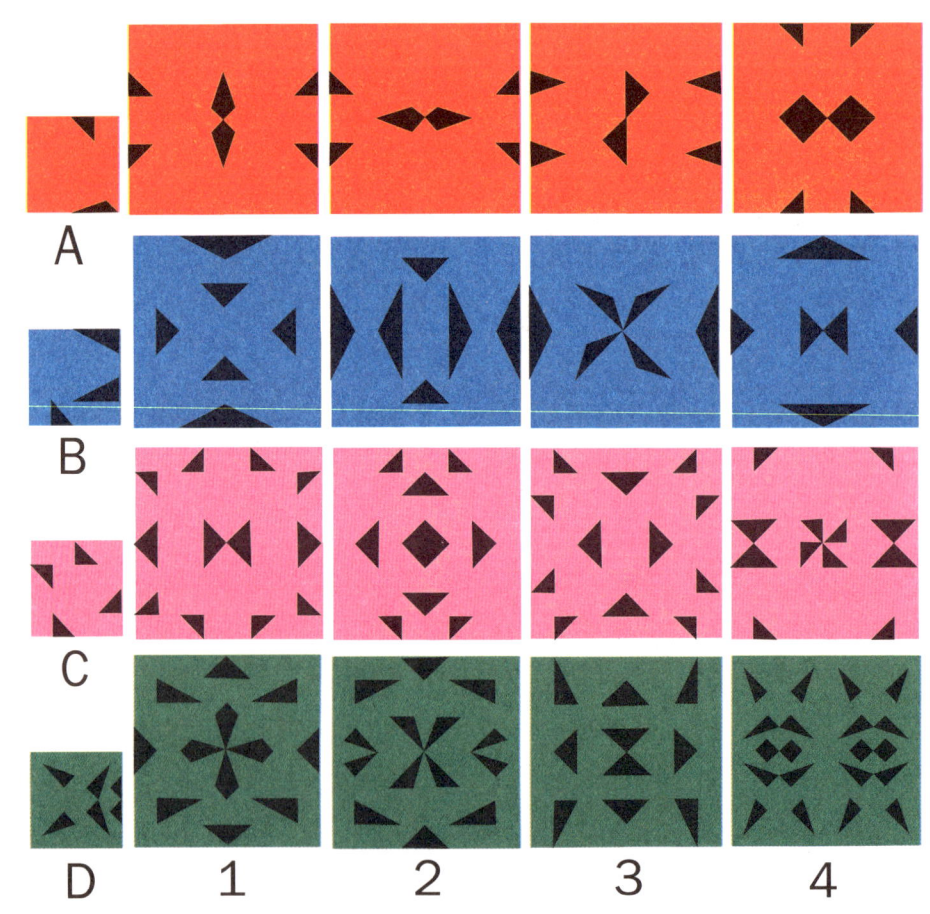

239

将一个大正方形两边对折，折成它 1/4 大小的小正方形，然后用打孔器在小正方形上打孔，见每行最左边的小正方形。

将小正方形展开，会得到一个对称图形。

你能说出这 4 个小正方形对应的展开图分别是哪个吗？

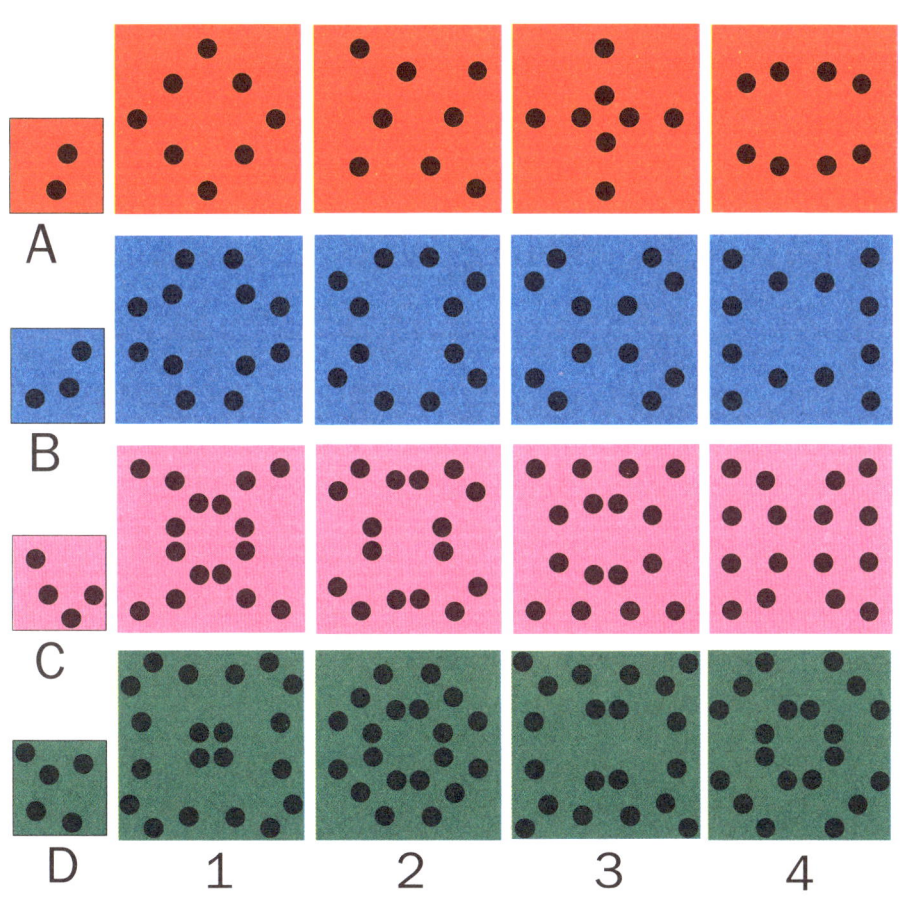

240

新的空间站里还有相当多的工作要做。但是是不是每个人都在做自己分内的工作呢?

事实上,有一个宇航员美美地睡着了。其中 8 个人眼睛所看到的景象在小方框里。现在你需要把景象(A~H)与看到该景象的宇航员(1~9)相匹配。而剩下的那个人就是偷懒睡着了的!

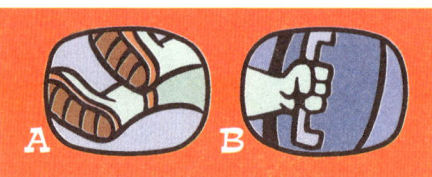

241

这个恐怖的场景里包含 17 个事物，它们的英文单词开头两个字母都是 BR。比如，这两兄弟是brothers。你能找出其他 16 个吗？

242

在下面的大方框里隐藏着方框上面所示的 5 种特定形状，全部由给出的 4 种叶子组成，其中每种叶子在每个形状里出现且仅出现一次。方框里的形状与方框上所示的一模一样，不能通过旋转得到。看看你是否能把它们通通找出来。

243

你能找出 7 对相匹配的鸟，并指出剩下那单独的一只吗？相同的鸟不一定朝向同一个方向，因此注意它们的特征和颜色。

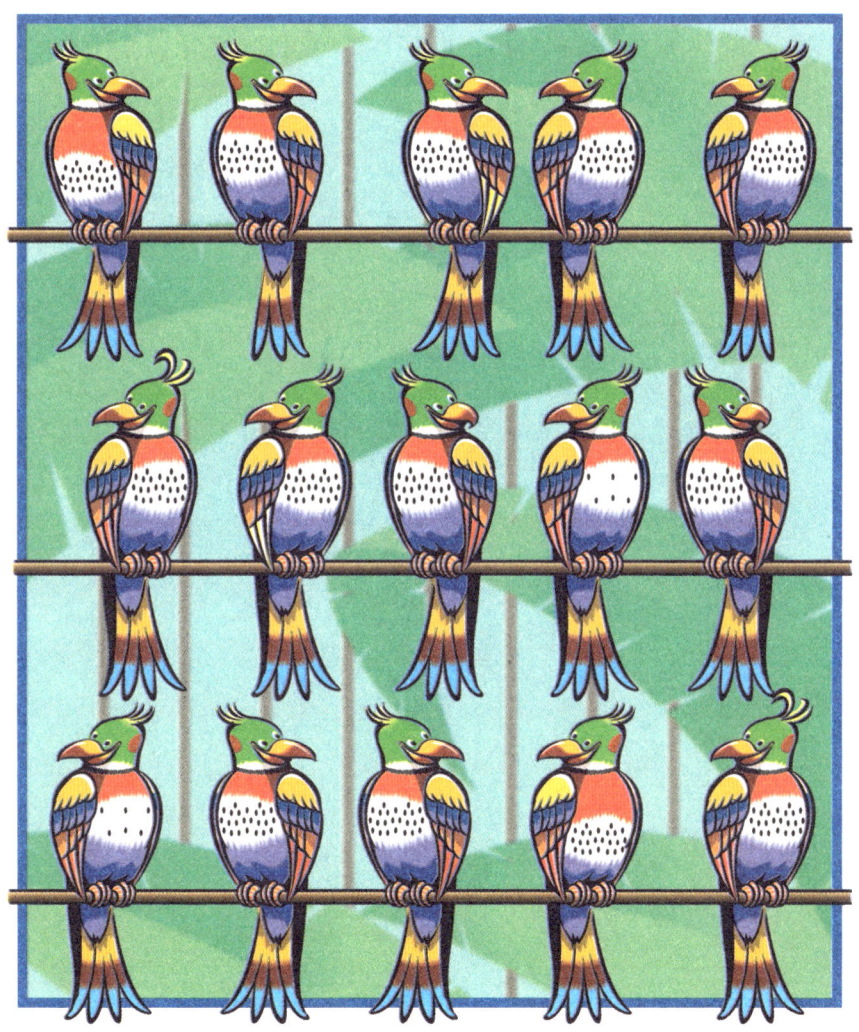

244 这些粉碎的镜像中只有 2 个完全相同。你能指出是哪两个吗？

245

在这个场景里有 3 样东西分别跟这些数字的单词押韵：two，four，six，eight，ten。你能把它们都找出来吗？

246

这些滑板玩家中只有两个完全一样。你能指出是哪两个吗？

247

这些孩子晒太阳晒得太久了……仔细观察每个小孩身上的图案，看看你是否能把每个人与毯子上的两件物品分别匹配。

248　这幅图中有 7 个图形，每一个都在不同地方出现了两次。比如窗户上的雪堆，也是男孩兜帽上的白色部分——虽然旋转了，但是大小、形状和颜色都相同。你能找出另外的 6 对吗？

249

这棵树原本是由成对的饰品装饰，其中一个坏了以后，用另一个替换上，而换上的这个在树上原本已经有两个了。你能够从树上找出 16 对饰品，单独的一个，以及剩下的一组三个吗？

250

下面这 7 幅图每一幅分别代表音阶中的一个音符：DO，RE，MI，FA，SO，LA，TI。哪幅图代表哪个音符呢？仔细观察，你会发现每一幅图都包含三样东西，都以该音符作为单词开头。比如，图 6 中包含一只狗（dog）和其他两个以 DO 开头的单词。你能把其他单词找出来并填在右边的横线上吗？

Picture _____
DO_____
DO_____
DO_____

Picture _____
RE_____
RE_____
RE_____

Picture _____
MI_____
MI_____
MI_____

Picture _____
FA_____
FA_____
FA_____

Picture _____
SO_____
SO_____
SO_____

Picture _____
LA_____
LA_____
LA_____

Picture _____
TI_____
TI_____
TI_____

251

仔细观察这些特写镜头，你能辨认出它们分别是日常生活中的什么物品吗?

252

下面的这些图中包含 12 对完全一样的图形。比如秃头男人手里的勺子，也是棒球运动员的棒球帽——虽然图形有旋转，但是大小、形状和颜色相同。你能把这 12 对图形都找出来吗？

253

讨要糖果的小鬼住在哪个闹鬼的房子里？下面的小图是他们在附近行进的路线上依次看到的景象。通过对比这些小图和上面的大图，你能画出他们的路线，并且找到唯一一所他们没有经过其前门的房子——那就是他们的住所。提示：他们刚刚从他们面前的房子讨要完糖果。

254 这所房子的主人从商店里买了 4 个花园矮人，放到屋前草坪里以后，他们的房子被真正的花园矮人入侵了，他们以为这里正在开一个派对。4 个假矮人一模一样，而 8 个真矮人相互之间却分别有一处不同。你能找出所有不同，并且分辨真假花园矮人吗？

255

在这个谜题中，运用你的知识和直觉，来判断每组中不属于该组的一项。你能猜出来是哪一个吗？

1 这些动物中哪一种没有毒？
☐ 蝎子　　☐ 眼镜蛇　　☐ 狼蛛

2 这些物品哪一种不是在 18 世纪发明的？
☐ 轮滑鞋　　☐ 开罐头器　　☐ 钢琴

3 这些动物哪一种不是来自澳大利亚？
☐ 鸵鸟　　☐ 鸭嘴兽　　☐ 美冠鹦鹉

4 这些物品哪一种不是以发明者命名的？
☐ 鱼雷　　☐ 极可意水流按摩浴缸　　☐ 齐柏林飞艇

5 这些活动哪一种不是宇航员在月球上进行的？
☐ 使用溜溜球　　☐ 掷标枪　　☐ 打高尔夫球

6 这些恐龙哪一种不是生活在侏罗纪？
☐ 剑龙　　☐ 翼龙　　☐ 暴龙

7 这些食物哪一种不是源自美国？
☐ 热狗　　☐ 蛋筒冰激凌　　☐ 椒盐卷饼

8 这些联邦州中哪一个没有职业体协运动队 (2006 年)？
☐ 俄勒冈州　　☐ 内华达州　　☐ 北卡罗莱纳州

256

要回答这道问题，首先阅读提示，把相应的图片去掉（提示：要考虑图片对应的英文）。每一步你将去掉一幅、两幅或三幅图。完成这些以后，会剩下 4 幅图。根据从上至下，从左到右的顺序识别出它们的名称，以得到问题的答案。

哪一种人能够同时传球和摔倒？

1. 去掉其名称也是动物名称的图。
2. 去掉名称的开头和结尾字母相同的图。
3. 去掉图中物体里有弦的图。
4. 去掉名称听上去像是星期几的图。
5. 去掉任意两幅名称押韵的图。
6. 去掉图中物体有壳的图。

257 要找出这道题的答案，从左边的每幅图向右边相对应的一幅图画一条直线，其中右边图和左边图发出的声音要一样。作为解题的第一步，圆锯和蜜蜂（它们两个发出的声音都是嗡嗡声）之间已经连线了。你所画的每一条线都会穿过一些字母。完成以后，按顺序从上到下阅读剩下的字母，你就会得到题目的答案。

什么词组同时含有"无声的"和"吵闹地抱怨"的意思?

258 在纵格和横格的每一行填入一个图中物体的英文名称。每个单词已经给出了一个字母。当你把纵格和横格全部完成以后，从上至下阅读黄色突出显示的格子，就能找到这道题的答案。

为什么有如此多棒球运动员写的书?

259

尽管这两幅图看上去似乎一样，但是事实上它们之间有 7 处不同。把上下图中变化了的各处用直线相连，每条线将会画掉一个字母。做完这些以后，剩下的字母按顺序会连成这个问题的答案。

什么东西使姜饼屋的门闩不掉下来？

S D R O T U G L H A N O U T H S

.239

260

可怜的漂流者被困在了迷岛，从这里找到出去的路相当不容易。从漂流者所在的岛开始，从岛上选择任意一样物体（除了棕榈树以外），找到别的岛上跟它相同的物体，并跳到那个岛上。然后选择新岛上的另一件物体，并找到别处跟它一样的物体。如此反复，一直到达右下角的木船处……要注意路上的死角！

261 你能在车子的气用完之前找到购物中心侧面停车场的正确位置吗？

262 你能从起点到达终点而不被烧着吗?

263

你将得爬行前进，穿过这群臭虫走出这个迷宫。你可以向左、向右、向上，或者向下（但是不能斜向移动）爬到跟你所在臭虫颜色或形状相同的臭虫身上。从左上角的橘色臭虫开始。从那里，你可以爬到它旁边的橘色臭虫或下面跟它一样的圆臭虫上。如此反复，直到你到达右下角的臭虫处。

264 帮助这个运动员完成马拉松，使他沿着黄色的路线到达底部的领奖台（不准越线）！完成以后，把路线涂黑，你就能知道他比赛的结果。

265

想知道这只鸡穿越马路的真正原因吗？先完成这个迷宫！从鸡所在处开始，你能否找到去往 The Other Side 的路，并且不迷失方向呢？

266 你能从蛛网外的蜘蛛处出发，只能沿蛛丝行动，最终到达网中心的那只苍蝇吗？注意其他的苍蝇——那些都是死角！

267

要完成这道不可思议的蝴蝶迷宫，你得先紧张一小下。选择左上角叶片上三只蝴蝶里的任一只作为开始。现在找到图中跟它一模一样的另一只，并跳到那片叶子上。接着在新叶子上选择另一只蝴蝶，并寻找图中跟它相同的另一只。如此反复，直到你到达右下角的叶子上……注意途中的死角！

268　看看你能否沿着蜂房从起点到达终点。

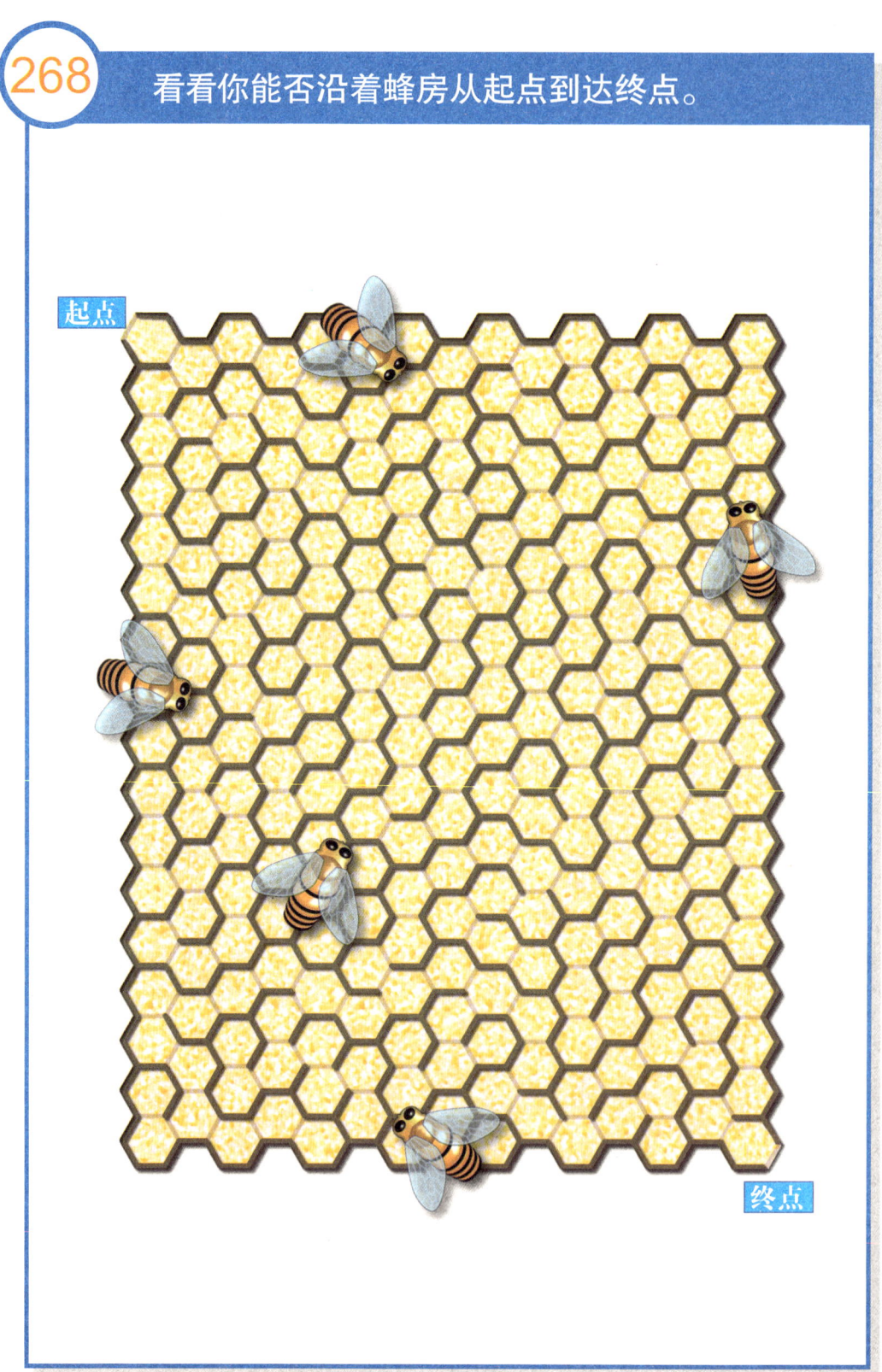

起点

终点

269

这个迷宫的每幅图都代表一个单词。只有当两幅图所代表的词连在一起可以形成一个完整的单词或短语时，向左、向右、向上，或者向下（但是不能斜向移动）移动到该图上。从左上角牙齿（tooth）的图开始。从那里，你可以移动到它下面的刷子（brush）上，组成"牙刷（toothbrush）"，或者它旁边的镐（pick）上，组成"牙签（toothpick）"。不过要当心那些把你带到死角的路线！只有一条路可以带你到达终点。

270 　　木筏上的"可怜虫"终于回到了文明社会，但是他还没能脱离水面。你能帮他找到唯一一条到达码头的水路吗？他不能从障碍物下面穿过或者穿过图以外的水面。

271

在这个迷宫中，电梯按钮告诉你每台电梯能带你到几层。从左下角的电梯开始，它带你上一层。你出来以后，换乘那一层的电梯。你得自己决定到底是上两层还是下一层。如此乘坐和换乘，直到你到达右上角的那个派对。记住，你不能穿越墙壁或者进入没有按钮的电梯。

272

这个纵横字谜里的每个提示分别是上面图里的英文名称。把这些名称按照相对应的字母填入纵横格中。完成以后，从左边到右、从上到下地阅读用黄色突出显示的字母，可以拼出一个额外的短语。

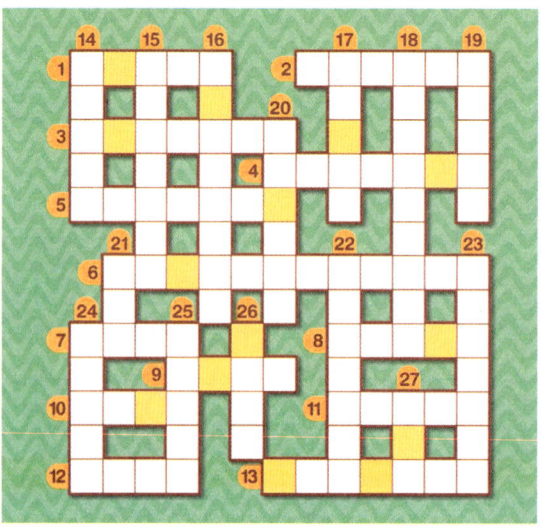

273 这些冲浪板上面所画图案的英文名称都能放在 "board" 前面组成一个新单词，比如画有超市收银员（supermarket checker）的冲浪板就能拼出 "CHECKBOARD"。你能拼出多少个这样的词？

274 这些场景全都能用分别以 ABC 开头的三个单词所组成的一个短语来描述，比如 Aardvarks Burning Candles（食蚁兽点蜡烛）。你能把这 6 幅场景都描述出来吗？

1 A_____ B_____ C_____

2 A_____ B_____ C_____

3 A_____ B_____ C_____

4 A_____ B_____ C_____

5 A_____ B_____ C_____

6 A_____ B_____ C_____

275 以下的每一幅图片都可以用两个单词来形容，这两个单词只差一个字母。比如说：墙上挂着霍格华兹学校最有名的巫师——哈利·波特的画像，我们可以说 Potter poster（波特的海报）。你能为这些图片想出合适的名字吗？

276

图中的这位科学怪人——弗兰肯斯坦博士还没有找到他需要的"人体部位"。实际上这些都藏在他的实验室里！看看黑板上列出的身体部位名称，对照着其中的每一个，在图中找出一件物品——这件物品要么和身体部位名称有关，要么本身包含着可以用身体部位命名的部分。比如说，左边的那张桌子也有"腿"。你还能找出几处呢？

277

在每一行的空格中填入某个物品对应的单词。每一行都给出了一个字母,这样你就容易下手一些。等填完了所有的空格,你会发现还有三件物品没有用到。只要把阴影部分的字母连起来,你就会发现与剩下的物品相对应的单词。

278 请把字母从一个位置移到另一个位置，这样你会拼出 10 个美国城市名称。彩色的图线提示你某个字母移动的路径，但没有给出提示的字母，这就得靠你自己了！注意图线的颜色在不同的地方可能代表不同的字母。比如，紫色的图线连接着 TOLEDO（托莱多）和另外一座城市名称中相同的字母 D，但在其他的位置，紫色可能代表其他的字母。

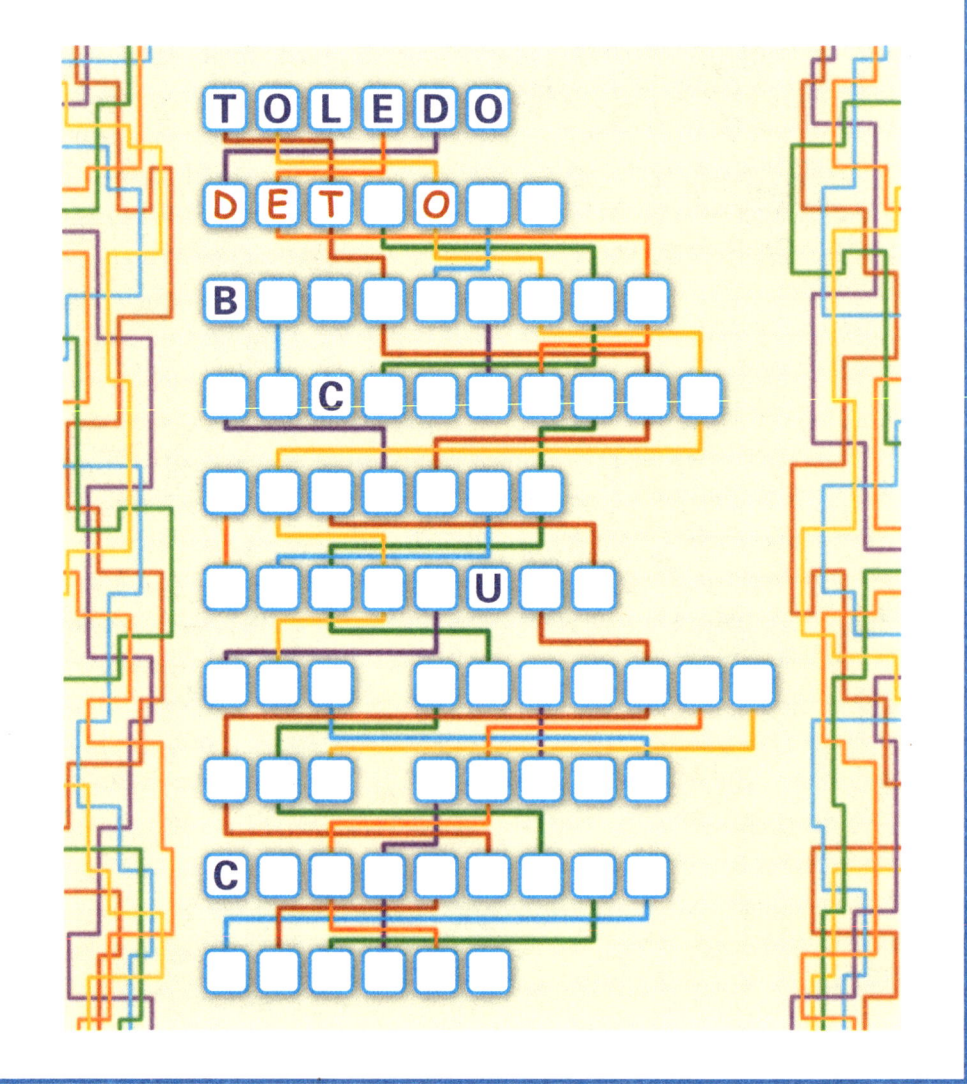

279

下面的每一幅图片都可以用一个含有 4 个字母的单词来命名。想一想是哪个单词，把它沿着数字标签指定的位置和方向填出来：从外向内，弯成弧形。图中已经给出了一个答案。

280 　下面的 8 幅图片中都有一件物品是食物做成的，同时，物品和构成它的食物二者的英文单词是押韵的。比如说，意大利面做成的可爱小狗可以叫作"noodle（面条） poodle（狮子狗）"。你能将这样的单词都找出来吗？

① ② ③

④ ⑤ ⑥

⑦ ⑧

281

　　下面的 8 幅图片展示了 8 种坐着不同乘客的交通工具。这些交通工具和乘客的英文单词互相押韵。比如说，一只脚趾间有蹼的鸟开着一辆 18 个车轮的大车，可以说成"duck truck"，你能把它们都想出来吗？

282 这一次，看图的时候可别忘了"逆向思维"。下面的每一张图片都可以用两个单词来命名，而两个单词之间字母相同、排序相反。比如说，如果某一张图片上画着一堆杂物，最上面是一个壶。那么我们就可以说"top pot"。图下方的横线提示你单词里的字母数量。试试看，你能做出来几个呢？

283 你能把单词"ZOOM（变焦）"一步一步地变成"LENS（透镜）"吗？根据提示，在每一行填入一个单词。所填入的单词，和前一个单词只有一个字母不同。如果你卡壳了，那就试着从下往上做。

284

请你把图片对应的单词填到它旁边的空格里，每空一个字母。注意，相邻单词之间会有交集。所以，填出来一个词，另外一个词你也就很容易猜出来了。按照顺时针的方向，把它们都找出来吧！

285

图中的每个人都同时做着两份工作来维持生计。凑巧的是，两份工作的英文单词互相押韵。比如说，第一张图片里面的男士，是 Preacher（传教士）也是 Teacher（教师）。你能把他们的职业都找出来吗？

286 你能够把单词"RAIN（下雨）"一步步地变成"CATS"，再一步步地变成"DOGS"吗？根据提示，把单词填入到"雨滴"当中。相邻的两个单词之间，仅有一个字母不同。如果你卡壳了，试着从下往上，或者从中间向两边来做。

把你的脚趾头戳断是什么感觉？

国际象棋里面最小的是什么？

猫和狗的"脚"叫什么？

为了表示鼓励，在你的背上做什么动作？

剪刀能够做什么？

用草建成的，结构简单的小房子

亲吻的时候，同时还要做什么？

发出猪叫一样的声音的是什么？

287 这一组漫画讲了一个非常幽默的故事，不过图片的顺序被打乱了。你能把它们排好吗？

288

这么多狗狗，它们的主人是谁呢？请你阅读上方的提示，利用逻辑推理为每一只狗狗找到主人。有些提示适用于两只以上的狗，但每只狗狗只有一个主人。

阿尼的狗有长长的毛发。
贝丝的狗正坐在地上。
查理的狗身上有骨头状的标记。
朵拉的狗身上只有黑色和白色。
埃文的狗既没有长毛发，也没有斑点。
弗朗辛的狗正在笔直地站着。

阿尼　贝丝　查理　朵拉　埃文　弗朗辛

289 妈妈用一个照片处理软件对一张家庭照片做了一系列的手脚。请你仔细观察每一张图片，找出妈妈每一步做了什么。然后，按照图片处理的过程，把照片重新排序。

290

　　一副扑克牌里面所有的梅花都掉出来堆在了一起。仔细观察你所能看到的每一张牌，想想它们分别是哪一张，中间朝下的那张是哪一张呢？

291 　下图中每行列出的 3 种事物都有一个共同点，至于这个共同点是什么，就得靠你来想了。也许是它们的长相，也许是它们的用法，甚至它们英文名字的读音。当你找出了每一组的共同点之后，看看最下方列出来的哪一件物品属于这一组呢。

292

下图中的每一个孩子都在做运动，但是，他们的运动器材却并没有画出来。请仔细观察他们的姿势，你能说出这些分别是什么运动吗？你可以选择参考右下角列出的词。当然，如果想要增加挑战性，也可以不看这些词，自己想出来。

击剑	篮球	高尔夫球
举重	美式撞球	保龄球
排球	网球	足球
箭术	棒球	花样滑冰

293 这一组漫画讲一个非常幽默的故事。不过图片的顺序被打乱了，你能把它们排好吗？

294 这一组漫画讲一个非常幽默的故事。不过图片的顺序被打乱了，你能把它们排好吗？

295 这一组漫画讲一个非常幽默的故事，不过图片的顺序被打乱了，你能把它们排好吗？

296 这一组漫画讲一个非常幽默的故事，不过图片的顺序被打乱了，你能把它们排好吗？

297

孩子们堆了不少雪人，但他们忘了每个雪人是谁堆的。仔细阅读图片下方的提示，运用逻辑推理找出答案。一些提示可能适用于不同的雪人，但是最终的结果是一个孩子只堆了一个雪人。

布拉德　凯特林　杜鲁　埃文

阿米莉亚　　　　　　　　　　　　费兹

阿米莉亚的雪人手里拿着东西。
布拉德的雪人只有两部分。
凯特林的雪人腰间有皮带。
杜鲁的雪人身上有一排纽扣。
埃文的雪人即没戴着帽子，也没围着一条带斑纹的围巾。
费兹的雪人有一只胡萝卜做的鼻子。

298

下面的 12 幅图片展示了一个女孩万圣节化妆的全过程，但是图片的顺序被打乱了。请你仔细观察每一幅图片，按正确顺序排列。

299 右图每一组列出的三个事物都有一些共同点，至于这些共同点究竟是什么，就得靠你来思考了。如果同一组图片中有truck（卡车）、buglet（小喇叭）、rhinoceros（犀牛），它们的共同点是，都有horn（角、喇叭、号角）。你能把图中每组事物的共同点都找出来吗？当然，答案不一定都是能看到的。

300

右侧的每一张图片里某一事物的单词去掉一个字母，就得到该图中的另一事物的单词；新单词再去掉一个字母，则得到该图中第三件事物的单词。比如说，PLANET（星球），去掉 T 则变成 PLANE；PLANE 去掉 L 则变成 PANE。当然，每一次去掉的字母可能在单词的开头、中间或者结尾。你能把每一张图中的3个单词找出来吗？

答 案

001

E。在其他各项中，颜色都遵循一定的规律，即淡蓝、红、深蓝、绿、黄、粉红。

002

E。

003

4。图内数字代表叠加在一起的四边形的个数。

004

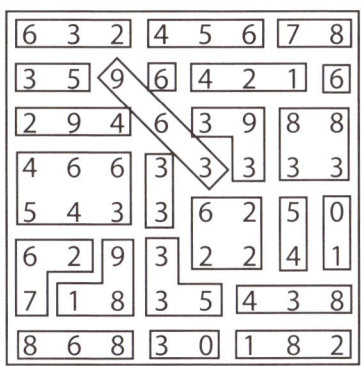

005

F。F 中各个图标都刚好是 C 中各个图标直线对称图。

006

G。在火柴人上加入 2 条线，拿走 1 条；加上 3 条线，拿走 2 条；加上 4 条线，拿走 3 条。

007

从左上角开始，规律为：2 个 "＋"，3 个 "－"，2 个 "÷" 和 3 个 "×"。缺失部分如图所示：

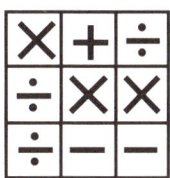

008

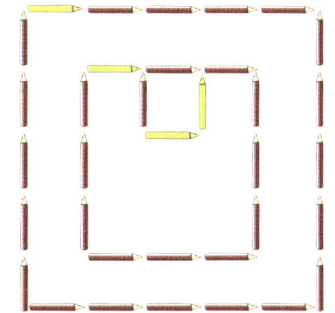

009

B。方框内图形的边应当每次增加一边。如此推算，则 B 项中的图形应当有两个边才能符合规律。

010

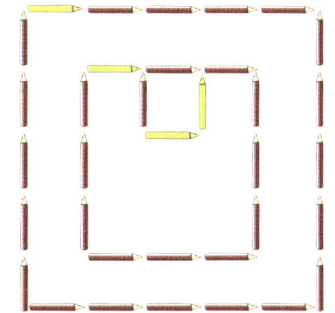

011

D。

012

1 朵云。图案代表的数值分别为：云 =3，伞 =2，月亮 =4。

013

从右上角开始，顺时针向内。规律为：2 个勾、1 个心、2 个脸、1 个勾、2 个心、1 个脸，依此类推。缺失部分如图所示。

014

A。在脸上增加一个新的元素，再增加一根头发和一个新的元素，然后增加一根头发，然后再增加一根头发和一个新的元素，按照这个规律重复下去。

015

016

G。内部各图都进行了 180° 旋转。

017

B。从第 1 列左上角开始，按照"Z"字形行进，规律为：4 个笑脸，1 个悲脸，3 个平嘴，2 个带头发的脸。缺失部分如图所示。

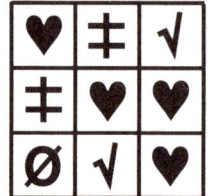

018

从左上角开始，按照"И"字形行进，规律为：2 个心，1 个勾，2 个圈叉，1 个不等号，1 个心，2 个勾，1 个圈，2 个不等号。缺失部分如图所示。

019

E。

020

F。奇数的个位和十位数字交换位置，其他不变。

021

2 个太阳和 1 个月亮。太阳 =6，月亮 =7，云 =9。

022

从左上角开始，按照"Z"字形行进。顺序为：3 个星，2 个圈，2 个方形，3 个加号，2 个星，3 个圈，3 个方形，2 个加号。缺失部分如图所示。

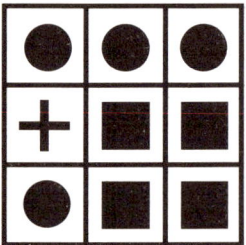

023

024

C。最小部分顺时针旋转 90°。中间部分保持不动，最大部分逆时针旋转 90°。

025

E。最大的图形垂直反向放置，且缩为最小；最小的图形变成最大的，方向不变。

026

H。

027

A。规律为：2 个朝上的拱形，4 个朝右的拱形，3 个朝下的拱形，2 个朝左的拱形。从左上角开始，垂直向下，到底后再转到下一列垂直向上，依此类推。

028

B。规律为：减 1 点，加 2 点；每增加或减少 1 点，盒子按照逆时针方向旋转 90°。

029

D 是错误的，因为其中最小的圈被叠加在 3 个面上，而其他图组中的圈皆仅被叠加在 2 个面上。

030

F。曲线部分变成直线，直线部分变成曲线。

031

C。只有 C 图加上一条直线后，可以构成一个三角形，该三角形与一个矩形相连接，该矩形与原橘黄色矩形相重叠，与例图的各项条件相仿。

032

7。

033

E。按照相似的比例和位置，正方形变成圆圈，圆圈变成三角形，三角形变成正方形。

034

顺序为：Z—R—T—T—U—W—W—Z—Z—S。从右下角开始，按 "Z" 字形行进。缺失部分如图所示。

U	W	W
Z	W	W
T	T	U

035

H。

036

G。顶部和底部的元素互换位置，中心较小的元素变得更小，在外的 2 个元素都转移到中心较大元素的内部。

037

84。将 A 的小时数乘以 B 的分钟数，得到 C 的吨数；将 B 的小时数乘以 C 的分钟数，得到 D 的吨数；将 C 的小时数乘以 D 的分钟数，得到 E 的吨数；将 D 的小时数乘以 E 的分钟数，得到 A 的吨数；将 E 的小时数乘以 A 的分钟数，得到 B 的吨数。

038

C。

039

E。该图形被沿着一条水平线折叠，阴影部分将一块非阴影部分遮盖住了。

040

D。第 1 个图形中上下两组元素发生替换便得到第 2 个图形。

041

E。

042

C。该项中有一种图形的数量为奇数。

043

044

规律为：1:00，2:00，2:00，1:00，3:00，3:00，2:00，4:00，4:00，3:00，5:00，5:00，4:00，6:00，6:00。从左下角开始，按照 "N" 字形行进。补充部分如图所示。

045

排列顺序为：

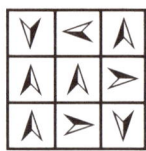

从左下角开始按照顺时针方向向内旋转。补充部分如左图所示。

046

D。圆圈变成方形，线条变成圆圈，方形变成线条，保持原来的大小和位置。

047

B。图形分别置于彼此上方，并且交换颜色。两个图形重叠部分变为白色。

048

从左下角开始，表情的排列规律为：笑脸，笑脸，平嘴，撇嘴，撇嘴，笑脸，平嘴，平嘴，撇嘴。补充部分如图所示。

049

F。

050

B。

051

颜色的排列顺序为：橘色、黄色、粉色、红色、绿色，从左上角开始向内旋转。补充部分如图所示。

052

G。逢奇数加 3，逢偶数减 2。

053

排列规律为：7，1，1，3，2，2，5，5，4，1。从右上角开始，逆时针向内旋转行进。补充部分如图所示。

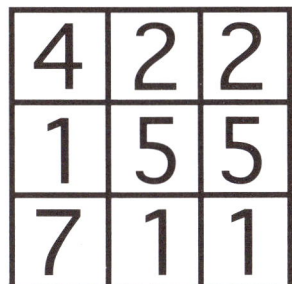

054

A。相应位置的图形增加一个相同造型的菱形，直至菱形数达到 3 个后又回复到 1 个。

055

在 10×10 的正方形中一共少了 10 个圆点，因此一共是 90 个圆点。

056

4。

057

A。每个圈比前一例相应的圈内多一个叉，中间一个圈内的首尾两个叉与另两个圈内的首叉或尾叉位于同一直线上。

058

35。紫色六边形不代表数值，而每个绿色六边形在各行中代表的数值分别为：1，2，3，4，3，2，1。图形底部的数字等于各行绿色六边形的总值之和。比如，第 1 幅图的总和计算如下：（1×1）+（3×2）+（1×3）+（1×4）+（1×3）+（1×2）+（1×1）= 1 + 6 + 3 + 4 + 3 + 2 + 1 = 20。

059

D。

060

浸在水里的物体的浮力等于它所排出的水的重量。

你可能认为结果应该是在天平右端原来的重物基础上再加上与左端容器里重物承受的浮力相等的重量，然而真的是这么简单吗？

根据牛顿第三定律，作用力与反作用力相等。那么容器里的水对重物的浮力就等于重物对水的反作用力。

因此，天平右端的重量减少时，天平左端的重量相应增加。

所以要达到平衡，天平右端需要加上 2W 的重量，W 等于重物在左端容器里排出的水的重量。

061

D。

062

4。把每个正方形中对应位置的数字相加。左边部分数字的和等于 20，上面的和等于 22，右边部分的和等于 24，下面部分的和等于 26。

063

F。圆圈和正方形相应地变成正方形和圆圈。其中最大的元素失去所有的内部元素。

064

B。

065

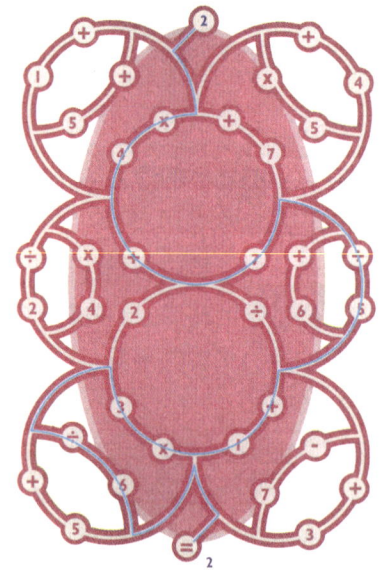

066

规律为：1，2，2，3，4，4，1，2，3，3，4。从左上角开始，沿"Z"字形行进。补充部分如图所示。

3	3	2
2	3	4
3	2	1

067

D。将前一个菱形四角上的数字加起来，所得和放入后一个菱形的中心，相邻两个角上的数字之和放在后一个菱形顺时针的下一个角上。

068

B。每变动一次，正方形变成圆圈，三角形变成正方形，圆圈变成三角形。

069

过了一段时间之后，所有的摆都开始摆动，但是只有第一个开始摆动的摆和与之颜色相同的摆的摆幅最大。它们之间通过振动传递能量。

每个摆都有一个摆动频率或者固有频率。每个摆的每一次摆动都会拉动连接的横杆，并带动其他的摆。其中摆长相同的两个摆固有频率也相同，从而相互作用。

最终，这一对摆长相同的摆中有一个摆幅慢慢接近 0，它的能量转移到另一个摆上，使这个摆的摆幅达到最大，然后能量又传递回来，如此循环往复。

070

C。每一行和每一列中都必须包含两个橘色和两个绿色的正方形。

071

C。

072

第 1 组菜中你有两道可以选择，第 2 组菜中你有 3 道可以选择，第 3 组菜中你有两道选择。因此你的选择方法一共应该有 $2 \times 3 \times 2 = 12$ 种。

073

排列规律为：@, @, %, *, %, &, &, *, %。从右上角开始，逆时针向内旋转。补充部分如图所示。

@	%	*
@	%	*
@	@	%

074

B。

075

黄色。

076

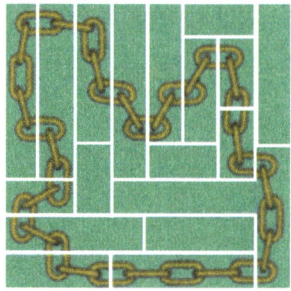

077

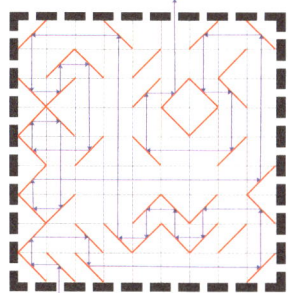

078

1 与 1a 一组，2 与 2a 一组，依此类推，上面的点绕着圆圈按照垂直左右交替的方式行进。

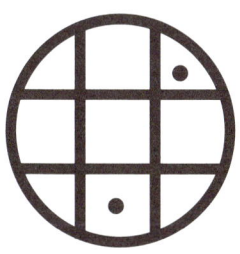

079

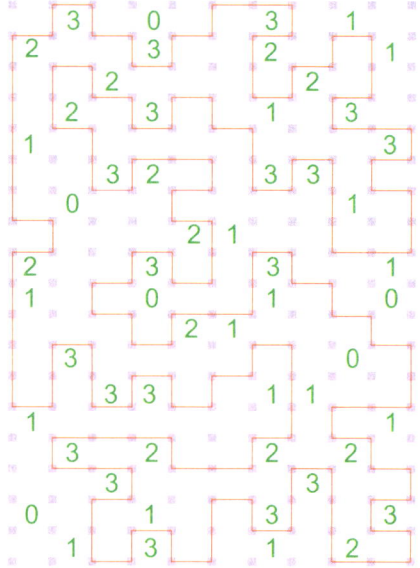

080

A 和 F。

081

规律为：

从右下角开始逆时针向内行进。问号处表情如图所示。

082

		2
9		7
4	8	3

083

黑桃 9、方片 9、黑桃 7 和黑桃 2。

在每一行中，黑桃牌代表正数，方片牌代表负数。这些正数与负数相加，就得到每行最右边的牌的花色和数值。

084

B。

085

C。其他项如果左右颠倒，都可以找到相应的项，只有 C 例外。

086

B。每列中每张脸的头发、耳朵、眼睛、嘴巴和脸形都不相同。

087

C。当通过镜面成像时，A 和 D，B 和 E 是成对的。

088

D 和 E。

089

D	3
F	7

090

57，71，53，45。各种颜色所代表的数字分别为：蓝色 =3，黄色 =5，橘色 =-4，绿色 =-5。将上部两个数字相乘，下部两个数字相乘，所得的积相加。再根据正方形的颜色加上或者减去一定的数量。

091

一共有 43 对。

092

54。各种颜色所代表的数字分别为：粉色 =3，橘色 =4，黄色 =5，绿色 =6，紫色 =-2，红色 =-4。将颜色所代表的数字加上正方形中的数字。

093

96。各种颜色所代表的数字分别为：粉色 =2，黄色 =3，绿色 =4，橘色 =5。

094

A。

095

096

C 和 F。

097

A。后一个正方形中的图形边数和比前一个多 2。

098

隐藏的字母是 F。

099

排列规律为：

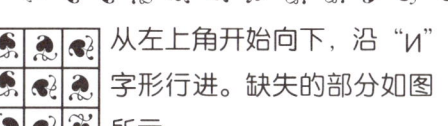

从左上角开始向下，沿"И"字形行进。缺失的部分如图所示。

100

F。每个图形变成比原来多 2 条边的图形，并且排列顺序倒置。

101

B 和 E。

102

E。A、D、G 内有从左下往右上方向的线条的正方形，都有向右或者向上的箭头。B、C、F、K 内有从右下往左上方向线条的正方形，都有向下或者向左的箭头。

103

D。整个图形按照水平线成镜像，任何有直线的图形都顺时针旋转 90°，最小的圆形消失了。

104

B 和 F。

105

D。

106

最终图形的高度会接近原来图形的 2 倍，但是却永远不可能达到它的 2 倍，不论这个数列如何继续下去，即 1+ 1/2+ 1/4+1/8 +…≈ 2。

计算"塔"的高度也与此类似。

107

D。图形交替旋转 180°和 90°。圆圈和正方形交换位置，菱形和矩形交换颜色。

108

105。各种颜色所代表的数字分别为：黄色 =4，粉色 =5，绿色 =6，橘色 =7。将颜色所代表的数字加上正方形中的数字即可得出答案。

109

货物会降下来。

110

27。各种颜色所代表的数字分别为：黄色 =2，红色 =3，绿色 =4，紫色 =6。将三角形三边颜色所代表的数字相乘，得到结果 1。将内部数字相加，得到结果 2。现在用结果 1 减去结果 2，得到答案。

111

B。

112

B。Billy 那块地的篱笆最长。

113

B。

114

G。

115

第 2 列第 3 只与第 3 列第 5 只。

116

D。圆圈和三角形交替变换位置。

117

C。

118

F。小正方形变成大正方形，相反亦然。带三角形的小正方形仅保留为小正方形。在大正方形上的三角形仍保留。

119

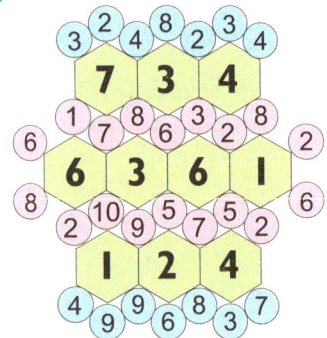

120

D。每个正方形里的图形是由它下面的两个正方形里的图形叠加而成的。而当这两个正方形里有相同的符号或线段时，这一符号或线段将被去掉。

121

A。这个图形围绕纵、横两轴对称。

122

4。将每一个格外圈的两个数字相乘，将乘积放入内圈顺时针隔开两格的位置。

123

7。将每个三角形角上的数字加起来，乘以 2，并将最终结果放入三角形中间。

124

1:00。分针朝前走 20 分，时针朝后走 1 个小时。

125

放入 1 个四边形。4 个四边形 =3 个向右箭头 =6 个向上箭头。

126

E。图中没有曲线。

127

8。黄色正方形中，在 4 个数字和的基础上再加上 5；而绿色正方形中，在 4 个数字和的基础上再减去 5，便分别得到中间的数值。

128

D 和 L。

129

39。勾 =6，星 =9，叉 =3，圈 =24。

130

68。方形 =7，X=11，Z=3，心形 =17。

131

5	8	6	3	4
8	6	0	7	2
6	0	9	1	7
3	7	1	2	5
4	2	7	5	8

132

72。将数字盘上半部分中的数字乘以一个特定的数，得到的积放入对应的下半部分的位置。第1个数字盘中乘以的特定数字为3，第2个为6，第3个为9。

133

一个全满的圆。观察三角形顶角，从前一个到后一个，刚好增加1/4份。同样道理，比较各个三角形的下角，从前一个到后一个，也是刚好增加1/4份，直至全满，重新开始。

134

上半个：÷，×；下半个：×，×。

135

33。星=8，勾=12，叉=13，圈=5。

136

－，－，×。

137

C和K。

138

23。方形=9，叉=5，Z=6，心=7。

139

2。表情代表的是数字，根据其内部含有的或者周边增加的元素而计（不包括头本身）。将顶部代表的数字与右下角代表的数字相乘，除以左下角代表的数字，便得到中间的数字。

140

K和O。

141

3。这里有4个面，其中的数字显示的是所叠加在一起的面的数量。

142

E。将图形顺时针旋转90°。

143

靛青和紫色（这是彩虹中含有的颜色）。

144

B，F和N。

145

四边形。因为它是唯一闭合的图形。

146

C。在其他各组图形中，两个小图刚好能够拼成大图。

147

C。在其他各组图中，最大的图形与最小的图形相同。

148

C。分针朝前走5分钟，时针朝前走3个小时。

149

C。

150

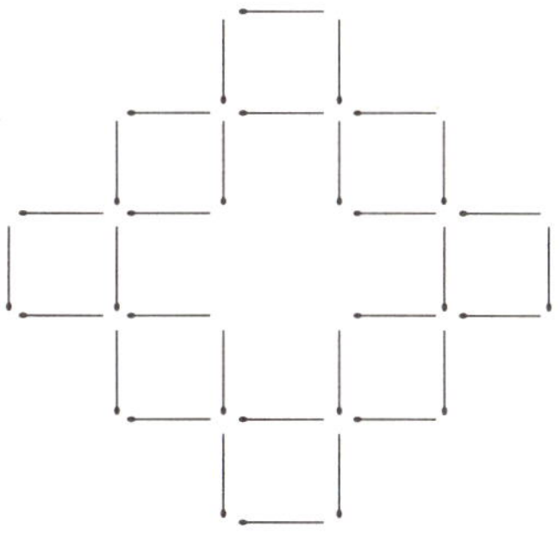

151

B。在该项中，没有形成一个三角形。

152

B。在其他图组中，较小的圈在较大的圈中。

153

缺失部分应当有 2 个点。将每一行或每一列的顶端的正方形中的数字相加，将和放入相反行或列的中间格中。

154

线条加减规律为：+1，+2，+3，−2，−1。而具有偶数条线（头部不计）的火柴人则上下倒置，如图所示。

155

6。颜色所代表的值分别为：红色 =1，橘色 =2，绿色 =3，黄色 =4，粉色 =5，紫色 =6，棕色 =7。将外圈两种颜色代表的数字相加，所得的和填入对顶的扇形内圈处。

156

D。其他各图都是对称的。

157

21。箭头 =12，雪花 =9，红桃 =3，%=5，@=7。

158

第 1 列圆形中的块数加上第 3 列圆形中的块数，等于第 2 列圆形中的块数。答案如图所示。

159

B。B 是唯一在同一行中没有 3 个盒子的项。

160

B。该项是其他图的镜面图。

161

10。将外圈两个数字相乘，再分别除以外围上的 1，2，3，…，8，得到的商放入内圈的对顶位置。

162

A.66。前两个数字相加的结果就是第三个数字。

B.154。计算的规则是：$(n+3) \times 2$。

C.9 和 20。该行两组数字排列的规律为：一个满足加 3、加 4、加 5，依此类推；另一个是每次都加 2。

D.51。计算的规则是：$(2n−3)$。

E.−49。计算的规则是：$(2n−15)$。

F.70。数字排列的规律为：$(2n−1^2)$、$(2n−2^2)$，依此类推。

G.343。计算的规则是：前两个数字相乘 $÷2$。

163

D。黄色星星上的一个角被遮住了。

164

黑白蒙德里安：蒙德里安的原画是左下方的那幅，这幅画是蒙德里安于 1917 年创作的，该画原名为《线段的合成》。

而在这个实验中很多人认为这 4 幅中最好看的是右上角的那幅。

彩色蒙德里安：蒙德里安的原画是第 1 幅。

165

重物 1：向上
重物 2：向下

重物 3：向上

重物 4：向下

166

这个装置利用了一些简单的机械原理。装置中用到了链子、滑轮、杠杆以及气箱和水箱。牧师将圣坛上的圣火点燃，气箱和水箱里的空气受热膨胀，压迫球形水箱里的水通过虹吸管流到挂在滑轮上的桶里面。桶的下降会拉动绳子或链子，从而拉动闩门的链子，神殿的门就这样被"神奇"地打开了。

当圣火燃尽，空气冷却之后，门又会通过右下方的平衡物自动关上。

167

那个生气的面具在第 2 行右边倒数第 2 个。

人的感知系统总是能够很容易察觉异常的事物，而完全不需要系统地查找。这个原理被用于飞机、汽车等系统里，从而使它们的显示器能够随时随地地探测出任何异常的变化。

168

这 6 幅图中只用了一种基本图形，如下图所示。

每一种图案都是由这一种基本图形合成的，该图形通过旋转可以有 4 种形式。

100 年前，皮尔·多米尼克·多纳特引入了这个概念：由一个最基本的图形单元通过不同的排列以及对称可以形成各种不同的图案。

1922 年，安德烈亚斯·施派泽出版了《有限组合的理论》，在书中他分析了古代的装饰物，他说，这些装饰物的图案完全不能用某个数学公式来计算它们的复杂性。在这种意义上甚至可以说不是数学产生了艺术，而是艺术产生了数学。施派泽通过单个图形单元的对称、变形、旋转和镜像得到了这些复杂的图案（通过各种方法组合得到最终的图案：他一共用了 17 组，用这 17 组基本图形可以组成所有人们想得到的图案）。

169

逆时针旋转两圈半。

170

将中间的齿轮逆时针旋转一个颜色格，所有齿轮相接处的颜色都会相同。

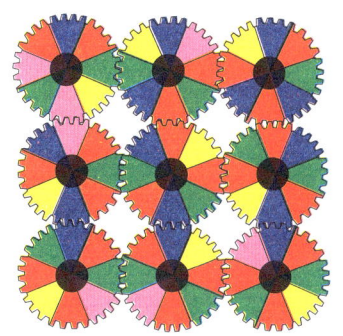

171

如图所示，最后组成的句子是："The impossible takes longer."

最大的齿轮顺时针转动 1/8 圈就可以得到这句话。

这句话出自于一个无名氏之手，是美国海军工程营纪念碑上的碑铭，其原文是："The difficult we do at once; the impossible takes a bit longer."（困难我们可以马上克服，不可能的任务多一点儿时间就能完成。）

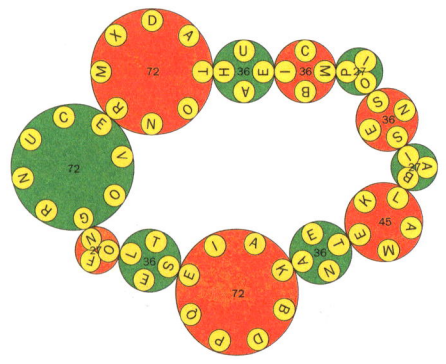

172

黄色小齿轮将会把竖直的齿轮带向下带动 18 个齿，需要 6 分钟打开开关。

绿色小齿轮将会把水平的齿轮带向左带动 12 个齿，需要 4 分钟打开开关。

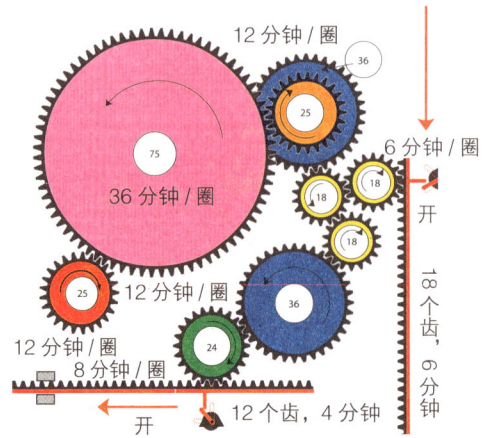

173

15 部分。

这些部分如下：四面体的 4 个顶点上有 4 部分，四面体的 6 条边上有 6 部分，四面体的 4 个面上有 4 部分，四面体本身。一共有 15 部分。

15 这个数字是一个三维空间被 4 个平面分割时能得到的最大数字。

174

不可能做到。

175

如图所示，有两种排列方法。

176

当然，你可以一个一个地数，但这样花的时间绝对要超过规定的时间。

你可以先迅速分析一下图形的特点，然后再算出圆点的数量，这样做能够提高速度。

每个小正方形中有 10 个圆点，一共有 9 个这样的小正方形，因此一共是 90 个圆点。

177

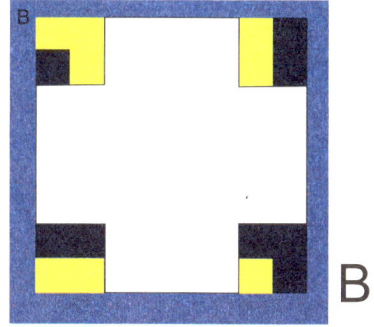

178

应该选择 B，将 B 覆盖在红色方框中每对图案右边的图案上，都能够使这 3 对图案正好相互反色。

B

179

180

181

5 个四格拼板不能正好放入 4×5 的长方形中。T 形的四格拼板放进去覆盖住了 3 个黑色格子和 1 个白色格子，剩下的 4 个都是覆盖住 2 个黑色格子和 2 个白色格子。因此这 5 个四格拼板覆盖的黑色和白色格子数必须分别为奇数，但是题中长方形里的黑色和白色格子各有 10 个，因此答案是不能放入。

182

如果你观察得足够仔细，那么还可以将立方体的 4 个面画出来。

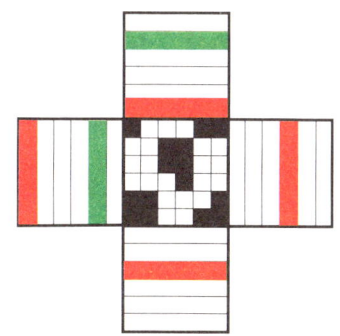

183

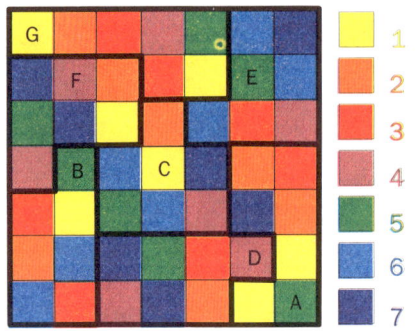

184

n 个骑士在圆桌旁的排列应该有：$\frac{(n-1)\times(n-2)}{2}$ 种，即 $\frac{(8-1)\times(8-2)}{2}=21$ 种。另外的 20 种排列方法如图所示。

185

基本的图案只有 3 种，然而通过不同颜色之间不同的排列一共可以串出 12 种不同的项链，如下图所示。

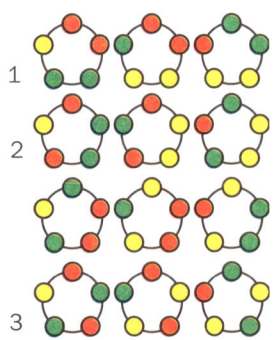

186

最少应由 16 颗珠子组成，如图所示。

要用 n 种颜色组成一个圆圈，使该圆圈包含这些颜色中任意 2 种颜色的所有组合，那么这个圆圈最短的长度是 n^2。

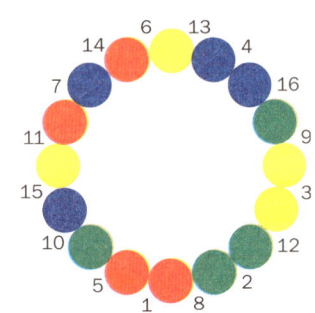

187

游戏板上所有这些重物都放置在正多边形的顶点，如下图所示。其中还缺少 5 个重物，在图中用红色大圆圈表示。加上这 5 个重物可以保持整个游戏板的中轴平衡，因为所有的重物都是对称分布的。

188

189

190

191

这 12 个五格拼板在棋盘上的摆放位置有很多种，最后总是会留下 4 个方格。无论这 4 个方格选在哪里，总是可以将这 12 个五格拼板放进去。如图所示为答案之一。

192

4 个问题的答案分别如图所示。也有其他解法。

横框两边的力矩 = 重量 × 它到支点的距离。例如在问题 1 中，横框右边的力矩为：

蓝色小球：5 × 4=20

红色小球：2 × 2=4

绿色小球：3 × 1=3

因此右边的总力矩是 27。而左边有 (2 × 5)+ (1 × 4)+ (3 × 3)+ (4 × 1) + (1 × 0) = 10 + 4 + 9 + 4 + 0 = 27，与右边相等，由此使这个结构平衡。

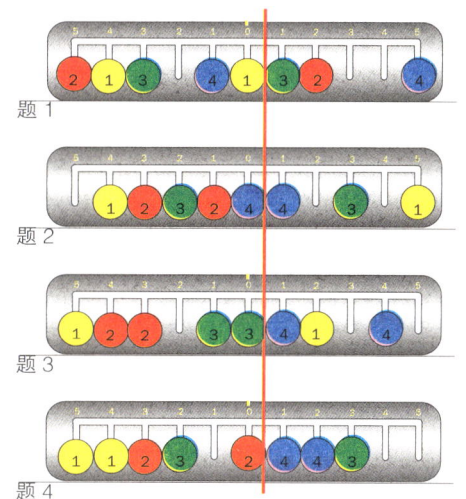

题 1

题 2

题 3

题 4

193

满足条件的排序一共有 4 种，下图是其中的 1 种。

194

195

奇数乘以奇数结果为奇数，一个奇数的任何次幂还是奇数，因此所有的首项都是奇数。图中的画除了第 2 幅以外其余结果都是偶数。

196

不管你如何选择这 10 个数，总是可以从中找出两组数字之和相等。

在这 10 个数里选择一个数一共有 10 种方法，选择一组两个数有 $(10 \times 9) \div (2 \times 1)$ 种方法，选择 3 个数有 $(10 \times 9 \times 8) \div (3 \times 2 \times 1)$ 种方法，一直到选择 9 个数有 $(10 \times 9 \times 8 \times 7 \times 6 \times 5 \times 4 \times 3 \times 2) \div (9 \times 8 \times 7 \times 6 \times 5 \times 4 \times 3 \times 2 \times 1) = 10$ 种方法。加起来一共是 1012 种方法。

一组数之和最小的可能是 1，最大的可能是 945（一组里面包含 10 个数，从 90 到 99）。

也就是说，选择数字一共有 1012 种方法，各组的和只有 944 种可能。

因此，如果从小于 100 的整数中任意选出 10 个数，总是可以从中找出两组，使其数字和相等。

197

解法之一，如图所示。

198

把 1 个正方形分割成 6 个相似的等腰直角三角形有 27 种方法：

199

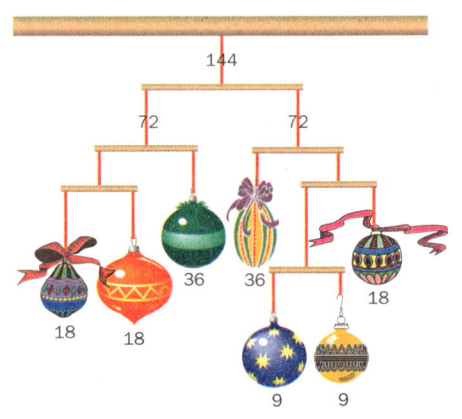

200

密码是 CREATIVITY。

201

答案依次如下：

（1）A6，C5，G6。

（2）D2。

（3）12 个。

（4）117，一共出现过 3 次。

（5）G1 的值最小，为 91。

（6）E4。

（7）不存在。

（8）不存在。

202

203

204

只有这个图案是单独的，其他图案都是成对出现的。

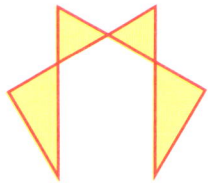

205

如图所示。当 n 能被 4 整除时，图形不是闭合的。

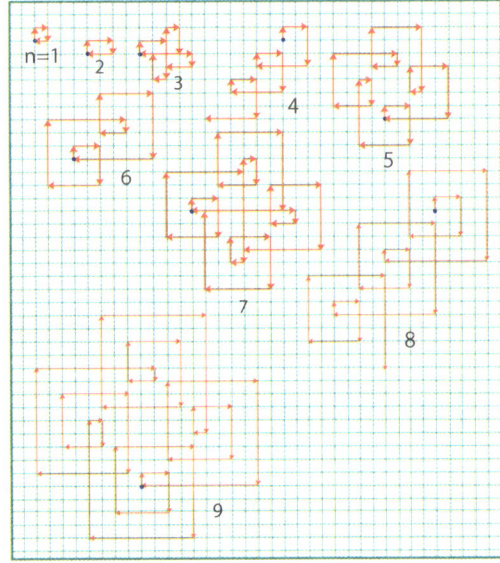

206

祝贺你！你既然还活着来核对答案，说明你一定是按照图示那样剪了 8 次。

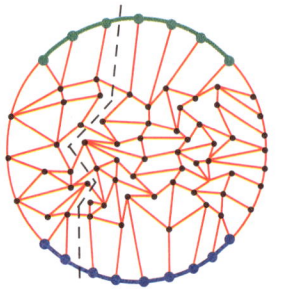

207

B。

208

B，内环的 2c。

209

第 6 个中心六边形数等于 91。求它的公式为 $H_n = n^3 - (n-1)^3$

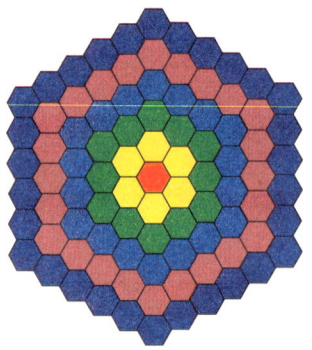

第 6 个中心六边形数 $(H_6 = 91)$

210

至少需要 4 种颜色，如图所示。

马丁·加德纳把这样一系列用 3 种颜色上色满足不了条件的边染色图命名为"蛇鲨"。而事实上，这些图应该被称为"非三色上色图"。

这一类图是由约翰霍普金斯大学的

鲁弗斯·艾萨克斯首先开始研究的。

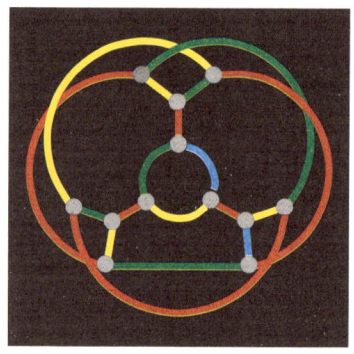

211

最多可以走 5 步。

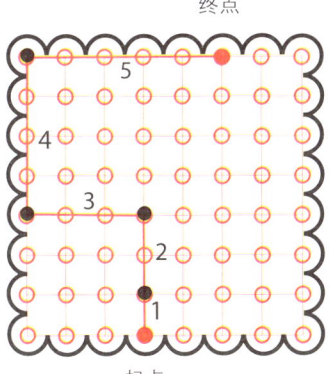

212

如图所示，对于房子总数为偶数的情况，到所有的房子距离最近的点应该在中间两栋房子的中心。

而对于房子总数为奇数的情况，到所有房子距离最近的点应该是最中间的那栋房子。

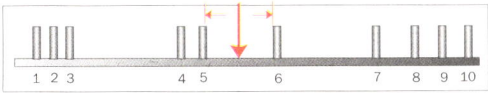

213

那个沿着地平线发射的炮弹将最先落地，因为物体以相同的重力加速度垂直降落，不考虑它们的水平速度。如果其他两个炮弹以相同的能量降落，以一个角度发射的炮弹将比垂直发射的炮弹更早落地。这是因为以一个角度发射的炮弹的能量被转化成了水平方向的动能，所以它到达的高度不高，因此它飞行的时间将会更短。

214

215

该题的解有很多种，下面是其中一种，如图所示。

216

当木框按照正确的顺序移走后，得到的单词是 CREATIVITY。

217

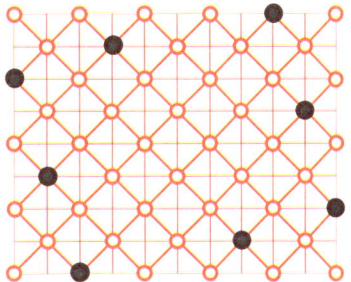

218

如图所示。将 4 张卡片重叠，最后每个小正方形里的 4 个圆圈就分别呈现出 4 种不同的颜色。

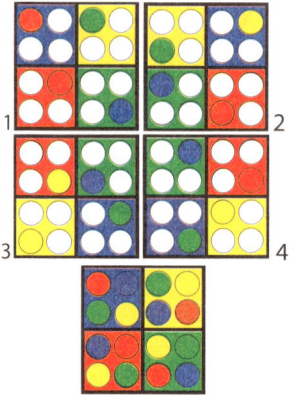

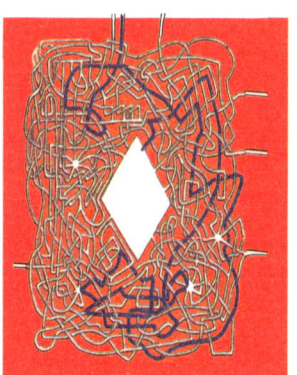

219

220

这个迷宫是由刘易斯·卡罗尔在他 20 多岁的时候，给他的弟弟和妹妹设计的。

221

4 与其他 5 个都不同，其他的都只有 1 个连续的结，而 4 是由 2 个结组成的。

222

设有 4 张牌，前 3 张的和为 21，后 3 张的和也为 21。那么就说明第 1 张牌和第 4 张牌一定相等。因此在这些牌中，每隔 2 张牌都是一样的。

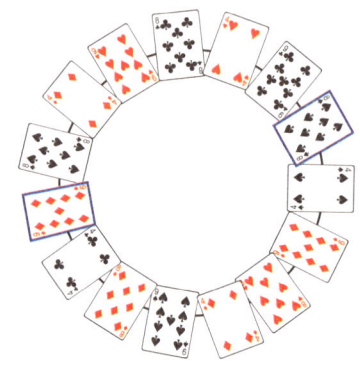

223

最少需要 3 次。

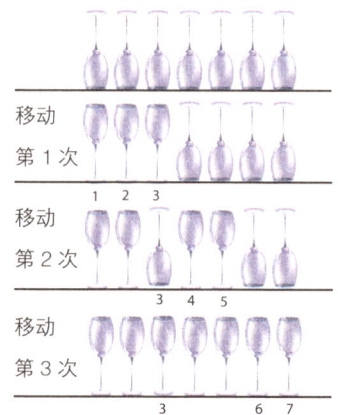

224

A—1　E—5　I—2

B—2　F—5　J—1

C—3　G—4

D—3　H—4

225

将奎茨奈颜色棒分开，再组成长度为 n 的方法有 2^{n-1} 种。

想象一根长度为 10 的奎茨奈颜色棒在每隔 1 个单位长度的地方做有标记。在每一个间隔处，你有两种选择：你可以在此处将颜色棒折断，或是保持原样。

在一根这样的颜色棒上有 9 处标记，可供你选择折断，或是保持原样。因此排列长度为 10 的颜色棒一共有 2^9 种方法。

$2 \times 2 \times 2 \times 2 \times 2 \times 2 \times 2 \times 2 \times 2 = 512$

226

这个数列包含的数字都是上下颠倒过来也不会改变其数值的数字。

227

7.5 个单位面积。

可以把这个红色四边形的面积分成

3 个直角三角形和中间的 3 个小正方形。中间的 3 个小正方形的面积是 3 个单位面积，而 3 个直角三角形的面积分别是 1.5、1、2 个单位面积，因此红色四边形的总面积是 3+1.5+1+2=7.5 个单位面积。

228

这 4 个图形的面积分别是 17、9、10、16 个单位面积。

335 题的方法同样也适用于这一题。不过对于更加复杂的图形可以采用皮克定理，它会让计算变得非常容易。

当我们要计算一个小钉板上的闭合多边形的面积时，我们所要做的就是数出这个多边形内（不包括多边形的边线）的钉子数（N）和多边形的边线上的钉子数（B），多边形的面积就等于：$N+B/2-1$。

你可以用本题中的例子来验证一下这个公式。

229

解法之一如图所示：

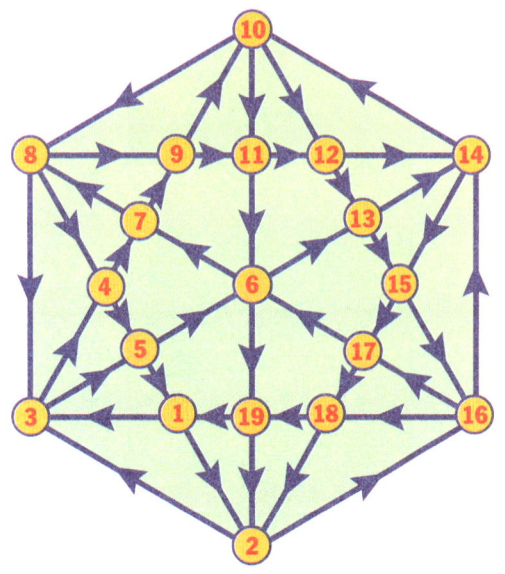

230

如果前 10 个正整数是这 5 个可以被拼成一个正方形的长方形的元素，那么这个正方形的面积一定在 110 和 190 之间。正方形的边长应该是 11、12 或 13。

因为长方形的 10 个元素完全不同，4 个长方形一定包围着一个在中间的长方形。

对于边长为 12 没有解法。只存在 4 种解法：两种边长为 11，两种边长为 13。解法如图所示。

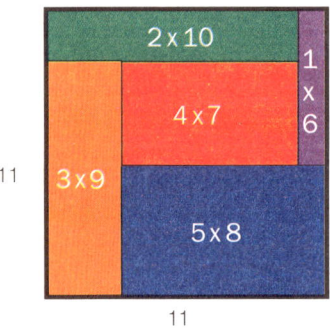

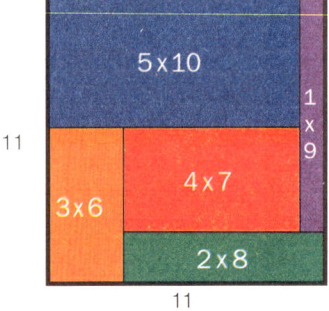

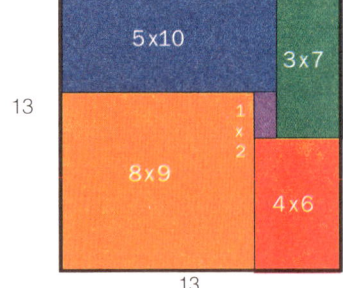

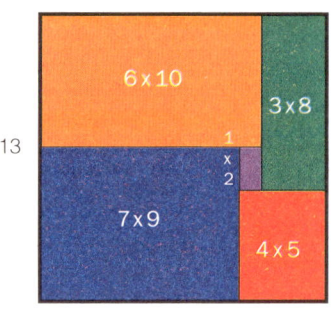

231

如图所示，从左下角开始，沿逆时针方向旋转，每 4 个动物的顺序相同。

232

如图所示，原图中少了一个红色正方形。

233

如图所示，19 个瓢虫分别在不同的空间内。

一般情况下，3 个三角形相交，最多只能形成 19 个独立的空间。

这一点很容易证明。两个三角形相交，最多能够形成 7 个独立的空间，而第 3 个三角形的每一条边最多能够与 4 条直线相交，因此它能够与前两个三角形再形成 12 个新的空间，所以加起来就是 19 个空间。

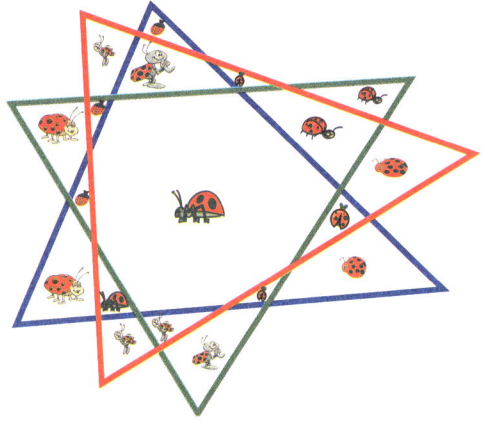

234

有多种解法，下图是其中的一种。

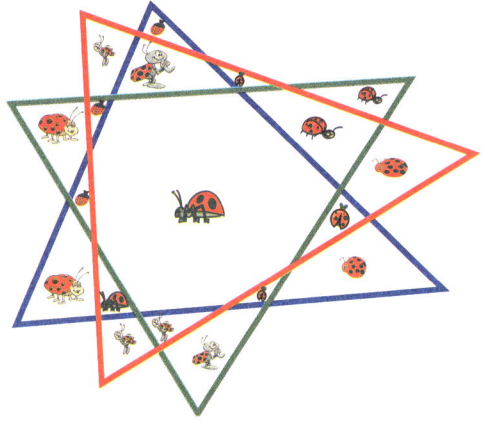

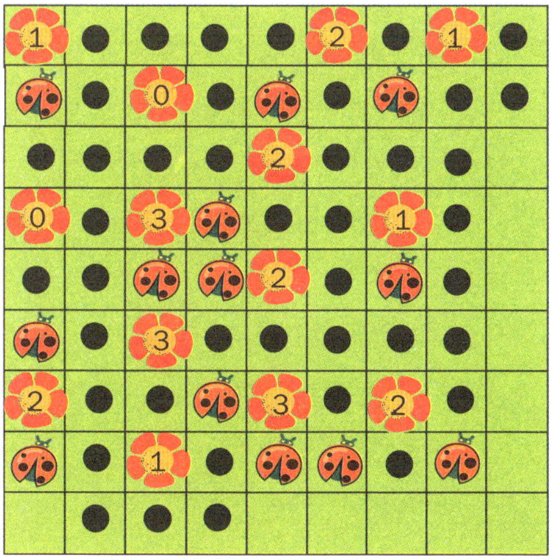

235

持续度分别为 2、3、4 的最小的数分别为 25、39、77。每个数通过重复题目中的过程都可以得到一个一位数。这个过程不是无限的。

持续度	最小的数
1	10
2	25
3	39
4	77
5	679
6	6788
7	68889
8	2677889
9	26888999
10	3778888999
11	277777788888899

注意 8 和 9 出现的频率非常高。为什么呢？没有人知道。

236

通过统计这 6 个玩具头所显示的小球，我们得到了下面的结果：

红色小球：31 个；

绿色小球：6 个；

黄色小球：7 个；

蓝色小球：16 个。

这个数据非常接近我们的正确答案，也就是这 60 个小球的分布（30 个红色，6 个绿色，9 个黄色，15 个蓝色）。

统计学是研究统计理论和方法的学科。很多问题都可以通过统计学的方法来解决。尤其是建立在不确定和不完全的信息基础上的问题。统计学运用样本——也就是从总体中所选取出来的一部分来推导总体。

样本是随机抽取的。因此，概率在统计学中起着非常重要的作用。统计学通过样本来决定总体的构成。

如果我们想通过样本对总体的估计精确到 98% 以上，那这个样本含量需要多少才可以呢？

如果总体是 200 个人，那么这个样本至少要包含 105 个人。如果总体是 10 000 个人，那么样本必须包含 213 个人。这个玩具头的游戏就是遵循统计学原理的。

如果你对统计学有了一定的了解，你就再也不会相信那种基于错误数据所得出的错误结论了。

图表经常用于统计学和概率论中，它可以让数据变得形象化，从而更好地展现各种数据之间的关系。

237

一共有 4 种不同的解法，最少都需要 4 次才能将它们全都带过河。如图所示是其中的一种解法，其中 M 代表老鼠，C 代表猫。

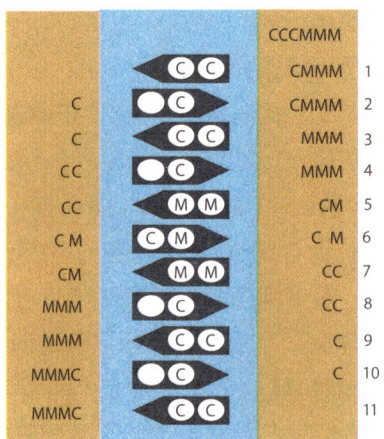

238

A.1　　　　B.2

C.3　　　　D.4

239

A.4　　　　B.1

C.1　　　　D.3

240

1.C　　　2.G　　　3.F

4.A　　　5.B　　　6.E

7. 睡着了 8.D　　　9.H

241

事物：桥（Bridge）、砖（bricks）、小溪（brook）、树枝（branch）、辫子（braid）、手镯（bracelet）、刷子（brush）、肉汤（broth）、西蓝花（broccoli）、面包（bread）、新娘（bride）、扫帚（broom）、支柱（braces）、脑（brain）、呼吸（breath）、野马（bronco）。

242

243

如下页图所示，相匹配的鸟用字母标出。

A：有小斑点的那块低一些

B：尾巴有三个分叉

C：翅膀尖的羽毛是黄色

D：后脑勺上没有红点

E：头顶的羽冠要长一些

F：喙要勾一些

G：胸前的小斑点少一些；

剩下的一只鸟没有配对。

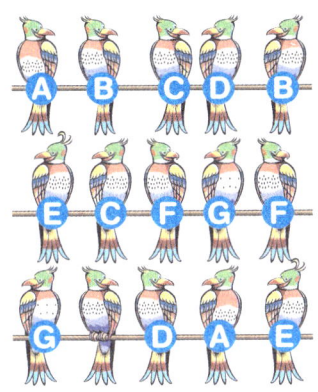

244

相匹配的是 2 和 8。

不同：

1. 多出来尖牙；
3. 胳膊上没毛；
4. 右边中间多一道裂缝；
5. 疣少了一个；
6. 大拇指不见了；
7. 左上角少一道裂缝。

245

Two：glue（胶水），screw（螺丝钉），shoe（鞋）。

Four：core(of apple)（苹果核），door（门），oar（桨）。

Six：bricks（砖），chicks（小鸡），sticks（棍子）。

Eight：crate（板条箱），gate（大门），plate（盘子）。

Ten：hen（母鸡），men（男人），pen（笔）。

246

一模一样的是 B 和 E。

不同：

A. 没有后轮上的铁片；
C. 短裤变成浅黄色的了；
D. 帽子的条纹变成涂满的了；
F. 闪电的图案倒了；
G. 袖子要短一些。

247

1. 双肩背包，棒球手套；
2. 运动型收音机，充气游泳圈；
3. 太阳镜，裤子；
4. 紧身短背心，夹趾拖鞋；
5. 帽舌，脚蹼；
6. 潜水面罩，手表。

248

249

成对的用字母标示出来。单独的一个用黄色圈出，一组三个的用白色圈出。

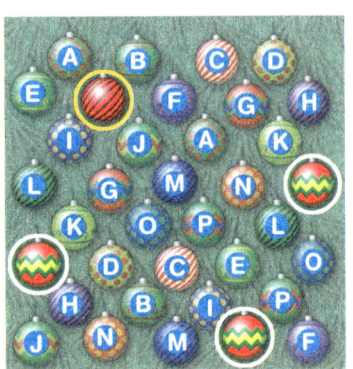

250

DO（图 6）：dog（狗），doll（娃娃），donut（甜甜圈）。

RE（图 3）：refrigerator（冰箱），reindeer（驯鹿），remote（遥控器）。

MI（图 1）：microphone（麦克风），milk（奶），mime（滑稽演员）。

FA（图 5）：fan（电风扇），fangs（尖牙），faucet（水龙头）。

SO（图 2）：soap（肥皂），socks（短袜），sombrero（墨西哥宽边帽）。

LA（图 4）：ladder（梯子），lake（湖），laundry（洗好的衣服）。

TI（图 7）：tickets（票），tie（领带），tiger（老虎）。

251

1. 汽水罐　　　2. 灯　　　　3. 扫帚

4. 锤头　　　　5. 录像带　　6. 字典

7. 自行车头盔　8. 伞　　　　9. 开罐器

252

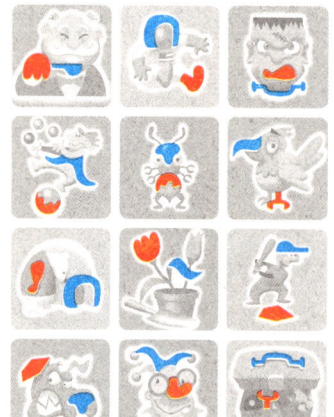

253

讨要糖果的小鬼住的房子用星号标

记出，如图所示。

254

四个假矮人用星号标示。

不同：

1. 衣服长一些；

2. 眉毛不同；

3. 嘴巴上有小胡子；

4. 胡须短一些；

5. 鞋尖没有翘起；

6. 多一条皮带；

7. 帽子的颜色不一样；

8. 袖子长一些。

255

1. 狼蛛——尽管被狼蛛咬伤很痛，

但是它并不含有毒。

2. 开罐头器——开罐头器是在 1870 年，罐头发明以后 50 年左右发明的。轮滑鞋和钢琴都是在 1710 年发明的。

3. 鸵鸟——鸵鸟原产自非洲。

4. 鱼雷——鱼雷不是以人名命名的。其他物品分别是以发明人齐柏林伯爵和罗伊·极可意命名。

5. 使用溜溜球——1971 年，阿波罗 14 号的两名宇航员曾经用打高尔夫球和掷标枪来测试月球的重力，但是没有人试过溜溜球。

6. 暴龙——暴龙生活在白垩纪，紧接着侏罗纪。剑龙和翼龙在这两个时期都有。

7. 椒盐卷饼——椒盐卷饼在欧洲已经有 1000 多年的历史了。而蛋筒冰激凌和热狗都起源于 19 世纪晚期密苏里州的圣路易斯。

8. 内华达州——内华达州没有职业体协运动队（截至 2006 年）。俄勒冈州篮球有波特兰开拓者队，北卡罗来纳州篮球有夏洛特山猫队，橄榄球有卡罗莱纳黑豹队，冰球有卡罗莱纳飓风队。

256

1. Mouse（鼠标，老鼠）,bat（球棒，蝙蝠）。

2. Tent（帐篷）,window（窗户）。

3. Violin（小提琴）,kite（风筝）,yo-yo（溜溜球）。

4. Sundae（冰激凌圣代）。

5. Pocket（口袋）,rocket（火箭）。

6. Peanut（花生）,egg（蛋）。

问题的答案是:

FOOTBALL QUARTERBACK（四分卫足球员）（四幅图的名称分别是 foot（脚），ball（球）,quarter（四分之一）,back（背））

257

成对的是：圆锯和蜜蜂（嗡嗡声），笔和鼠标（敲击声），鞭子和球棒（噼啪声），号角和鹅（雁鸣，喇叭声），钥匙和铃声（叮当声），气球和爆米花（爆裂声），瘪了的轮胎和蛇（嘶嘶声）。

问题的答案是: SOUND OFF（翻译）。

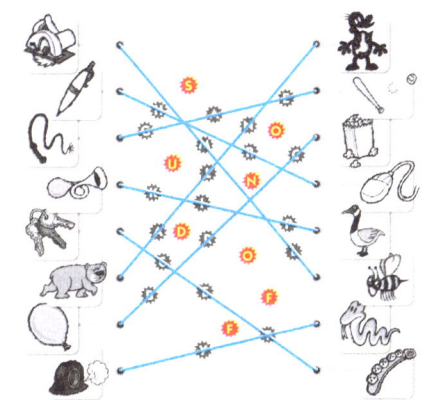

258

问题的答案是: Every pitcher tells a story（每个投手说一个故事）。

如图所示：

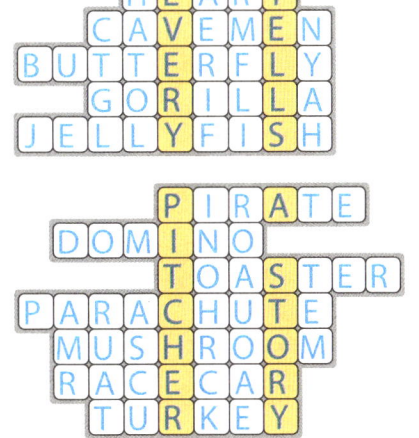

259

问题的答案是：DOUGH NUTS（糖圈饼）。

下面图比起上面图的变化，从左至右为：安全帽多了个帽舌；屋顶上的软糖从黄色变成了蓝色；蓝图上面的烟囱形状变了；起重机的吊钩换了方向；糖果棒上面的条纹变换了方向；起重机轮子中心变大了；起重机顶灯不见了。

260

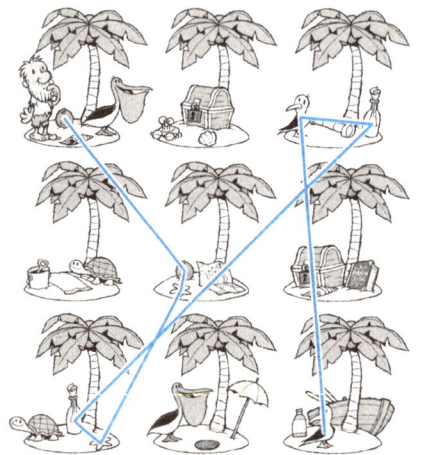

261

262

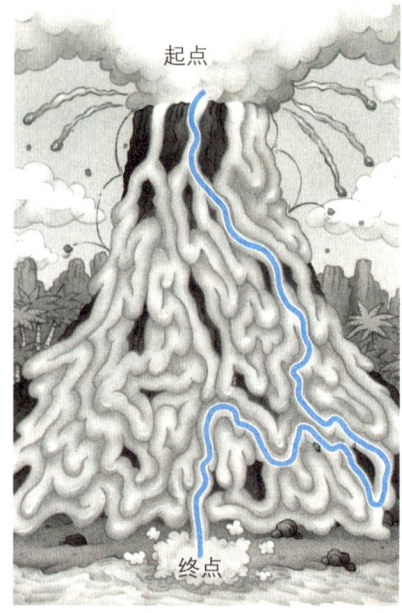

263

264

完成的路线拼出一个单词 GOLD（金牌）。

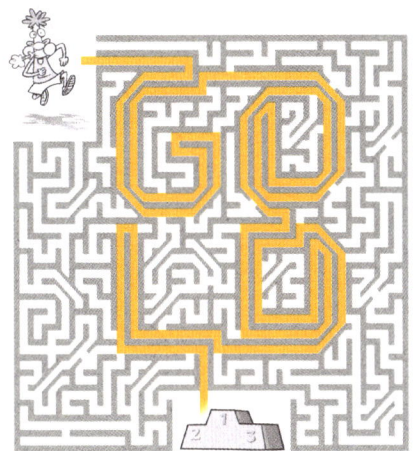

267

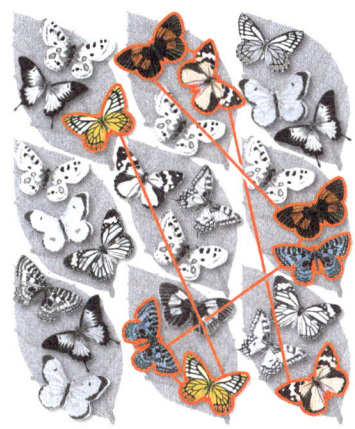

265

268

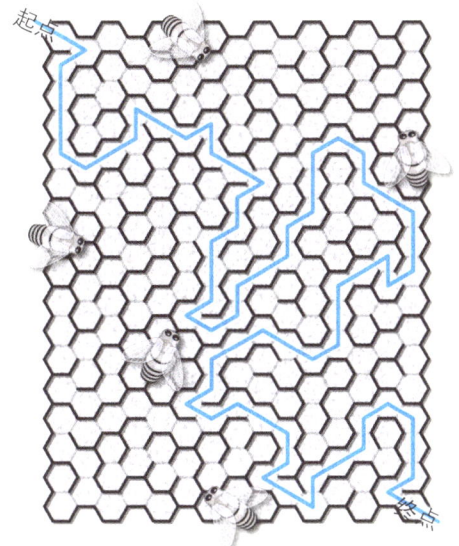

266

269

正确路线的单词：

Toothpick（牙签）, pickpocket（扒手）, pocket watch（怀表）, watchdog（看门狗）, doghouse（狗舍）, housefly（家蝇）, flypaper（捕蝇纸）, paperback（简装本）, backfire（逆火）, firecracker（爆竹）, crackerjack（能力极强之人）, jackpot（彩

票头奖），pothole（壶穴）。

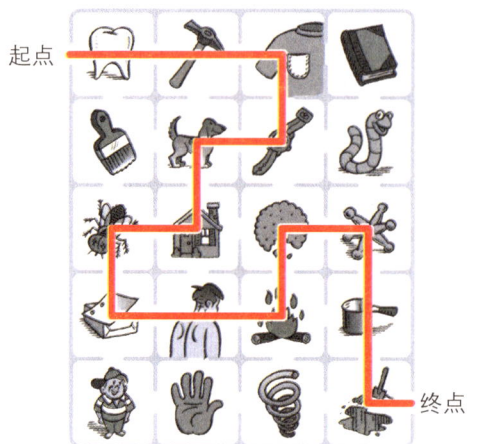

起点

终点

270

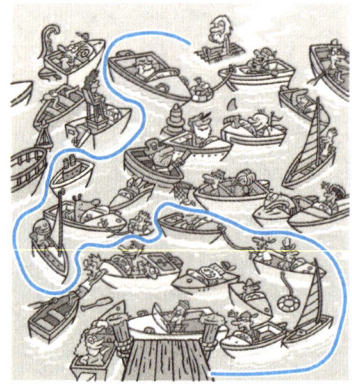

271

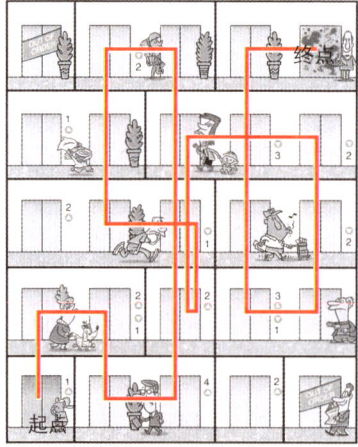

终点

起点

272

黄色突出显示的字母拼出：
PICTURE PERFECT（完美图片）。

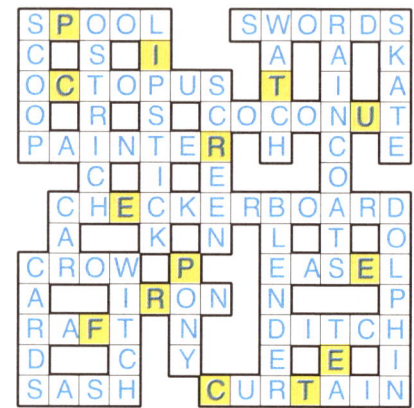

273

1. Keyboard 键盘。

2. Clipboard 剪贴板。

3. Backboard 篮板。

4. Cardboard 硬纸板。

5. Blackboard 黑板。

6. Snowboard 滑雪板。

7. Billboard 广告牌。

274

1.Apes Breaking Crayons(猿猴折断蜡笔)。

2.Ants Building Castle(蚂蚁筑城堡)。

3. Alice Buying Cherries(爱丽丝买浆果)。

4.Angels Baking Cookies(天使烤蛋糕)。

5.Adam Balancing Cows(亚当平衡牛)。

6. Astronauts Brushing Cats(宇航员给猫刷毛)。

275

1. Horse（马），house（房屋）。

2. Plane（飞机），plant（种植）。

3. Sneaker（运动鞋），speaker（讲话者）。

4. Stork（鹳鸟），store（商店）。

5. Leopard（豹纹），leotard（紧身连衣裤）。

6. Soap（肥皂），soup（汤）。

7. Chimp（黑猩猩），champ（冠军）。

8. Roman（罗马的），woman（女人）。

276

Head：head of lettuce（英语中 lettuce 可以用 head 来修饰）。

Eyes：needle parts（针眼）。

Ears：ears of a corn（玉米的穗）。

Teeth：comb part（梳子的齿）。

Neck：bottle part（瓶颈）。

Heart：ace of heart（红心 A 牌）。

Chest：treasure chest（宝箱）。

Arm：axes（武器）。

Hands：Clock parts（钟表的指针）。

Palms：palm trees（棕榈树）。

Legs：table parts（桌子腿）。

Foot：ruler（度量单位：英尺）。

277

阴影部分信息：You can say that again（我同意你的意见）。

剩余的图片是：溜溜球、渡渡鸟和大型机关炮。

如图所示。

278

Toledo（托莱多）

Detroit（底特律）

Baltimore（巴尔的摩）

Sacramento（萨克拉门托）

Houston（休斯敦）

Honolulu（檀香山）

Los Angeles（洛杉矶）

Las Vegas（拉斯维加斯）

Cleveland（克利夫兰市）

Denver（丹佛）

279

280

1. Pear chair（梨做的椅子）。

2. Pickle nickel（腌黄瓜做的五分币）。

3. Cheese skis（奶酪的滑雪板）。

4. Frank tank（热狗做成的坦克）。

5. Cake lake（蛋糕湖）。

6. Corn horn（玉米做成的喇叭）。

7. Jell-o cello（果冻做成的大提琴）。

8. Bread bed（面包做成的床）。

281

Chimp blimp（坐着黑猩猩的软式小

型飞船）

Crab cab（坐着螃蟹的出租车）

Actor tractor（坐着演员的拖拉机）

Dragon wagon（坐着龙的四轮小车）

Bowler stroller（玩滚球的人坐在婴儿车上）

Shark ark（坐着鲨鱼的方舟）

Sheep jeep（坐着绵羊的吉普车）

Collie trolley（坐着牧羊犬的手推车）

282

1.POOL（游泳池）、LOOP（环状）。

2.STRAW（吸管）、WARTS（猴子）。

3.BUS（公交车）、SUB（潜水艇）。

4.STEP（台阶）、PETS（宠物）。

5.STAR（明星）、RATS（老鼠）。

6.GUM（口香糖）、MUG（大杯）。

7.DRAWER（抽屉）、REWARD（赏金）。

8.STRESSED（紧张的）、DESSERT（甜点）。

283

ZOOM（变焦）　　BOOM（爆炸声）

BOOT（靴子）　　BOAT（船只）

BOAS（蟒蛇）　　BOSS（老板）

LOSS（失败）　　LOGS（圆木）

LEGS（腿）　　　LENS（透镜）

284

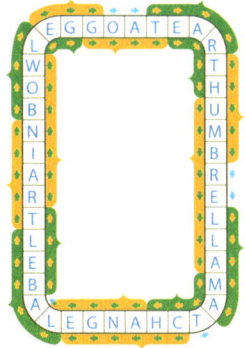

285

Preacher and teacher(传道士和教师)

Skater and waiter（滑雪者和服务生）

Diver and driver（潜水员和司机）

Charmer and farmer（魔术师和农民）

Fighter and writer（拳击手和作家）

Drummer and plumber(鼓手和管道工)

Sailor and tailor（水手和裁缝）

Chef and ref（厨师和裁判员）

286

RAIN（下雨）　　　PAIN（疼痛）

PAWN（小卒）　　　PAWS（爪子）

PATS（轻拍）　　　CATS（猫）

CUTS（剪切）　　　HUTS（小屋）

HUGS（拥抱）　　　HOGS(像猪般的人)

DOGS（狗）

287

正确的顺序是：6，3，1，4，5，2。

288

1 号狗属于弗朗辛。

2 号狗属于查理。

3 号狗属于朵拉。

4 号狗属于贝丝。

5 号狗属于阿尼。

6 号狗属于埃文。

289

正确的图片顺序是：

G，F（爸爸和孩子的头互换）；

B（狗的耳朵和女孩的马尾辫互换）；

I（爸爸的眉毛复制变成了胡须）；

D（男孩的脑袋被放大了）；

C（女孩和狗的表情互换）；

H（增加了两条领带）；

A（女孩衣服上微笑的表情变成了撇嘴）；

E（妈妈头顶立起的头发被去掉了）。

290

正面朝下的那张牌是 5。

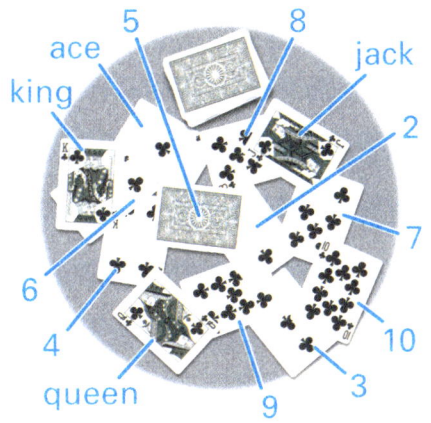

291

1. e（都是棒球队的名称：Pirate, Angels, Tigers, Twins）。

2. b（能够上下移动的事物：Drawbridge 吊桥, yo-yo 溜溜球, elevator 电梯, windowshade 遮光帘）。

3. c（用木头做成的事物：marionette 木偶, picnic table 野餐桌, baseball bat 棒球拍, pencil 铅笔）。

4. a（男孩的名字：Mike, Lance, Bill, Jack）。

5. d（以 o 结尾的单词：flamingo 火烈鸟, banjo 斑鸠琴, volcano 火山, taco 墨西哥玉米卷）。

292

1. Basketball（篮球）。

2. Fencing（击剑）。

3. Golf（高尔夫球）。

4. Pool（美式撞球）。

5. Weight lifting（举重）。

6. Bowling（保龄球）。

7. Tennis（网球）。

8. Volleyball（排球）。

9. Football（足球）。

10. Baseball（棒球）。

11. Archery（箭术）。

12. Figure skating（花样滑冰）。

293

正确的顺序是：3，4，1，6，2，5。

294

正确的顺序是：5，3，4，1，6，2。

295

正确的顺序是：2，4，3，6，1，5。

296

正确的顺序是：4，6，2，1，5，3。

297

阿米莉亚：2 号雪人。

布拉德：1 号雪人。

凯特林：3 号雪人。

杜鲁：4 号雪人。

埃文：6 号雪人。

费兹：5 号雪人。

298

正确的顺序是：C，H，D，B，J，F，L，A，G，K，E，I。

299

1. shells（外壳）。

2. trunks（汽车的行李箱、树冠、象鼻）。

3. rings（年轮、戒指、环）。

4. teeth（锯齿、梳子齿、牙齿）。

5. poles（杆）。

6. tails（尾巴、尾部）。

7. bows（弓、结、琴弓）。

8. blades（尖叶、刀片、刀刃）。

300

1. brush（刷子），bush（灌木），bus（公交车）。

2. horse（马），hose（水管），hoe（锄头）。

3. canoe（独木舟），cane（手杖），can（罐头）。

4. scarf（围巾），scar（伤疤），car（汽车）。

5. chart（图标），cart（推车），cat（猫）。

6. beard（胡须），bear（熊），ear（耳朵）。

7. paints（涂料），pants（长裤），ants（蚂蚁）。

8. prince（王子），price（价格），rice（米饭）。